国家"十五"重点出版工程项目

教育
大百科全书

教育史

[瑞]S.马克隆德　主编

张斌贤　译审

INTERNATIONAL ENCYCLOPEDIA OF EDUCATION

西南师范大学出版社

图书在版编目(CIP)数据

教育史/(瑞典)马克隆德主编;张斌贤等译.—
重庆:西南师范大学出版社,2011.4
(教育大百科全书/(瑞典)胡森,(德)波斯尔
斯韦特主编)
ISBN 978-7-5621-3833-4

Ⅰ.①教… Ⅱ.①马… ②张… Ⅲ.①教育史-世界
Ⅳ.①G519

中国版本图书馆 CIP 数据核字(2011)第 059683 号

教育史

主　　编:[瑞] S. 马克隆德
译　　审:张斌贤等
责任编辑:周安平　李远毅等
责任印制:钟孝钢
出版发行:西南师范大学出版社
(重庆·北碚　邮编:400715)
网　　址:www. xscbs. com
印　　刷:四川外语学院印刷厂
开　　本:787mm×1092mm　1/16
印　　张:8.5
字　　数:215 千字
版　　次:2011 年 4 月第一版
印　　次:2011 年 4 月第一次印刷
书　　号:ISBN 978-7-5621-3833-4
定　　价:24.00 元

《教育大百科全书》学术指导委员会

《教育大百科全书》编译委员会

《教育大百科全书》编辑出版委员会

凡 例

一、中外文

1. 本书中文采用1986年10月10日经国务院批准、国家语言文字工作委员会重新公布的《简化字总表》中所规定的简化字。

2. 词条英文标题及附录中的外文的拼写、顺序、大小写、括号、标点和版式等均根据原书相应排列。

二、专题

3. 原书所有词条按英文字母顺序排列分卷,本书另以原书专题索引为参考,按专题归类。

4. 每个专题按相应内容范畴细分若干小节,每小节按原书英文顺序排列。

三、附录

5. 词条中所引用参考文献以附录形式出现于该词条中文部分之后,并以原书版式排版,相应正文中以圆括号简单标注作者、年份及页码,或只标注年份或页码。

如:(Anderson 1961 P. 125);(Adams 1956,Bloom 1953)

四、译文

6. 词条原文中的"/"同时有"和"、"或"的意思,译文中均予以保留,不另作他译。

如:她/他　教/学　教师/家长

7. 计量单位从原书,英制、公制均照译,原则上不另行换算。

8. 所有译者注以括号形式随正文编排。

9. 所有正文词条标题按中文标题在前、外文标题在后的次序排列。

五、译名

10. 外国人名根据新华社译名室编辑的《世界人名翻译大辞典》进行翻译,著名外国人名则采取“名从主人、约定俗成”的原则,各学科中已有定译的外国人名采取“名从主科、遵从定译”的原则。

11. 作者名及译者名出现在每个词条中文部分之后,并且作者名都给出相应原文。每个专题的译审者名只出现在该专题扉页上,不另于每个词条后标注。

12. 一般外国译名只在第一次出现时给出原文,其他个别著名人物直接译成中文。

如:亚当斯(Adams);亚当·斯密

13. 外文人名一般只译出其姓,部分宗教人物、封有爵位的人物译出尊称“圣”或爵位名称。

14. 涉及日本及中国学者的人名时,前者以《日本姓名译名手册》(科学技术文献出版社)为主,后者以核实真人姓名为主。

如:《中华人民共和国的教育制度》的作者 Teng Teng 为滕藤

15. 外国地名根据中国地名委员会审订的《世界地名录》统一;该书未收的地名,根据通用的译名表译出;非英语国家的生僻地名则保留了原文未译。

16. 学术著作、机构团体、杂志名参照专业工具书及通用译名统一。

17. 正文括号中涉及某人的生卒年,其英文原文与生卒年之间用逗号隔开,以便与附录所引用的人名年份区分。

如:葛兰西(Gramsci,1891～1937)

六、图表

18. 词条中相关的图表来源一般根据原文注明作者、年份及页码,以便于读者查阅相关资料。

序

周远清

在当前建设小康社会的征途中，教育事业具有基础性、全局性和前瞻性的地位，关系到国民素质的提高，关系到科学技术的进步，关系到数以千万计的专门人才和大批创新人才的培养。因此，我们必须下大力气把教育事业搞好，根据经济社会发展和人的全面发展提出的客观要求，进一步解放思想，实事求是，与时俱进，在确保教育质量的前提下，继续深化教育改革，大力开展教育创新，努力形成一个比较完善的既能反映先进生产力和先进文化发展要求，又能满足广大人民群众教育需求的新型现代国民教育体系。

要建立这样一个新型的现代国民教育体系，是一个长期而艰巨的任务，不可能一蹴而就。因此，我们既应该有远大的理想，也应该有脚踏实地的精神；既要有历史的责任感，也应该有实事求是的科学态度。就当前我们的工作来说，各级各类的教育行政和科研部门，都要大兴调查研究之风，到教育实践第一线去，真正搞清楚我国国民教育体系的现状，分析哪些方面是有优势的，哪些方面已经与经济社会发展和广大人民群众的要求不相一致，因而是需要花费时间、精力和财力去改革的，还有哪些方面是原有的国民教育体系中根本没有，以至于需要我们充分地发挥教育创新精神研究部署的。到教育实践第一线去，也有助于我们切实和广泛地了解广大的教育实际工作者一些富有创造性的工作，收集和整理他们结合实际情况进行教育教学改革的经验，从而为我们的教育决策和科学研究提供大量翔实可靠的第一手材料。

要建立这样一个新型的现代国民教育体系，不大力发展教育科学事业是不行的。现代教育实践与任何其他的现代社会实践一样，既要合目的性，也要合规律性，是目的性与规律性相统一的实践活动。要想达成良好的教育目的，不讲教育科学是不行的。国内外教育实践的历史已经证明，教育实践的规模与范围越大，教育科学的重要性就越突出。因此，大力发展教育科学事业，在今天比在以往任何时候都急迫，反映了不断深化和教育改革与创新的客观需要。发展教育科学事业，需要各方面的条件和努力。在当前，特别要提倡马克思主义理论联系实际的学风，认真研究新时期有中国特色的社会主义现代化建设以及国际政治、经济与文化发展的新趋势给教育工作带来的新情况、新问题和新挑战，围绕着教育改革和创新过程中出现的又是人民群众最关心的那些基本问题和重大问题，组织攻关，协同研究，推动教育理论创新，为政府决策服务，为教育实践服务，为学生的全面发展服务。

要建立这样一个新型的现代国民教育体系，光靠我们自己的摸索是不够的，还应该在邓小平同志“三个面向”精神的指导下，学习和借鉴国际上一切先进的教育经验、理论和制度，把握并反映国际上教育改革与创新的一些共同特征，并由此探索出一条有中国特色的社会主义教育改革和创新之路。在这方面，我们既有宝贵的历史经验，也有一些值得反思和吸取的教训。回顾20世纪历史上历次大的教育变革，绝大部分都与对当时国际上先进的教育经验、理论和制度的学习有关。甚至可以说，没有这种对国际上先进教育经验、理论和制度的虚心学习，就没有清末民初中国现代教育制度的建立。但是，百余年来，我们在学习国际上先进教育经验、理论和制度时，也经常犯一些简单化的或囫囵吞枣的毛病，给教育实践带来了许多消极的后果。因此，学习国际上一切先进的教育经验、理论和制度，必须坚持“洋为中用”的原则，从中国的传统和现实出发，对它们进行辩证的分析和科学的批判，从而最大限度地有利于我国的教育改革和创新事业。

《教育大百科全书》的英文版，由联合国教科文组织、国际教育研究院组织当今世界教育界各学科的专家撰写，内容涵盖与教育相关的所有领域，将其译介成中文，可以说是中国教育界的一个福音，对于教育决策者、教育研究者以及教育管理者，该书都是一部具有重要价值的参考书。

欣闻《教育大百科全书》中文版即将出版，是为序。

中文版前言

教育是人类通过正式课堂和日常生活以获得知识、人生观和生存技能的一种历程。其意义在于通过传递历史的累积经验，既能为社会培养有效率的人群，又能为个人启智育能，使之具备新的创造力。

根据世界文明史的考察，人类的正式教育始于中国、印度和古希腊，去今约有2 300年的历史。但把教育作为一个独立的学科来进行研究，大抵还是19世纪以来的事情。应该说，这门学科被公众认可的历史远远晚于其他人文社会科学。但自公共学校普及以来，教育领域的各项研究皆取得了长足的发展，且愈来愈国际化，一些重要的研究成果为人类所普遍认同。尤其20世纪以来，各国综合国力的竞争，本质上可以说是教育的竞争。因此，各国政府对教育的重视程度、投入水平和成果质量，也基本成了衡量其现代化和文明化程度的标准之一。

各国文化传统、政治制度和经济状况的不同，反映在教育和教育研究领域是各具特色的。近20年来，随着全球化进程的加速，教育作为一个普世的主题，越来越多地受到各国政府和学界的重视。国际间的教育合作也日趋增加，各国民众和教育界人士希望了解全世界教育和教育研究现状的要求也愈趋迫切。正是在这一背景下，应联合国教科文组织的倡议，欧洲著名的教育出版集团——爱思唯尔科学出版集团(Elsevier Science Limited)，在1985年首次编辑出版了这套《教育大百科全书》，并于20世纪90年代中后期全面修订(90%的词条重新撰写)再版了本套巨著。

这是目前世界上关于教育科学领域最权威也最具实用价值的一部具有理论性、学术性、工具性的全书。本套书几乎囊括了教育的所有课题，所有编委成员均由联合国教科文组织、国际教育研究院、国际教育评价协会和世界银行等权威机构推选，其条目由来自90多个国家和地区的1 000多位具有国际视野的教育专家用英语撰写。将这样一套涵盖了世界各种教育思想、理论、制度和方法，长达1 000多万字的教育百科全书译介到中国，对于我国各级各类教育管理者、教育工作者和教育理论研究者，无疑是一个福音。它有利于我们了解各国教育现状，借鉴世界先进的教育思想与体制，促进与深化我国的教育改革，从而使我国在21世纪步入世界教育强国之林。

正是基于此，西南师范大学出版社和海南出版社联合购进了本套书的中文版权，并被国家新闻出版总署列为国家“十五”重点出版工程。为作好本套书的编译工作，由教育部的相关领导及部分专家组成编译委员会，并邀请全国著名的教育学专家成立了本套书的学术指导委员会。由以北京师范大学教育学院专家为主的100多位本学科中坚学者组成了编译专家组，用长达四年多的时间完成了本书的翻译、审定和编校工作。为作好本书的出版工作，还由教育出版界的著名专家组成了编辑出版委员会。为了方便读者购买和阅读，我们将《教育大百科全书》的22个专题分册出版。在本书即将付梓行世之际，谨向所有关心、支持和参与本书编译出版的领导和专家学者表示诚挚的感谢。

本套书的英文版名为 *The International Encyclopedia of Educaiton*，为避免中文版读者将“国际教育”理解为狭义的“比较教育”与“各国教育概况”，在中文版的书名中去掉了“国际”一词。需要说明的是，作为教育学的经典工具书，本套书无论是作者国籍之多、资历之深，还是学科之广、理论之精、前沿学术之新，均为当世仅见，堪称一部国际性或世界性的教育百科全书。故在编译过程中，难免存在不妥之处，尚祈方家和读者垂教。

西南师范大学出版社

英文版前言

十卷本的《教育大百科全书:探索与研究》(International Encyclopedia of Education: Research and Studies)(以下简称《全书》)的第一版是于1980年规划、1985年出版的,其中的大部分词条撰写于1981年和1982年。它还吸纳了社会科学和人文学科中与教育问题相关的学术成果,为研究教育和从事教育事业的人士提供了丰富的信息。该书面世后,得到了教育学界的广泛好评,并且被美国图书馆协会授予了最佳参考书奖。另外,它还被《选择》杂志评选为1987年"杰出学术书籍"。

所有的人类知识领域中的学术信息永远都处在不断的流变之中。教育的实践,不仅因为立法改革之故而发生变化,而且亦因为要适应新的社会呼声、社会需求以及不同国家的不同经济状况而不断发生变化。理论正被不断地修正,新概念则层出不穷。林林总总的各类作品则伴随着或者紧跟着这些变化纷至沓来。实际上,教育领域及相关领域的学术作品可谓卷帙浩繁,完全可以与自然科学和技术领域相媲美。

教育的各个领域所发生的这种急剧的变化,于1989年和1990年先后催生了《全书》的两个增补卷。由于同样的原因,出版商和主编们都确信,现在是出版一个全新版本的《全书》的时候了。他们的这个想法,得到了《全书》第二版的编辑委员会的肯定。因此,编辑们就决定开始着手编纂《全书》的这一最新版。在少数情况下,本版只是对第一版及其增补卷中的词条进行了更新。然而,在绝大多数情况下,本版使用的都是全新的词条(90%的词条重新撰写)。

每一个主题领域,知识体系都被重新组织安排,并且特别注意了读者在第一版及其增补卷中找不到的主题。教育学的主要领域,比如教育社会学、教育哲学、教育人类学、女性教育以及著名历史人物对教育思想的贡献,都被赋予了更为显著的地位,而且都占据了相当的篇幅。

1. 作为探索、研究和对话领域的教育

《教育大百科全书》是向人们展示国际学术界对教育问题、理论、实践和制度的研究成果的最新全貌的第一次描述。因此,将教育定义为一个有关探索、研究和对话的领域,这是至关重要的。劳伦斯·A. 克雷明(Lawrence A Cremin)在他的著作《公共教育》中,将教育定义为"传播、激发或者习得知识、态度、价值观、技能和情感的有意识的、系统的且持续的努力,以及此种努力所带来的任何预料中的或者预料外的学识"。这是一个非常宽泛的定义,它将自学包括在内了。克雷明里程碑式的三卷本著作《美国教育》的一位评论家提出了这样一个问题:对教育的定义如此宽泛,难道不是几乎等同于人类学家所称的"同化"或者社会学家所称的"社会化"了吗?在那本有关公共教育的著作中,克雷明本人完全否认了这种说法,并坚持认为他提出的教育的概念要比这狭窄得多。然而,即使认同这个非常宽泛的对教育的定义,从具体的层面上来讲,"教育"到底指的是什么?它远非仅指学校以及类似的制度的功能,它是代际间的。儿童和青少年从比他们年长的人、父母以及其他人那里得到教育。父母、兄弟姐妹、同伴和朋友以及教堂、博物馆、图书馆、民间运动、广播和电视网络都是影响儿童和青少年的因素。就像学校一样,它们是按照自己的"课程"来行事的。

因此,"教育"指的是有意识地、有目的地影响或塑造儿童、青少年以及成人的行为的一门艺术(成人教育本身最近已经获得了独立的实践与研究领域地位)。从事教育者,比如父母、老师和其他负有教育责任的人,利用了观念、理论以及以研

究为基础的知识。教育理论研究的是抚养和教育其他人以及如何在一个政治的、社会的、历史的视角中塑造其他人的行为的问题。因此，父母以及老师的教育实践就包含了各种理论洞见和以前的经验之间的整合。这些洞见来自各种学科。

教育理论并不同于诸如物理学这样的一元性的、界定分明的领域。它具有多个学科维度。在法语中，教育理论被称为 sciences pédagogiques。这一术语就暗示着，教育理论包含着源自多个（已确立的）学科的知识。在德语以及斯堪的纳维亚诸语言中，Pädagogik 的含义比英语中的“Education”的含义的范围要狭窄一些。它更具体地指向学校教育，这一含义被如下事实进一步强化了：大学中的教育（Pädagogik）教席设立的目的，就是为了培训学校教师。然而，随着 Pädagoische Hochschulen（大学教育）逐步融入德国的大学，这个领域获得了一个新名称 Erziehungswissenschsften（亦即教育学），这一术语包含教育理论和教育方法。

因此，教育作为一个有关抚育和教育他人的研究领域，就是一个多学科的领域。自 19 世纪末以来，教育方面的学术知识，在很大程度上，是由心理学的经验研究生产出来的。在 20 世纪早期的德国，experimentelle Pädagogik（实验教育学）、experimentelle Psychologie（实验心理学）是同义的。在 20 世纪 90 年代早期，范围广阔的社会科学和人文科学学科构成了教育学的知识“基础”：心理学、社会学、历史学、哲学、经济学、人类学和政治学。

严格的教育和一般意义上的行为矫正之间的界限是难以划定的。下面这个类比清楚地说明了这一点：对某个神经官能症患者进行治疗并对之进行训练，和对这个患者进行教育的行为之间，到底有何区别，是难以捉摸的。区分它们的标准之一是——尽管这个标准要应用起来是很困难的——“治疗”的目的（前者是为了让患者恢复某些能力，后者是为了让患者恢复精神健康）。

因此，最广义的教育，就是一个由与抚养和教育他人有关的所有现实问题构成的宽泛的领域。抚养和教育可以是正式的，比如学校教育就是如此；也可以是非正式的，比如大部分情况下在职学习就是如此。发生在家庭中或者同年龄群体间的教养就是非正式的。正如在所有重要的人类事业中一样，教育可从与其目的、过程或者结果有关的学术研究中获益。教育的目的、过程或者结果这些问题，可以由与它们有密切联系的理论研究来解决。然而，在实际的“工程设计”中，教育工作者必须利用其他领域中发展出来的概念、方法和主题，因为这些领域包含着更为定形的有关人类的知识。因此，作为一个研究和实践的领域的教育，就处在许多已经成熟的学科的交叉路口上。

克雷明曾论及“教育的生态环境”，它指的是由社会中的教育机构和教育所赖以运作的社会文化及经济制度所构成的一个综合体系。同时，教育理论不是一元的，也不是界定清晰的，它有着多种学科维度。的确，正如上文所言，范围广阔的社会科学和人文学科构成了教育学的知识“基础”：它们是心理学、社会学、历史学、哲学、经济学、人类学和政治学。

因此，《全书》中的教育，不仅包含从学前教育到成人教育与工作教育的正式的和非正式的实践，而且也包括与教育有关的学术学科中的知识。这一多样性使得规划一个试图包含这个领域中的所有研究和探索的大百科全书的工作，成为一项高度复杂的事业，根本无法在理论和实践之间或者学术探索及其应用之间，划出什么明晰的界限。

这里，“教育”领域被划分成许多“次级领域”。每一次级领域下都有相应的词条。其中的主要领域如下：

——成人教育

——教育人类学

——比较教育与国际教育

——课程

——教育经济学

——教育管理

——教育评价

——特殊需要儿童教育

——教育政策与规划

——教育研究方法
——教育技术
——女性与教育
——教育史
——人的发展
——教育心理学
——各国(地区)教育制度
——教育哲学
——学前教育
——教育社会学
——教师教育
——教学
——职业技术教育

2. 关于书名中的“国际”

将本书称为“国际”(英文版书名冠以 International,即“国际”一词,为避免中文版读者将“国际教育”理解为狭义上的“比较教育”与“各国教育概况”,在中文版的书名中去掉了“国际”二字,以彰显该书的普适性——出版者注)大百科全书意味着,其中的词条对许多国家都具有参考价值。我们竭尽全力,力图让每个词条所叙述的主题都包含着当今的最新信息,并力争(除了其他标准以外)依据相关人士在相关问题上所具有的“世界性”知识的水平来选择作者。然而,这一大百科全书所提供的参考书的广度和多样性是有一定局限性的。首先,没有哪个人能够了解整个世界在某个特定领域中所取得的全部进展。其次,这一大百科全书是以英文出版的,这样做是为了让它拥有广泛的读者群。这要求作者必须以英语写作,但这确实可能导致这样的情况发生:某些作者尽管在他们的相关领域卓著不凡,而且知悉以他们的母语发表的学术著作,但却对以其他语言发表的某些学术研究不甚了了。事实是,经验研究成果之中有超过 80% 的部分是以英文发表的,而且大体上也都是在讲英语的国家(特别是美国)完成的。《全书》体现了这一状况。

尽管如此,全书中 1 262 个词条的作者来自 95 个以上的国家和地区。荣誉编辑顾问委员会力促全书的作者结构达致一种均衡。我们联系了诸如联合国教科文组织(特别是其下的国际教育规划协会)、经济合作与发展组织、世界银行和国际教育成就评价协会等国际性组织,让它们帮着挑选具有国际视野的作者。而且,全书还特别注意将发展中国家特别关心的词条包括进来。那些关于教育政策与规划、教育经济学、职业技术教育和比较教育学的词条,清楚地体现了这一点。

3. 全书的编纂过程

1990 年做出推出全新版本的《全书》的决定之后,两位主编随即任命了 22 个栏目编辑,并要求这些编辑提交他们打算在他们负责的部分中纳入哪些词条,并同时推荐相关词条的作者。1991 年 2 月,由责任编辑、主编和出版商代表组成的联合会议,审议并修改了这些词条清单。此次会议之后,责任编辑们就开始要求作者撰写相应的词条。作者撰写的词条提交上来之后,马上就由责任编辑评审,随后再提交给两位主编审议。有时候,某些词条没有获得通过,或者未能及时提交上来,就必须寻找新的作者。当编辑们对词条中的内容及其国际性没有把握的时候,就邀请外部评议人提出意见。一旦一个词条被两位主编通过,就马上被转到格伦达·克肖(Glenda Kershaw)那里,她领导的、位于普格曼(Pergamon)的编辑人员,马上就进行最后的审稿工作(这包括校正参考文献和索引),之后再将之交付排版和印刷。

我们利用了最新的计算机生产技术来编纂《全书》的第二版。与以前可能使用的传统编辑和排版技术相比,这次的速度和准确性都大为提高了。索引软件的使用,使得编辑人员能够在编辑过程中的任何阶段,完全控制那些复杂的索引。插图则是利用计算机设计技术制作的,这使得它们获得了高度的标准化和准确性。最后,整部《全书》的文字和插图都被记录在一个数字文件中,这样一来,其中的任何部分都可以被修改、摘取或者转化成多种媒体格式。

4. 全书的结构

要安排这一被称作“教育学”的知识体系的结构确非易事,因为这一知识体系源于许多学科。我们面临的最基本选择是,要么以学科为单位,围绕几个主题将相关词条组织成一个综合性的专题,要么让词条变得相对短小一些,以字母顺序来排列。这两种形式没有哪种是理想的。将词条组织成综合性的专题的优点是,某个领域(例如“课程”)的所有信息构成了一个整体。其缺点是,某些具体的次级领域就无法作为适当的话题而得到其应得的篇幅。而且,由于某些话题与多个专题相关,因此,不论将相关话题划分到哪个专题之下,都显得有些武断。经过大量讨论之后,最终决定按照字母顺序组织各个独立的词条,同时在相关词条之间安排交叉索引。这样一种形式使得人们能够迅速查找到教育学中的典型主题和话题。这一安排使得这一点显得尤为重要:让按照字母顺序排列的词条的内容相对详尽一些,具体安排是让每个词条平均长约4 000个单词。同时,这还使得主题索引变得更为重要:实际上,主题索引成为全书的关键点之一。

成人教育的135个词条是由责任编辑阿尔伯特·图季曼(Albert Tuijnman)负责的,他担任责任编辑时,正任教于荷兰的图文特大学(University of Twente),并且自1992年中期以来一直在经济合作与发展组织中任职。

自《全书》第一版发表以来的十年之中,成人教育已经发生了许多变化。不仅其投入和参与度在全球范围内都提高了,而且这一领域本身也已经成熟起来。随着20世纪接近尾声,职业教育的重要性已经大幅提高了,而且带来了许多新的成人教育研究论题。这些变化必须反映在“成人教育”这一部分的组织结构中。

该部分的词条不仅涵盖了这一领域中的重要概念和定义,而且是从学科视角来体现其发展的。它们覆盖了世界上所有地区内的成人教育和职业教育的筹资和组织问题。同时还讨论了成人教育的主要提供者以及接受成人教育的主要人群,描述了地区性的、全国性的以及国际性的成人教育政策及项目。另外,还特别对终身发展、认知、成人学习及成人教育的理论和方法给予了相当的关注。而且,相关词条还涉及了成人教育的评价和研究方法问题,以及成人识字率的测算和继续教育的问题。由于原来被认为是相互独立的理论和实践的不断融合,以下两个方面已经得到了越来越多的关注:成人的通才教育和职业教育。

教育人类学这一部分则是由约翰·U.奥布(John U Ogbu)负责的,他任职于美国加利福尼亚大学伯克利分校的人类学系。该部分的词条主要集中在教育人类学的历史和性质、方法和概念以及实质性问题这三个主要方面上。关于教育人类学的历史的词条,解释了这一新兴领域在人类学中的兴起及其性质,以及其在教育学中日益扩大的存在与影响。任何一个新兴的次级领域所面临的挑战之一都是,发展出一个适当的方法及概念框架,以让这一领域的知识能够为改善教育而服务。那些有关实质性问题的词条则丰富了这方面的研究。

比较教育与国际教育部分则是由唐·亚当斯(Don Adams)负责的,他任职于美国匹兹堡大学的教育学院。这部分的词条涵盖了大量的历史和当代问题,并集中在三个主要方面上:界定了比较教育研究和国际教育研究的概念、方法及资料源;职业组织、政府组织和政府间组织开展的比较教育活动和国际教育活动;对与特定教育水平或功能相关的问题和趋势进行的比较分析。比较教育学和国际教育学可以看作是一个全球性的新兴领域,它获得了学术界及职业界的普遍关注,并且利用了教育学和社会科学中的理论及方法。

课程部分则是由阿瑞亚·莱维(Arieh Lewy)教授负责的,他任教于以色列的特拉维夫大学。正如《全书》第一版一样,这一部分的词条包括两个类别。第一个类别的词条,讨论的是与课程安排、课程理论的最新发展、课程研究的创造性方法以及对安排学校课程的方法的评价等方面有关的一般性问题。在这一类别的词条下,给课程评估安排了整整一小节,这一小节特别强调了质量评估问题和对计算机软件的评估问题。

“课程”部分的第二个类别的词条,讨论了各个科目的具体发展和研究。这些词条是按照学校讲授的传统科目组织起来的:母语、外语、人文学科、艺术、社会科学、数学和科学(包括技术)。此外，有一组词条还讨论了学校讲授的生存技能，比如安全教育、家庭教育、保健教育和人生教育等。

教育经济学部分则是由马丁·卡诺依（Martin Carnoy）和亨利·M. 莱文（Henry M Levin）负责，二人都是美国斯坦福大学的“教育和经济学”教授。这部分的词条主要集中在教育经济学的三个主要方面：对教育进行投资时应当采取什么样的标准，以及此种投资的回报是什么？组织和生产教育的最有效方式有哪些？应当如何为教育筹措资金？

每个社会及每个个人或者家庭必须决定，应将自己的资源中的多少投入到教育上，以及投入到哪种类型的教育上。有关这个问题的词条探讨了发展中国家和发达国家中不同层次与不同类别的教育的经济回报和社会回报问题。有关教育生产的效率的词条，讨论了学校规模、学校和教育部门的组织及不同的激励计划对教育结果的影响等问题。有关应如何筹措教育资金的词条，则探讨了公共筹资和私人筹资的问题、教育的税收来源问题、政府间责任问题以及对诸如优惠券这样的市场策略的利用问题。

教育管理部分是由威廉·洛·博伊德（William Lowe Boyd）负责的，他任教于美国宾夕法尼亚州立大学的教育学院。这个专题下的词条是围绕着以下四个研究主题组织的：教育管理的理论和实践、学校的绩效及其改进、教育的管理和政策以及教育管理中的服务、任务和问题。

许多词条都有一个共同的主题：在这个社会变化日趋复杂、社会进展日益加速的时代，教育管理者如何应对人们对学校运作的效果和效率提出的更高要求。世界经济的不断重组，以及世界经济的相互间的依赖和竞争的不断加大，已经使得教育及国家劳动力的水平成为生死攸关的问题。与此同时，许多国家的政府体系和教育体系的效率，正经历着一场信心危机。结果是，政府体系和教育体系的重组和“再造”成为20世纪90年代的一个显著特征。由于同时期出现的要求学校消除它们在对待和服务各种社会弱势人群方面的不足之处的压力之故，这些雄心勃勃的计划变得更加复杂棘手了。所有这些情况造成的最终结果是，人们开始对教育政策和教育管理的方法重新思考。

教育评价部分是由位于美国芝加哥的伊利诺伊大学的赫伯特·J. 沃尔博格（Herbert J Walberg）负责编辑的。这部分的词条关注的是教育评价的理论、方法及实践。这些词条表明，教育评价涉及从为评价学生而进行的信息收集到收集资料以对国家教育体系进行比较等方方面面的内容。教育评价关注的是教育产品、活动及结果的价值。教育评价为改进教育提供了丰富的信息和深刻的洞见，而且已经被越来越多地运用在教育政策的制定过程之中。这些词条清楚地说明，教育评价是从教育实践中发展起来的，但它更多地以心理学和社会科学的理论和方法为基础。

特殊需要儿童教育部分是由位于美国费城的坦普尔大学（Temple University）教育研究中心的玛格丽特·C. 王（Margaret C Wang）负责编辑的。她得到了同属该研究中心的唐·戈登（Don Gordon）的有力协助。这部分的词条关注的是与对有特殊需要的儿童的教育相关的研究和实践。它们围绕着11个主题领域展开：总体情况；课程考虑；诊断和分类；提供服务的替代性方法；有特殊需要的婴儿以及学前儿童；有特殊需要的儿童及青年；轻度和中度残疾的儿童及青年；语言障碍和语言能力培育；当代的情况；教育及相关服务；职业教育和过渡性模型；天才儿童和青年。

在向所有儿童（包括学业成绩很差的儿童以及那些需要不同的、特别的支持和抚育的天才儿童在内）提供普遍的、有效的教育方面，已经取得了长足的进步，特别是自《全书》第一版出版以来更是如此。在世界上许多地方，那种试图确保儿童获得有效的学校教育平等机会的教育改革新浪潮，正致力于提高学校的教育能力，为越来越多样化的学生群体，特别是那些在以前的改革中被过分遗忘或被抛在边缘地位的有特殊需要的学生，提供更好的教育服务。

教育政策与规划部分则是由约瑟夫·P. 法雷利（Joseph P Farrell）负责编辑的，他是位于加拿大多伦多的安大略教育研究院（Ontario Institute for Studies in Education）的国际教育和发展教育中心的主任。这部分的词条讨论了发达国家和发展中国家的教育政策的制定及其实施中的主要问题，这既包括正式教育中的问题,也包括非正式或成人教育的问题。其中的许多词条集中讨论了教育政策的制定和规划中的技术性问题。由于教育政策和规划是一个涉及面很广的领域,它利用了几乎所有的基础学科(例如社会学、政治学、人类学、经济学、心理学及测量和统计学等),而且它被以这种或那种方式应用到了所有的教育体系和问题之上,所以,让读者密切注意这个部分的词条之间的交叉索引是非常重要的。

教育研究方法部分则是由南澳大利亚富林德斯大学的约翰·P. 基夫斯(John P Keeves)负责编辑的。这个内容广泛的专题关注的是以下几个方面的内容:教育研究的性质、教育研究所使用的(不论是经验的还是人文的)方法以及(为研究目的而展开的、同时是评价教育实践结果的标准的)教育测量和心理测量所采用的程序及其遇到的问题。这是一个在继续飞速发展的领域:整个20世纪的大部分时间中,它就一直是这样发展着的。然而,最新的发展动力则来源于微型计算机的介入。自《全书》第一版面世以来,微型计算机已经大量地摆上了教育研究者的桌面。这个领域正发生着令人兴奋的变化,有时候还引发热火朝天的争论,并激发着对教育过程的全新理解。人们已经越来越广泛地承认以下这一点:教育关注的是人的特性的变化,而既受个人层面上的又受群体层面上的因素的影响的人的特性,是必须得到精确测量的。

教育技术部分是由特耶德·普洛波(Tjeerd Plomp)和唐纳德·P. 埃利(Donald P Ely)共同负责编辑的,前者任教于荷兰图文特大学的教育科学和技术系,后者任教于美国锡拉丘兹大学的教育学院。

这部分的词条被组织在五个大的类别之下:定义、概念背景及教育技术的传播;程序设计、工具和资源;教育技术实现方案;教育技术的应用及制度环境;新问题。

第一类词条将教育技术当作一种概念和领域进行了讨论,并讨论了教育技术在不同的方法(比如通过各种组织和刊物)下是如何在全世界传播的。

第二类词条集中讨论了诸如评估、设计、媒体制作、扩散和实施等教育技术程序。由于教育技术的设计过程高度依赖于良好的组织,因此这一类别还包含了有关教育技术的管理和教育技术专家经常利用的资源的词条。

第三类词条则讨论了实现教育技术的战略、工艺、材料和设备。有关教育技术的实例则是在教育技术的应用和制度环境这一类别的词条下提供的。最后一类词条讨论的是新出现的问题,比如教育技术和版权的社会因素。

女性与教育部分是由澳大利亚墨尔本大学教育研究院的政策、环境和评估研究系的加布里埃尔·拉可姆斯基(Gabriele Lakomski)负责编辑的。这是全书中新加进来的一部分,主要是为了从国际视角来说明、记录并解释女童和妇女在教育方面为什么会成功,又为什么会失败。

由于女童和妇女所处的极为不同的文化、宗教、经济及其他条件之间有着许多共同的问题,由于对许多问题的解决方案超出了这部分的范围,所以,这部分的词条是围绕三个主要类别组织起来的:相关国家中的女性教育历史;规定、塑造并探索了女性教育、男女不平等和女权主义研究的问题及概念;对那些传统上女性处于弱势的领域(比如某些课程、女性在管理层和教育业中所占的比例以及获得职业培训的机会等)的经验研究和讨论。

教育史是由西克斯登·马克隆德(Sixten Marklund)负责编辑的,他是瑞典斯德哥尔摩大学的国际教育研究所教授。这部分的词条主要归属于下列三个主要领域:第一,教育思想的历史;第二,教育制度体系及其立法史;第三,宏观教育史和教育史学。教育思想史及其应用的词条,主要介绍了一系列的自古典时代开始出现的伟大教育思想家和教育家,从柏拉图直到20世纪90年代的诸如齐奥格·克申施泰纳(Georg Kerschensteiner)和玛莉亚·蒙台梭利这样激进的教育家。教育制度体系及其立法史主要涉及的是教育政策和教育制度的历史,这被分作学前教育、初等教育和中等教育三个方面,另外还补充了一些有关特殊教育、职业教育和成人教育的历史的词条。宏观教育史和教育史学则包括与教育史学有关的词条,此外还包括当代教育史、教育研究史和课程研究与开发方面的词条。

人的发展部分是由弗朗茨·E. 韦纳特(Franz E Weinert)主持的,他是位于德国慕尼黑的马克斯·普朗克心理学研究所的主任。其中的词条覆盖了人的发展研究的三个大的方面:人的发展的基本现象、日常概念和理论;人在生命周期中的发展变化的科学模型;躯体、认知能力和性格的发展变化与发展进程。

为了体现人的发展研究的方法的多样性,第一部分的词条覆盖了研究人的发展最为重要的方法、某些与人的发展有关的日常概念以及关于人的发展的所有最为重要的科学理论。第二部分的词条则覆盖了人的发展的主要时期和阶段,这包括幼儿期、儿童期、青少年期、成年期和老年期。第三部分的词条则讨论了人的发展的主要方面,从人的发展的生物学基础和躯体变化,到认知发展的各种现象和机制,再到人的个性的某些方面的社会环境根源,可谓应有尽有。

教育心理学是由艾里克·德·科尔特(Erik De Corte)主持的,他任职于比利时的卢汶大学(University of Leuven)的教育心理学和教育技术中心。这部分总共有51个词条,这些词条描述了当今世界对人的学习的过程和结果的理解,以及对影响这种过程和结果的人内心的或个人的、环境的、文化的、社会的和教育的因素的理解。这些词条的范围并不仅限于学校学习,而是包括了在工业环境下的学习,比如成人学习。尽管这部分强调的是获得知识和认知技能的问题,它还是包括了一些关于情感方面的、社会方面的和运动神经方面的学习的词条。

自从20世纪70年代以来,教育心理学的一项重大发展是,有关学习和教育的研究越来越针对专门问题了。这种趋势在这部分得到了很好的反映,其中有一系列的词条回顾了与主要主题领域有关的研究,这些主题领域一起构成了普通教育的课程。

另外,还有几个词条对这个领域的历史进行了回顾。而且,我们尽力使这部分覆盖国际上的主要研究,同时确保不同的研究方法都得到适当的照顾。

各国(地区)教育制度是由德国汉堡大学的比较教育学教授、本书的主编之一,T. 内维尔·波斯尔斯韦特(T Neville Postlethwaite)主持的。几乎在任何情况下我们都与各国的教育部联系,让它们安排相关词条的撰写。我们向所有的作者发出一份详细的内容大纲,目的是让对所有国家(地区)的教育体系的全部描述都尽可能地有相同的结构。这要求作者撰写以下内容:其所属国家(地区)的基本背景和社会、政治及经济环境,以及这些因素对本国(地区)教育体系的影响;教育政策与规划;正规教育体系的结构和学生人数,以及对学前教育、特殊教育、职业教育及成人和非正式教育的特别说明;正规教育体系的资金来源;教师的培训和供应;课程开发程序;升学、考试和证书程序;教育评价和研究;20世纪80~90年代的主要教育改革;该教育体系到2000年以前将面临的主要挑战。

有少数国家的教育部没有给出回答。这些国家有的正发生内战、政治动荡或者干旱。某些国家的教育部确实推荐了作者,但是相关作者除了与我们写过少数几封信之外,就再也没有什么音讯了。尽管遇到了这样一些问题,全书中还是包含了142个国家(地区)的教育体系的词条。

教育哲学部分是由美国斯坦福大学的教育和哲学教授丹尼斯·C. 菲利普斯(Denis C Philips)主持编辑的。这部分包括一些很长的词条,这些词条从历史角度回顾了教育哲学、教育哲学中的分析传统和教育研究中的认识论问题。还有一些词条则关注的是地区现象,另外一些则对那些经常影响教育理论和实践的主要的宗教思想派别进行了综述。同样都源自欧洲大陆的解释学、批评理论以及后现代主义,被分别放在不同的词条中讨论。然而,主要词条讨论的却是整个20世纪英美的教育哲学所集中关注的一些具体问题:比如教育中的批判性思维、课程理论、政治和道德哲学及其对教育的影响、当代的认识论理论及其教育学分支、哲学中的实证主义和现实主义及其对有关教育研究方法的影响以及西方作家眼中的马克思的社会理论的遗产。

学前教育是由美国伊利诺伊大学的初级教育和儿童早期教育中心的主任莉莲·G. 卡茨(Lilian G Katz)主持的。这部分的词条涉及了与从出生后到小学之前的儿童的成长、发育和学习等方面有关的话题，以及与这些儿童的父母有关的问题。另外还有一些词条专门讨论了与婴幼儿和学龄前儿童有关的计划的性质。

对于致力于对相关计划的效果进行评估、测量和预测的研究人员来说，学前教育具有特殊的挑战性。学前教育的这三个方面的词条，还回顾了学前教育的评估和学前教育评估的当前趋势，并综述了对学前教育计划展开的纵向研究的结论。

全世界范围内的学前教育以及儿童早期教育方面的专家，都特别强调了家长参与以及旨在对家长抚育孩子的能力进行培训的极端重要性。我们安排了专门的词条，对这类研究成果进行了分析。此外，几乎所有的专家都一致认为，学前教育计划的质量在很大程度上是由学前教育人员的经验和资历决定的。因此，本部分亦将学前教育人员的培训的进展包括进来。

教育社会学是由位于澳大利亚堪培拉的澳大利亚国立大学的社会学系的劳伦斯·J. 萨哈（Lawrence J Saha）主持的。相关词条可以划分为三个主题：教育社会学的理论和主要领域；教育的结构和体系；关于教育过程的社会学。

对教育的社会学研究和解释被大量理论视角所主导着，这些视角全都提供了有关教育如何在社会中发挥作用的深刻洞见。因此，某些词条集中讨论了几种主要的教育社会学理论（包括古典理论和当代理论），并且还特别讨论了相关的生育理论和阻抗理论。除了一个有关教育社会学的词条之外，另有五个词条对有关成人教育、课程、学习、特殊教育和教学的社会学进行了综述。

第二个主题关涉的则是教育结构和体系问题，并且包括了诸如教育体系的不同层级之间的关系、公共和私人教育、能力追踪、教育体系的阶层现象以及教育与国家方面的词条。

最后，有关教育过程的丰富的社会学知识体系则体现在大量的词条之中，这些词条讨论了诸如教师工作和教师的过劳状况、性别差异、家庭结构、友谊模式以及课堂的动力机制等方面对学生的学业和其他在校成绩的影响。

教师教育这部分则是由美国南加州大学的罗林·W. 安德森（Lorin W Anderson）负责组织的。教师教育这一专题的词条是围绕四个主题展开的：教师教育的概念和模式、职前教师教育、在职教师教育以及特殊领域的教师教育。有关教师教育计划的管理、认证、课程和评价都在这些词条中得到了讨论。所谓的特殊领域则包括阅读、语言艺术和文学、数学、音乐、体育、科学以及社会研究。

教学也是由美国南加州大学的安德森教授负责组织的。这一专题的词条则是围绕八个主题展开的：教师和教学的概念、教师的个人特性和职业特性、课堂环境和限制、教师做出规划和决定的行为、讲课策略和教学方法、教师行为和教师与学生之间的互动关系、教师和教学效果以及对教师和教学的研究。具体的词条则覆盖了从有关“作为职业人士的教师”的理论讨论到有关“教师的管理行为”的经验分析的丰富内容。

职业技术教育是由英国爱丁堡大学的肯尼斯·金（Kenneth King）负责编辑的。这部分的词条覆盖了技术和职业技能培训的三个场所：正式的学校教育；独立的培训机构（往往由劳动部而不是教育部负责管理）；工业界和商业界内部进行的培训，这包括发展中国家的小型企业、农场和工厂的生产小组以及德国或其他国家的著名的“二元体系”。

“理论”知识和“职业”知识之间的关系是极端复杂的，而关涉它们之间的关系的国家政策，则是与诸如是否能够获得进一步的教育、工作前培训以及（对许多国家来说）受教育者的失业情况所造成的威胁等等问题紧密联系在一起的。此外，技术和职业教育往往比理论教育更加昂贵。因此，除了讨论技术和职业教育的覆盖范围、时间安排及其制度定位之外，许多词条讨论了技术和职业教育的筹资机制问题。

5. 如何使用本大百科全书

正如上文指出的，教育不是一个被某种传统的学科视角一统天下的学术研究领域。实际上，许多学术地位已经确立的成熟学科都对探讨教育中的问题有价值。划分与这些问题相关的知识体系的结构的任何企图，都会遭到数不胜数的困难。尽管本书的词条是按照字母顺序排列的,但是读者还是可能不清楚某个相关词条是否包含着他们需要的信息。因此,出版商特地准备了一卷索引卷(西南师范大学出版社与海南出版社2006年1月出版的10卷精装《教育大百科全书》将索引并在第10卷中),该索引卷包含三个层次的主题索引:名称索引、分类词条表和词条作者表。这应当会有助于克服作为一个研究领域的复杂性所引发的困难,并可引导读者快速查找到自己所需要的信息。

我们要求各词条的作者列明他们撰写的词条的关键词和关键短语,这些关键词和关键短语都是他们希望传达的信息的根本要素。这些术语就构成了主题索引的基础。接着,大量的索引专家利用一个计算机索引程序对超过1 200条的术语进行了协同一致的分析,从而制作出了一个易于使用而且全面的索引,这个索引可满足不同知识层次和不同经验水平的读者的不同要求。涉及某个问题的实质性讨论的页码索引被醒目地标了出来,而交叉索引则将读者导向相关的词条。因此,主题索引就成为使用本全书者可依赖的最重要的工具了。名称索引也提供了一个颇为有用的切入点。

分类词条表则勾勒出了本大百科全书的内容的基本结构。它以"主题词条"将相关词条组织成多个以字母顺序排列的领域,并将涉及相互关联的话题的词条安排在相关的总的小标题之下。某些内容则同时被列在多个不同的专题之下。此外,某些标题则跨越了本大百科全书为安排相关词条而按专题划分的界限。这样,读者就可以找到所有与"阅读"有关的、被安排在一起的词条,即使这些词条是由两个不同的责任编辑负责组织的。

索引卷还包括了一份列明作者及其所属机构的完整列表,并指明他们撰写了哪些词条。同时还包括了一份列明主要教育研究刊物的列表,这对于本大百科全书的读者来说,定会是一个便捷的索引工具。

为了满足读者对某个特定词条内包含的具体内容的更为深入的兴趣,通常作者都在他们撰写的词条后的参考书目之后指明了与相关词条相关的进一步的资料源,而且,还交叉索引了本大百科全书中与他们撰写的词条紧密相关的其他词条。

6. 致谢

编纂一部大型的大百科全书是一项艰巨而浩繁的工程。我们要特别感谢几个人。首先,我们要感谢巴巴拉·芭蕾特(Barbara Barrett),普格曼的编辑部主任,正是她第一次提出编纂这一新版的大百科全书。其次,我们要特别感谢责任编辑,感谢他们的责任心、能力、智慧以及他们在本书工作上所花的大量时间。再次,我们要感谢所有作者,感谢他们撰写(以及重写)相关词条。我们深深地受惠于荣誉编辑顾问委员会以及相关词条复审人的卓绝才识。另外,我们亦深深受惠于汉堡大学和斯德哥尔摩大学的许多人士,他们重打了许多有时候几乎都无法辨认的词条,并且对每一个词条所处的状况都进行了随时随地的追踪。这些人士包括:欧姆特劳德·弗里茨(Irmtraud Friz)、冈达·列姆考(Gunda Lemkau)、罗斯尼·兰宾(Rosine Lambin)、朱莉·弗雷德里克斯(Julie Fredericks)、杰德·哈里斯(Jed Harris)和克里斯蒂娜·雷昂(Kristina Rayon)。我们要感谢菲利普·阿什列特(Philip Aslett)和费昂纳·巴尔(Fiona Barr),他们承担了编纂主题索引的主要任务。最后,我们还要向普格曼的优秀的编辑队伍表示我们由衷的谢意:格伦达·科尔肖、安吉拉·莫瓦(Angela Moar)、艾丽森·唐内特(Alison Dunnett)、彼得·米歇尔(Peter Mitchell)、露茜·赫伯特森(Lucie Herbertson)以及米歇尔·惠顿(Michde Wheaton)。

托尔斯顿·胡森(Torsten Husén)
T.内维尔·波斯尔斯韦特
(T Neville Postlethwaite)

目　录

·教育史

·教育史中的思想家与实践者

当代教育史(Contemporary History of Education)

对1945年以来世界范围内的教育发展的概述,是基于这样的观点,即西方的和共产主义的经验是两个主要的影响因素。本词条首先把教育置于全球背景中,然后从教育水平、机构、过程、手段以及职业回报的角度进行考察。在提出暂时的结论之前,本词条的一个部分具体论述了非工业化地区的教育发展,并把平等作为一个重要的主题。

选择性是必需的:不能仅有一种当代史,存在着许多种当代史,尤其是当关注的焦点是整个世界的时候。

1. 背景因素:总的看法

第二次世界大战的结束宣告了世界政治的变化。几年内,人类被分裂成为几个阵营:西方民主国家;社会主义国家,尤其是欧洲的苏联阵营(这个阵营开始时包括中国,直到中国坚持自己的策略后分化出去);以及不结盟国家(主要是世界上的非工业化国家)。与此同时,殖民地自治化过程开始:印度1947年获得独立,但直到20世纪50年代末60年代初,大多数非洲国家才获得独立。阿拉伯国家通过开采他们的石油财富,形成了一个强大的集团。南美洲国家也发展起了密切的关系。这种种现象影响了教育制度,它不仅基于政治的和经济的意识形态,而且建立在文化和教育传统的基础之上。

战后的恢复阶段意味着,从1945年到20世纪50年代中期,教育上少有成就。持续到60年代中期的出生率爆炸,使工业化社会只能提供最低限度的学校场所。与诸如住房和通讯的问题相比,教育只能处于次要的地位。与此同时,出现了许多教育的理想主义,例如法国的朗之万-瓦隆教育法提出的统一学校;英国的1944年教育法。直到20世纪60年代,才出现了具体的运动;那时,教育几乎被认为是包治百病的灵丹妙药。所有人享有的中等教育开始实现;除了西德之外(在经历了毁灭性的纳粹统治后,"没有实验"成了格言),产生了一种综合性的中等教育系统。学前教育和高等教育的扩张出现了,高等教育创造了新的、带有实际取向的机构。

与理想主义的高涨相反,20世纪70年代是理想破灭的十年:人们认识到,教育与经济的增长并不同步,平等的学校教育并不能产生一个人人平等的社会。一个新的、以紧缩银根为标志的10年,把改革的焦点转到教育和就业之间的关系上,这是一个与代价的有效性和金钱的价值非常协调的主题。80年代结束于冷战结束和苏联集团解体的大混乱中。前社会主义国家的教育系统将采用什么形式,以及它们将如何改变马克思列宁主义的方向,成了普遍关注的问题。

二分法在这个阶段得到具体应用,并具有重要的教育结果:工业化和非工业化(发展中)国家的划分、以财富和自然资源的不同为特征的所谓的"南北分裂";宗教的区分,尤其是伊斯兰教的复兴。从全球范围看,像联合国教科文组织和世界银行这样的国际组织促进了许多方面的教育变化。

1945年以来的社会和经济的演变,同样大大冲击了教育,尤其是在发达国家。家庭结构改变了。到20世纪60年代末,欧洲的家庭规模已从1947年的每个家庭2.7个孩子降到了不多于2个。这对教育系统来说,本是天助的好事,因为接下来只需教育更少的儿童;但这被对更长时间的学校教育的预期需求平衡掉了。"核心家庭"则发出了对教育兴趣降低的信号:60年代早期,大约40%的家庭至少有一个孩子中学或大学毕业;到了80年代中期,这个数字减少了一半。另一方面,离婚率不断上升;"破碎家庭"和单亲家庭变得越来越普遍。这些现象对教育的影响是显而易见的:学校被迫经常担当起家庭的代理人,教师替代了父母的角色。财富的增加使青少年不再把学校当作他们兴趣的一个主要焦点。年轻人因此改变了他们对学校教育的态度和期望。

就业结构的变化也影响了教育。从基础职业(农业、渔业、矿业)到第二产业(制造业)的流动,从第二产业到第三产业(服务业)的流动,这是通过学校教育的广泛变化实现的。从20世纪60年代以来,正规的教育资格成了社会和经济流动的通行证。与此同时,制造业部门的合理化和服务业部门的自动化,表明就业机会的减少;确实,某种失业是传染性的。早先毕业的学生从这种形势中经历了很多痛苦,但在以前,他们能够不费力地找到工作。到了80年代,据估计在经济合作和发展组织(OECD)国家中,高达50%的16~19岁的年轻人,如果不在上学,就处于失业中。

在美国(那里的学生被冠以"座位加热器"的绰号)和法国这样的国家中,解决问题的办法是,让学生尽可能多地留在学校里。这被认为是正确的,同时也是因为职业要求更高的技能标准。然而,这产生了一个更进一步的问题:从实际的目的出发,将已经成年(而非青少年)的学生还留在学校,这招致了他们的愤恨。1968年在西方世界发生的暴动并不限于高等教育,也扩展到了中等学校。学生们的政治反应是,要求学校改变其外在的"看护"和照料儿童的形象,变成更为实用的机构。在20世纪60年代被广泛认为是学校内在精神气质的合作,现在变成了竞争,这是为早期"进步主义的"教育家所贬斥的概念。"学历病"的增加预示了胡森等人(Husén et al. 1992)所说的教育的"下层阶级"的形成,他们是没有任何证书的人。由于学校被普遍地看作是获得经济和社会成功的一个主要工具,因此,他们的失败者的地位将被带入成年生活。确实,学校与职业之间的关系,对学校教育产生了深远的影响(在其他地方,这种情况也将涉及)。

这个时期发生的人口迁徙是中世纪以来所从不曾有过的。1945年,从遭受战争破坏的欧洲来的难民大规模地迁到了美国;在欧洲内部,难民则迁向东部或西部,这取决于他们的政治归属。缺乏劳动力的前欧洲殖民国家,从它们以前的殖民地招募劳工。同时,较为贫穷的欧洲国家的人口或是迁移到欧洲大陆富有的北部地区,或者迁移到别的地方。例如,墨尔本成了世界上第二大讲希腊语的城市;欧共体("13个国家的共同体")接待了1 500万移民。这种大规模的移民运动所造成的教育结果是深远的。例如,在西德,1977~1987年间,学校中外国学生所占的比例,从大约7%上升到9.5%。在法国,20世纪80年代外国学生所占的比例在8.5%左右。在比利时的法语地区,1982年,外国学生占到了22%。同一年,在卢森堡,外国学生的人数占30%。外国学生的流入所造成的教育方面的困难是在文化和语言方面。起初,由于假定移民最终会回家,这些问题被忽视了或被当作暂时的问题对待。而后,尝试了各种各样的教育政策:同化——但这只是一种长期的可能性;多元文化主义——但在实践中它强化了差异,并把移民子女置于教育的隔离区;最后是一体化——它强调所有种族的共同性,但同时保留各自的差异。在美国,"大熔炉"的政策在继续推行,虽然对大量讲西班牙语的儿童做出了让步。各个地方的一些课程都做了修订,以适应新的形势;尤其是设计了特殊的办法,加强移民子弟的通用语言的教学,同时保留他们的母语。

2. 教育机构的发展

表1反映了世界教育在1970~1983年间数量上的增长,数据来源于联合国教科文组织。

图表显示出1970~1983年间入学人数呈指数增长。

如果说普及小学教育是发展中国家要实现的目标,那么,对于工业化国家来说,普及中等教育的问题变得越来越重要;在工业化国家中,作为民主化进程的一部分,对普及中等教育的需求始于1945年。在世界范围内,中等学校教育的问题是非常广泛的。1970年,全球10~19岁年龄组的人口为7.76亿,1980年为9.50亿,到20世纪80年代中期超过10亿。在发达国家,1970~1980年间,这个年龄段的人口数较为稳定,以后,开始缓慢下降;相反,在发展中国家,如果1970年的指数为100的话,那么,到1985年已上升到145。潜在的中学

表1　全球学生数(1970~1983)　单位:千人

年份	1970	1975	1980	1983
初等教育	433 287	517 162	558 465	572 140
中等教育	160 719	207 197	241 984	250 143
高等教育	28 179	36 619	47 185	51 513
总计	622 185	763 978	847 634	873 795

生的最显著的增长在阿拉伯地区以外的非洲，最明显的下降是在北美。

工业化世界的问题是：建立什么样的中学，才能适应全体儿童？以研究为基础，瑞典设计了单一的学校，无差别地接收16岁以下的学生。以意识形态为基础，苏联集团的主要国家采用了苏联的模式，为7～18岁的学生建立了“综合技术”学校（虽然大多数学生在16岁就离开了学校），“综合技术”学校希望实现学校教育和工作经验的结合。在北美，中学是“综合的”，包括学术、技术和职业的三轨制。在西欧，传统的文法学校、公立中学或文科中学发展缓慢。在英格兰和威尔士，从11岁开始的三轨制在1965年迅速转向六种类型的综合教育。在法国，综合初中于20世纪60年代中期最终发展起来。在西德，通行一种由三部分组成的中等教育制度。在一些国家（例如，苏联、瑞典和法国），一种独立的高中或中学发展起来，作为适应劳动力市场需求的手段。职业教育的增长引发了应该在哪个年龄开始进行职业教育的辩论：在初中还是在高中，或者像德国那样实行义务教育后的在职教育。

在高等教育，自20世纪60年代以来，在传统大学之外，出现了与职业生活关系更为直接的机构：英国的多科技术学校、法国的技术大学学院、联邦德国的综合高等学校、澳大利亚的高级教育学院，以及日本的短期大学。

教育内容和评价发生了许多变化。传统上，小学主要是为了掌握“三R”，这一点虽然继续保持，但引入了基础科学。在工业化国家，传统中等教育课程的更新，是以古典课程事实上的消失、取而代之的是对科学课程的强调为标志的。新的计划（其中一些来源于北美）是把传统的方法改变为科学的方法，趋势是运用发现的方法和实践的教学形式。在20世纪60年代中期，社会科学——经济学、社会学甚至心理学——进入了课程。内容繁琐的教学大纲被大幅度删减了。

到20世纪70年代早期，出现了使课程与职业关系更为密切的呼声。1973年，在联合国教科文组织的国际教育大会上，部长及其代表们倡议改革中等教育，使其“在一个平衡、和谐、具有弹性的多样化的系统中，实现普通的、技术的和职业的教育过程的结合”。技术（包括工艺和设计）因此被包含在普通中等教育的课程；稍后，计算机学习也被包含在内。在社会主义国家，在一定程度上也包括其他一些地方，与职业有关的经验成了学习课程的组成部分。与此同时，在人文学科方面，重点是沟通技能。这样，历史悠久的文艺复兴的自由教育的概念就被扩展了，以反映这些新的发展。

在发展中国家，独立后曾流行学术的取向，但很快就被职业主义所取代。印度教育部长拉奥（Rao）表述了一个被广泛认同的观点，即教育必须和生产相联系。在坦桑尼亚，“为自信而教育”成了口号。在加纳，技术和职业的科目被认为对快速的经济增长是必不可少的，因而被引入学校；虽然到20世纪60年代末，菲利普·福斯特（Philip Foster）介绍了这种经验，但其他专家怀疑这些科目是否能产生期望的结果。到1970年，第三世界开始认真地质疑那些在学校中所教的内容的价值。学校教育和就业之间的关系仍然不清晰。父母们害怕学校的学习使他们的孩子不能适应乡村生活（它仍然保持着原有的规范）。西方的援助分担了一些指责。当自行车修理变得非常有用时，学生们就学习车辆的维护。无论如何，还是缺乏充足的技术教育的资源。

众所周知，学校教育一个方面的作用是扫除文盲。在这方面，取得了一些进步：1970年，全部成人人口的32.4%是文盲，主要在发展中国家；10年后，这个数字已减少到28.9%（然而，这些数字掩盖了危险的形势。绝对的文盲人数在持续增长：从1970年的7.60亿，到1980年的8.50亿；到2000年，这个数字可能超过10亿）。教学语言仍是一个棘手的问题。一些阿拉伯国家把25%的教学时间用于阿拉伯语，以致动摇了欧洲语言在教学中的主导地位；然而在其他国家，例如在乍得和加纳，中等教育的通用语言仍然分别是法语和英语。

虽然引入了多项选择题和简答题，以补充论文写作型的答题和部分结构式的口头测验，这些确实反映了技术的革命，但考试仍是传统的评价方式。美国中学的毕业模式——达标——不再被广泛运用了；瑞典的评价程序也不再是新事物了。由前殖民地旧式中学保留下来的毕业考试,被当作是文化帝国主义的新形式:法国和英国把这些模式移植到它们以前的海外殖民地,并延续了很长时间。甚至以同质与合作为特点的拉丁美洲的评价,也是很大程度上追随西班牙模式的结果。同样的,一些中欧社会主义国家广泛地追随了苏联的模式。

3. 控制、财政和计划

为了控制扩大了的教育制度,必须有更精致的机构。官僚政治因而盛行。教育管理一直是有争议的。然而,独裁政治决定性地解决了问题:为确保统一,总体的政治控制是必需的。同样的,在20世纪60年代出现的许多"新"国家,在资源稀缺的地方,为了保证资源的有效分配,中央集权是必需的。但是,对西方民主国家来说,形势就不那么明朗了。在美国,2.5万个学校委员会进行了合理化改造,在数量上大幅度下降;与此同时,州政府加强了它们的控制。联邦干预被严格地限制。但在冷战的高峰时期,这种局面没有能够维持,国会通过法律,划拨大量资金用于资助科学、技术和外语的项目。1938~1944年的中央集权,导致西德把除高等教育外的教育权力授予各州。在法国,继续保持着大革命时期形成的中央集权传统。在英国(它一直到1944年才成立教育部),建立了一个中央政府和地方当局之间的合作机制。在瑞典,形成了一个控制和平衡的精致系统,它包括拥有最终发言权的国会、中央的一个部、市政当局以及一个独立的、倡导革新的国家委员会。

然而,大约在1965年,参与成了规律。在瑞典,正如已经提到的那样,在改革方案形成以前,所有政党都会被自动地征询意见。由于已在学校委员会运用补助金原则,美国的父母一直是有影响力的。在其他地方,1968年的暴动使教育"消费者"更多地被注意到。在法国,是"参与",在德国,是"共同决定",成了口号。大约从1970年以来,西方国家保证,在制定新的措施之前,必须征求父母、教师、学生、未来雇主和其他利益团体的意见。在英国,1944年的教育法案承诺,儿童的教育应当符合父母的愿望:这个原则现在开始得到运用。自从20世纪80年代中期以来,出现了一个新的趋势,尤其在英国:日益把责任转移到每一所学校,甚至允许学校自由支配它所拥有的经费。而学校方面不仅更顾及直接的"消费者"(父母和学生),而且要与学校"产品"的"消费者"(当地的雇主)进行更密切的合作。在一些人看来,这些转变反映了中央政府实行控制、但不承担责任(一种保持距离的方法)的愿望。在英国,这些转变甚至被看作是助长了学校系统"私有化"的一种尝试。然而,在像法国这样的国家里,没有把权力授予地方政府,而仅仅是委托给它。不管欧洲的这些措施是否已经停止或已经转给了地方,但是,仍然可以看到,教育的日益政治化已成为了最近50年的显著特征。

与此同时,在高等教育层面,相反的过程在进行之中:随着义务后教育的大规模扩展,它的必然结果是高等教育入学的扩大,中央政府对高等教育的控制不断强化。其结果是,除美国外,大学以及类似大学的机构现在所拥有的自治权,比1945年还要少。

公共教育系统的财政已经日益成为一个负担,尤其是在发展中国家。在这些发展中国家,教育经费占国民生产总值(GNP)的平均百分比从1960年的2.55%上升到1980年的4.35%。然而,在一些国家,教育经费令人遗憾地下降了:1970年,索马里的教育经费只占国民生产总值的1%;1980年,乌干达只占0.6%。与此相反,在工业化国家,平均百分比从3.47%上升到5.55%;在北美,从4.14%上升到7.28%。但是,趋势是上升的比例变小了。通过详细检查年度公共预算,证实了这个趋势;大约从1976年以来,各地都出现了下降的趋势。在西欧,1965年的平均教育经费在年度预算中所占比例是16.5%,但在1980年,已降到13.3%。这反映教育的优先权减少了,这个结果似乎并没有证明60年代后期经济学家们系统论述的人力资源和投入—产出理论。

1945年以来的这个时期的特征是教育计划的发展。虽然苏联自1928年就已经实施了五年计划,但"计划"这个概念还是相当新颖的。在许多国家,第二次世界大战后为了优先安排包括教育在内的重建工作,计划已成为必不可少的东西。在20世纪60年代初,教育和经济增长相关的主张是强有力的。1961 年,经济发展与合作组织(OECD)在华盛顿主办了"经济增长与教育投入的政策"的会议。从那以后,欧洲开始在教育部内设立计划部门;在联合国教科文组织或区域发起的计划,也成为了新兴国家教育的不可分割的组成部分。1963 年,联合国教科文组织为这个目的专门成立了一个国际教育计划研究所(IIEP)。与此同时,在 1960~1967 年,经济发展与合作组织高度关注教育和劳动力需求的关系,并发起了"地中海区域计划"那样的研究(1965)。

虽然在 20 世纪 70 年代初劳动力理论出现了问题,但在 80 年代后期它又重新出现。为了提高教育的效率和效能,也尝试了评估教育收益的其他方法。在测量第三世界初等教育的回报率上的一些尝试,取得了成功。

4. 拉丁美洲、非洲、阿拉伯国家和亚洲

虽然关于发展中国家和工业化国家共同特征的参照已经形成,但是,第三世界或在地理上处于其间的"发达"国家的特殊的历史趋势,也需要特别的关注。

和其他地区一样,发展中国家也发生了意义深远的变化(其中的一些已经涉及)。确定这些变化的特征的问题,不仅与资源相关,而且也和通讯(这在很大程度上阻止了教育的中央集权管理)、文盲率(因为它的存在,普及的小学教育就不能实现)、语言的多样化、辍学率、职业教育与当地需要的不匹配以及宗教和部族的多样性——所有这一切都与新殖民主义背景形成对照——相联系。

确实,前殖民地国家最初继续向以前的统治者寻求帮助。然而,自从 20 世纪 50 年代末以来,像联合国教科文组织和世界银行这样的国际和区域组织,已经向发展中国家提供了持续的援助项目。发展中国家的各种政府间会议因此能够制定为了所有人的小学教育计划:卡拉齐计划(the Karachi Plan 1960)的目标在于,到 1980 年为亚洲国家提供 7 年的学校教育;阿迪斯·阿巴巴计划(the Addis Ababa Plan 1961)提出,到同一年,在非洲实现相同的目标;圣地亚哥计划(the Santiago Plan 1962)则寻求到 1970 年,在拉丁美洲实现普遍的小学教育。在这三个计划当中,只有最后一个接近实现其目标。

事实上,拉丁美洲在提供机构和设备方面取得了巨大的进步。例如,1965 年,在南美洲的所有学生当中,16% 的学生在中学学习;到 1982 年,这个比例上升到了 21%。

在非洲,自 1956 年以来,在不到 10 年的时间里有 35 个国家取得独立。在殖民地的非洲,英国人已试图提供一个适合于当地状况的教育,第二次世界大战后曾尝试建立教育的合作机制。与此相反,法国人的目标在于同化,沿用法国学校制定的科目,以至于非洲人也要学习有关"我们高卢人的祖先"的知识。但这两种政策都失败了。

独立造成了国民情感的高涨,并且由于认为教育是经济和社会进步的关键所在,因此,它又与至少实现所有人的一定程度教育的愿望相联系。现代化被摆在优先考虑的位置。因而,一些国家开始把高达 30% 的年度经费投向教育:小学的入学人数增加了两倍多。在殖民统治下,小学教育甚至要付费。然而,富有的非洲国家有能力取消基础教育的学费,例如,肯尼亚 1974 年就这样做了,两年后,尼日利亚紧随其后。但到了 20 世纪 70 年代早期,由于世界范围内的萧条的经济形势,理想破灭已成定局。甚至在发达国家和国际机构援助了设备和移居国外的教师的情况下,预期的经济起飞仍未发生。教育的优先地位已经下降,并让位于更为紧迫的需要。

在职业和技术教育方面提供援助的努力,同样没有成功。非洲所需要的不是提供大型设备(它们不适合非洲的条件),而是中间技术,它的运用和建设在当地就能传授。小学教育的增长仅仅造成了大的辍学率和中学的缺乏。甚至当中等教育扩张的时候,才发现毕业生缺少工作机会。除了培养进入政府部门或专门的职业领域的白领精英,高等教育也严重不足。科学技术不能提供足够的毕业生。各种水平的教师,一旦被培训,就开始寻求比学校收入更高的工作。对文凭的追求意味着,正规教育比非正规的或不正规的教育更好,而后者可能更适合于当地的条件。

南非虽然决不会划归到发展中国家的范畴中去,但值得专门提及。1948 年的种族隔离法的颁布,非常有效地形成了隔离的教育制度。到 1953 年,班图教育法(the Bantu Education Act)开始向黑人提供二流的学校教育:教学大纲与白人学校不同,小学教学使用土语,在初中则使用英语或南非荷兰语。1959 年,在高等教育领域里的隔离也得到了加强。在 20 世纪 90 年代早期,随着种族隔离的废除,这种教育制度处于缓慢的消亡过程之中,但在平等的设施和完全的种族融合实现之前,还有很多事要做。

对阿拉伯国家来说,局面在某种程度上更为明朗。到 1945 年,从大西洋到波斯湾的大约 20 个阿拉伯国家,以统一的伊斯兰教为特征,把埃及当作它们的教育的典型模型。随着另外的主要阿拉伯国家的独立(叙利亚在 1944 年,马格里布国家在 1956 ~ 1962 年间),以及 1945 年阿拉伯联盟(它取得了显著的科学和文化的成就)的形成,奠定了 1.1 亿讲阿拉伯语的人之间进行密切的教育合作的基础。对学校和大学来说,这意味着尽可能充分地阿拉伯化,同时保留课程的宗教成分;在突尼斯,阿拉伯语的学士学位考试甚至取代了同一名称的法语考试。

1964 年,阿拉伯联盟教育、科学和文化组织(ALESCO)的成立,增加了泛阿拉伯人合作的向心力,这个组织是阿拉伯联盟的一个分支机构。联盟本身主办了一份年鉴《阿拉伯文化年鉴》,由叙利亚教育家沙提·阿尔-胡沙里(Sati al-Husari)负责。这份年鉴在 1950 ~ 1963 年间出版,对促进教育的统一做了许多工作。1964 年后,它得到了阿拉伯教育部长会议的大力支持。它强调教育计划,尤其强调制定一个共同的发展战略。其他辅助性的组织(例如,海湾国家的阿拉伯教育局)也涌现出来。1970 ~ 1985 年间,阿拉伯联盟教育、科学和文化组织开展了大约 600 个研究项目,其中许多研究项目关注识字率和中高等教育的阿拉伯化。

与此同时,传统教育也在古兰经学校和女生学校延续着,这些学校传授穆斯林习俗和家庭手工艺。

虽然某些阿拉伯国家(例如阿尔及利亚)也强调社会主义,但沙特阿拉伯为教育所制定的目标,可以运用到大多数伊斯兰地区:

(a)对伊斯兰教及其教条的正确理解和伊斯兰教信仰的传播。

(b)向学生灌输伊斯兰教的价值观、教义和观念。

(c)社会的、经济的和文化的发展。

(d)在建设社会过程中,为个体成为一个有用的参与者作准备。

亚洲代表了古代和现代的特殊混合。日本、中国和澳大利亚虽然并不是那种角色模型,但是,在战后年代感受到最多的不是欧洲的影响,而是它们的影响。

亚洲地区的经济强国是日本。它的教育制度在第二次世界大战后以美国的教育模式为蓝本进行了改造,1947 年颁布的《教育基本法》强调教育机会的均等。一个强有力的中央集权的制度保证了高标准的维持——国家考试开始于 1956 年。确实,这个制度的显著特征是强调成绩。进入高等教育所需的一向被称作“入学考试的地狱”,使年轻人整日待在学校,然后参加夜间的“补习”班,以增加他们成功的机会。这个制度至今仍在发挥作用。考生们熟知,为了进入像东京大学这样有声望的大学,至少要经过七次考试。这种竞争的气氛向下渗透,对那些想进入“最好”的高中的学生形成了同样的压力。日本人已把他们的经济成功归因于他们教育制度的效能。

中国在 1949 年后成了一个社会主义国家。毛泽东提出,通过教育,要造就“又红又专”的高质量的学生。如果不能实现这个目的,那么,具有社会主义觉悟、为社会主义文化所鼓舞的工人,就应该是教育制度的产物。科学和技术得到重视。一种强迫的一体化把农民和知识分子置于同等的地位。由于适合于社会主义国家,管理被高度集权化。集体主义的概念受到偏爱,所有教育都不得不从属于这种政治维度。因而,在 20 世纪五六十年代,中国学习了很多苏联教育的理论和实践。然而,在接下来的“十年动乱”(1966 ~ 1976)中,知识分子受到了不公正的待遇。根据毛的思想,这将导致教育中更大的人人平等。这种思想随着它的主要提倡者的去世(1976)而消失。虽然继续强调教育和职业之间的关系,但中国的教育变得更为实用。

在澳大利亚,地方分权制的学校制度令人满意地发挥着功能,并被许多像巴布亚新几内亚这样的国家所效仿。但它面临着一个棘手的问题:即与移民有关的问题。1945 年后,官方政策是“移民,或死亡”。今天,移民人口是第二次世界大战后的两倍多。在这个时期,直到 1972 年每年涌入的“新澳大利亚人”从未少于 4 万人;在 20 世纪 50 年代,每年上升到 14 万余人。虽然直到 90 年代初,盎格鲁—凯尔特(Anglo - Celtic)血统的澳大利亚人占总人口的 60%,但移民来自世界的各地,例如,来自南欧,来自亚洲。把移民融合成一体的任务落在学校头上。这个过程是如何进行的,可能为面临同样问题的欧洲,提供一个直观的教材。

印度这个不发达国家中最大的实行民主制的国家,独立后,与难以驾驭的教育问题进行搏斗。它的幅员和人口促使它把教育的控制移交给各个邦,并有一个联盟的部充当协调者。英国人留给印度一些好学校(但许多是私立的,仅为很小的一部分人设计)以及一个完好的大学网。但大众却被完全排斥在外。在 20 世纪 60 年代中期,32% 的人口仍是文盲,并掺杂着语言的多样性。虽然高等教育仍用英语教学,但普及印地语的政策已取得了一些成功。

东南亚的许多国家正经历着与非洲同样的问题。在 1946 年至 1960 年间,1/4 的菲律宾人在上学,但辍学率很高,以至于在 1959 年仅有 4% 的人完成中学学业。像在非洲一样,优先考虑的一个问题是,解决 87 种仍在使用的语言的问题。在柬埔寨,辍学率也是问题。在巴布亚新几内亚,1961 年制定的到 1975 年实现普及小学教育的计划,只是部分完成了。前南越取得了一些成功,到 1967 年,小学的入学人数是 1954 年的三倍多。在泰国,教育则饱受教师的长期短缺之苦。

5. 机会均等

教育机会均等的概念,像一根金线,贯穿于整个战后教育史,无论是在东方还是西方,也无论是在北方还是南方。法国的“民主化”和德国的“机会平等”支配了直到 20 世纪 70 年代末的教育争论,这个概念在其他地方的情况也是如此。它的含义是意味深长的。据说,学前教育将使在文化和社会方面被剥夺的人与比他们更富有的人处于同等地位。人人享有的中等教育必须成为现实。虽然到 1980 年,发达国家大多已实现中等教育的普及,但发展中国家不得不去实现初等教育普及的目标,不幸的是,这个目标并没有达到。1987 年,世界人口首次超过了 50 亿,这是一个巨大的教育征兆。它意味着,在进入新千年前,地球上大多数的儿童将有幸接受充分的初等教育,且不说中等教育。在全球的背景中,平等因而是很成问题的。

然而,在 20 世纪 60 年代的西方,像斯莱尔斯基(Schelsky)那样的社会学家所提出的学校是生活机会的主要分配者的令人宽慰的观点(这对于那些进入综合中学的人来说是非常有力的根据),被科尔曼(Coleman 1966)的报告所修正。科尔曼的报告表明,学习成绩的不同更多的是由学校以外的原因造成的。其结果是,美国开始了“起步领先”(Head start)计划。紧随其后的是英国的“教育优先区”计划(EPA),法国则在较小的范围内加以模仿。但是,詹克斯(Jencks)的《不平等》(1972)的出版,进一步动摇了信心。这本书证明,在任何地方,平等都不能达到:学校与学校之间在资源的使用上是不同的,学校所提供的教育的数量和质量是不同的,儿童间的认知技能是不同的——这是一个对人类本性的令人遗憾的疏忽。最重要的是,学业成绩方面最重要的因素不是学校,而是家庭。詹克斯的结论是,机会的均等只能通过收入的均等来实现。以后的社会学研究和一些以前的心理学研究,证实了这种悲观主义;对学校教育效果的经验研究也证明了这一点:在资本主义社会(社会主义社会也一样)中,除了少数例外,高等教育——通向高收入和权力之路——维护了特权精英的存在。征税(包括对下层阶级的征税)至少在高等教育方面,实际上帮助了那些已经非常富有的人群。

在苏联及其卫星国,哲学是不同的。从社会主义向真正的共产主义(在那里平等将成为现实)过渡,要求个人为实现这种田园牧歌式的梦想做出贡献。个人的“全面发展”应为社会的目的而实现:“各尽所能,按需分配。”但后面的假设是有限定的:“如果这些需要与社会的需要相适应。”20世纪80年代后期,苏联的解体标志着这个应用于教育的思想暂时不能实现。

到20世纪70年代中期,虽然政治家们继续在这个概念上喋喋不休,但关于学校教育的替代哲学正在探索中。正如在其他地方提及的那样,这种哲学把学校当作为就业作准备的工具,认为良好的教育应以成功为中心。它认为,个人的发展在很大程度上必须为了社会的目的。

机会均等的一个主要因素是男女儿童入学机会差异的概念。这在教育中已经留下印迹。20世纪后期已经展示了妇女为实现与男性平等的教育地位而进行的斗争。在工业化国家,一个衡量参与高等教育平等的标准,正在实现的过程中。但在形成更高的社会地位的学习领域(专门职业、工业、商业和学术界),平等还难以实现(例如,在澳大利亚,只有3%的大学教师是女性。1945年后,课程的陈规出现在中等教育中:例如,说服女孩选择技术而不是普通教育课程的努力,被证明是不成功的)。结果是,只在苏联培训了大量的女工程师。有鉴于此,在中学里男孩选择数学、科学和技术课程,女孩在语言、社会科学和人文学科方面有显著表现——这种选择究竟是本性决定的还是教育决定的,仍是一个问题。

尽管如此,还是取得了一些进步。可以引用匈牙利的案例。在20世纪40年代后期,大多数女孩只接受了4~6年的学校教育;到1965年,仅30%的15岁以上的女孩已成功完成8年的基础教育,仅有6%的女孩拥有中学或更高的学历。到1986年,后者的数字已上升到25%,并有40%的大学毕业生是女性。但在英国,直到1975年,才发现有必要颁布相关法律,明确规定在所有领域(包括教育)不应歧视女性。它承认,这个问题既是社会的和经济的,又是文化的,只采取教育措施是不能解决问题的。

第三世界的形势是非常严峻的。联合国教科文组织1972年的一份统计评论显示,在许多非洲国家独立10年后,女性成人文盲率仍徘徊在84%的水平上。因为学校倒闭很多,所以,学生还在识字的时候就辍学了,这样,她们很快就会变成功能性文盲。这削弱了母亲维持其子女读写标准的能力,以及她在卫生、人口控制以及家庭福利方面所发挥的教育作用的有效性。但在缺钱的地方,通常会认为应让男孩上学,因为按照惯例,男孩将成为家庭的主要劳动力。这再一次涉及基本的非教育方面的问题。

在伊斯兰国家,形势有了变化,这在很大程度上依赖于资源。在盛产石油的国家,妇女教育方面取得了进步。在沙特阿拉伯,20世纪60年代开设了第一所女子学校。1977年召开的关于伊斯兰教育的国际会议优先考虑宗教教育,禁止男女同校,鼓励女性教育,但仍认为女性不适合为一些职业(例如工程)作准备。与此同时,对《古兰经》的深入研究有助于消除一些宗教领导人对女性教育的反对立场。

世界上其他地方的形势也存在着问题。在南美洲,在实现教育的性别平等方面迈出了一大步。在亚洲,形势和非洲相同,但印度是一个例外。在印度,甘地主义促进了女性教育。

从整体上看,尽管诸如联合国教科文组织这样的机构所付出了许多努力(它把1975~1985年的十年命名为“女性的十年”),但是,女性在各级教育中仍是少数。

6. 结论

1945年以来的教育史是观念和事件的拼合。由于教育是追随社会而不是领导社会,所以,它只能受制于这个时期流行的政治教条和趋势。一种消除个人主义和为教育而教育的渐进的趋势,在20世纪90年代达到高潮,这导致了学校教育中的“现实主义”和“功利主义”。它们大声疾呼成本的效率和效能、学校和大学的“产出”应当是实质性的,对社会的贡献应当是可以测定的。这与20世纪40年代早期以来教育事业的普遍政治化是一致的。19世纪的为了个人、为了性格和人格的愉快发展的教育概念不得不让位。然而,在下一个千年,钟摆将会转向相反的方向。

W. D. 哈尔斯(W. D. Halls)　著

张斌贤　刘冬青　译

附录

Coleman J S 1966 *Equdlity of Educational Opportunity.* US Government Printing Office, Washington, DC

Husén T, Tuijnman A, Halls W D 1992 *Schooling in Modern European Society.* Pergamon Press, Oxford

Jencks C et al. 1972 *Inequality: A Reassessment of the Effect of Family and Schooling in America.* Basic Books, New York

其他参考文献

Bereday G Z, Lauwerys J(eds.)1967 The World Year Book of Education: University of London, Institute of Education, London

Broadfoot P, Sutherland M(eds.)1987 Sex differences in education. *Comp. Educ.* 232(1): whole issue

Cremin L 1976 *Public Education.* Basic Books, New York

Coombs P H 1968 *The World Crisis in Education: A Systems Analysis.* Oxford University Press, Oxford

Davenport T R 1978 *South Africa. A Modern History*, 2nd edn. Macmillan, London

Fauré E et al. 1972 *Learning to Be: The World of Education Today and Tomorrow.* International Commission on the Development of Education, UNESCO, Paris

Frazier N, Sadke M 1973 *Sexism in School and Society.* Harper Row, New York

Garcia Garrido J L 1986 *International Yearbook of Education. Vol. 38: primary Education on the Threshold of the Twenty-first Century.* UNESCO, Paris

Haby R 1975 *Pour une modernisation du système éducatif*, Paris

Kelly G, Elliot C 1983 Women's education in the Third World. *Comp. Educ.*

Malkova Z A, Vulfson B L 1987 *International Yearbook of Education. Vol. 39: Secondary Education in the World Today.* UNESCO, Paris

National Commission on Excellence in Education 1983 *A Nation at risk. The Imperative for Educational Reform.* US Government Printing Office, Washington, DC

Price R F 1970 *Education in Communist China.* Routledge and Kegan Paul, London

Scanlon D 1964 *Traditions of African Education.* Columbia University Press, New York

Shapovalenko S G 1963 *Polytechnical Education in the USSR.* UNESCO, Paris

教育作为研究领域的起源(Education as a Field of Study, Origins of)

教育作为一个学术领域,可以回溯长达200年的历史发展。它源于文法学校的教育而不是小学教师的教育。在18~19世纪的欧洲,德国的大学首先建立了教育学科。因此,其他国家在这两个世纪中的教育的学术发展只能附带提及。

教育作为独立的科学领域,首先是与让-雅克·卢梭、特别是他在《爱弥尔》(1762)中所激发的教育灵感联系在一起。这个学科的成功确立,必须满足许多前提条件:大学的功能和目标的现代概念;对训练有素的教师的要求;最后,是对教师教育的法律要求。

对教育的学术讲授来说,哈勒大学(1694)、哥廷根大学(1734)和柏林大学(1810)的建立,是必不可少的;在这些大学里,教育最初是与至少一个其他学科结合在一起的。对训练优秀的文法学校教师的需求也促成了对教育的重视。最早的关于教育的讲演是格斯纳(John Matthias Gesner)在哥廷根大学进行的(1734~1761),它是在启蒙运动的激励下产生的。例如,这所大学在正统观念上遵循自由的政策,无歧视地录取信仰犹太教的学生。格斯纳把雄辩和古典语言的教授的聘任与学校督导的任命结合起来。布伦瑞克-吕内堡地区的所有文法学校因而都在他的监督下;他也影响了著名的1737年布伦瑞克-吕内堡地区的学校规程。这些规程间接提到了语文学校,在其中,格斯纳不仅引入了研究古代著作的新方法,而且为学习神学的学生引入了神学教学方面的训练。

类似格斯纳讲授的研讨班被称作是"文学的和教育的"。甚至在1700年前,在哈勒大学就存在一个为文法学校教师开设的"精选教师学校",这是神学研讨班的一部分。在独立的教育研讨班产生之前，在大多数情况下，教育是作为神学或哲学学习的一部分与古典语言一起被教授的。培训中学教师的正式规定是举办教育方向的研讨会的前提。这导致了国家控制的加强。

从19世纪初开始，文法学校教师不再必须等待成为一个神学家，而是作为专业人员被接受。在普鲁士，这种发展始于1810年的“任教前能力考试”，它首先规定开设一个试验性的讲座。1826年是试验的一年；1831年，教育成了教师考试的必考内容。为期两年教育方面的理论学习的规定，为教育在大学中安排了一个位置，并导致了教育教席的设立。对实践的教师培训来说，文法学校的研讨班而不是大学的研讨班更让人喜欢。

在新建的哈勒大学，第一个教育教席设立于1779年。10年后，在马尔堡大学设立了第二个教席。从那以后的近百年里，没有再设立教席。第一个和第二个教席都产生于启蒙运动时期和由卢梭所激发的泛爱主义教育运动时期。部分地由于德骚的泛爱学校，普鲁士部长冯·策德利茨（von Zedlitz）成了巴泽多创立的泛爱主义的积极倡导者。巴泽多的快乐学习的理念可以追溯到格斯纳。策德利茨想把这种理论用于教师培训。他的目标是鼓励教授们在大学举办教育研讨班。1774年，他指示哥尼斯堡大学设立学术与实践学院，并准备教育讲座的花名册。康德依据巴泽多的《方法》一书，举办了四个学期的讲座。

1779年，策德利茨任命巴泽多泛爱学校的教师特拉普（Ernst Christian Trapp）担任哈勒大学教育教席的第一个主讲人。虽然特拉普接管了已经存在的教育系，但在1783年，他辞去了教授职位。以后，在大小两位尼迈尔（Niemeyer senior and junior）的主持下，教育系合并到神学系。然而，特拉普的《教育的尝试》（1780）却出版了几个版本，并被认为是一部教育学的经典著作。

马尔堡大学的第二个教育教席的主讲人博克莱尔（Piere Louis de Beauclair）不同于特拉普，他没有为教师培训举办研讨班，对学科的发展没有做出任何贡献。

1800年前，在哈勒和马尔堡之外的地方，有其他学科的教师举办教育方面的讲座，例如神学家米勒（Johann Peter Miller）1766～1789年间在哥廷根大学，哲学家埃勒斯（Martin Ehlers）1777～1808年间在基尔大学，哲学家康德1776～1787年间在哥尼斯堡大学，哲学家克罗默（Crome）1798年在基森大学，语言学家格斯纳1734～1761年间在哥廷根大学，语言学家维德布里（Wiedeburg）1779～1810年间在海尔姆斯泰德大学。他们所代表的学科——神学、哲学和语言学，直到大约1900年都是中学教师培训的组成部分。随着教师的日益职业化，神学家在教师培训中的分量减少了。然而，像瓜尔迪尼（Romano Guardini）那样的神学家却继续影响着天主教青年运动。著名的哲学家被吸引到柏林大学，例如洪堡、施莱尔马赫（Schleiermacher）、费希特、谢林和黑格尔。他们都影响了对教育的思考。

直到赫尔巴特（Friedrich Herbart，1776～1841），教育才作为结构化的学科发展起来。1809年，赫尔巴特接替了（虽然不是直接的）康德在哥尼斯堡大学的教席。在赫尔巴特被任命为哲学教授的同时，苏温（Suvern）在威廉·冯·洪堡的领导下负责教育事务，他打算依据裴斯泰洛齐的学说，改进教育制度。裴斯泰洛齐引发了学校教学的世界性运动，赫尔巴特所谓的“形式阶段”也是如此。在赫尔巴特看来，教育就是激发良好的行为和观念，而这主要是通过教学而实现的。他的体系以伦理学和心理学为基础。他在哥尼斯堡大学主要关注的是大学研讨班的教师培训。除了他在哲学方面的著作外，他最重要的理论贡献是《教育学讲座纲要》（1835），该书出版于赫尔巴特回到哥廷根之后。1803年，他曾在哥廷根大学开设教育讲座，30年后，他在哥廷根继续他的学术工作。教育作为一门科学，是他的《纲要》的主题，也是他的门徒之一齐勒尔（Ziller）1868年建立的科学教育学协会的主题。19世纪末，赫尔巴特的教育理论在德国内外都占据着统治地位。

赫尔巴特吸引了许多来自本国和国外的学生，这些学生传播和发展了他的理论。这样，不同的“赫尔巴特学派”就形成了，尤其是因为他的一些门徒成了教席的主讲人，例如，在耶拿的“赫尔巴特中心”是布罗佐斯卡(Brozoska)、斯托伊(Stoy)、赖因(Rein),在莱比锡的“赫尔巴特中心”是齐勒尔、德罗比希(Drobisch)和哈登斯泰因(Hardenstein);德国之外,在布拉格是威尔曼(Willmann),在芬兰是鲁因(Ruin)、佩兰德(Perander)、索伊宁恩(Soininen)和利利乌斯(Lilius),在多帕特大学是斯特姆佩尔(Strümpell);他也在观念上影响了瑞典、英格兰、荷兰、奥地利、匈牙利、罗马尼亚、希腊和美国的教育家。虽然赫尔巴特的教育理论(尤其是通过斯托伊、赖因和齐勒尔)广为人知,但是,除了混合聘任的教授席位,没有一个教席得到类似其他学科那样的发展,即使在赫尔巴特之后的一百年也是如此。

心理学中的经验—分析的程序被借用到教育上。19世纪末,从这里发展出一个专门的领域,它与人文学科和社会科学并列;但在不同国家,它代表着不同的东西。在莱比锡大学,冯特(Wunder)的门徒梅伊曼(Ernst Meumann,1862~1915)和拉伊(Lay,1862~1926)发展了所谓的“实验教育学”。梅伊曼的《实验教育学入门讲座》(1907)使他声名远扬。这个时期人文学科的代表人物,例如,在柏林大学是狄尔泰(Dilthey 1882~1907)和保尔生(Paulsen,他的教席是哲学和教育学);在马尔堡大学,是哲学教授那托普(Paul Natorp 1893~1922)。那托普反对“实验教育学”这个概念,他的《社会教育学》(1899)致力于教育与社会更为密切的联系。

第一次世界大战期间——在1917年的教育会议上,普鲁士教育部讨论了在每所大学设立教育学教席。20世纪20年代,著名大学的教育学教授与部分哲学教授联合在一起,例如,诺尔(Herman Nohl)分别于1920~1937年间和1945~1948年间在哥廷根大学任教,并创造了“教育运动”这个概念,它是指从爱伦·凯(Ellen Key)出版《儿童的世纪》(1900)到1930年这个时期。斯普朗格(Eduard Spranger)在柏林大学主持一个哲学和教育学教席,直到国家社会主义终止了他的职位,斯普朗格的继任者李特(Therodor Litt)、诺尔、施奈德(Friedrich Schneider,比较教育领域的一位先驱)以及很多人的职位也被终止了。

第一次世界大战后,更多的教育学教席在德国设立。例如,在慕尼黑,费希尔(Aloys Fisher)主持的教席注重心理学,凯兴斯泰纳(Georg Kerschensteiner)的教席强调“从做中学”。在耶拿,彼得森(Peter Peterson)——汉堡里希特瓦克学校(Lichtwark School)的前任校长——于1923年上任,他的耶拿计划至今仍在影响着荷兰的学校。其他教育学教席设在法兰克福大学[主讲人是齐恩(Julius Ziehen)]和汉堡大学[主讲人是多伊希勒(Gustav Deuchler),继任者是弗利特纳(Flitner)]。

第二次世界大战后的“教育爆炸”,使所有大学的许多教席和教授职位业已存在的差别进一步扩大。1968年,在西德的33所大学里,设有7个混合学科的教席,55个有普通的教育教席,其中之一是布洛克曼(Elisabeth Blochmann)1952~1960年间在马尔堡大学主持的教席,他同时也是教育系的系主任。

1. 英国

伦敦的教师学院在英格兰的教师培训方面,发挥着先锋的作用。1846年建立的时候,它是为了“教师(尤其是在英格兰和威尔士私立学校的教师)的资格考试”;当时也出现了大量的地方委员会,颁发类似的证书。从1849年开始,教师学院也从事对妇女进行提高的工作,以便使她们接受高等教育;从1850年起,它为中学生补习,以便通过考试。从1854年起,为了通过制定高标准而提高教学职业的声望,学院开始颁发证书。学院也引入教师注册这一类似内科医生的做法,并以多种可能的方式,坚持教育既是一门科学也是一种艺术的原则。

由于捐赠设立教育学教授职位、“以便追随在德国和别的地方已经确立的范例”的要求未取得成功,1872年,教师学院为佩恩(Joseph Payne)设立了一个教育科学和艺术的教席。这是英格兰第一个教育学教授职位,虽然没有大学的资格。佩恩是成功的,但不幸的是,由于他的过早去世(1876),这第一个教授职位就像德国在100年前的尝试那样夭折了。

苏格兰的尝试则成功了。贝尔(Andrew Bell)

和兰卡斯特(Joseph Lancaster)一起引入了“导生制”,这是19世纪的一种比较经济的教学方法;根据贝尔的意愿,他的充裕的财产将用于改善教育。1872年,《苏格兰教育法》为学校提供经济支持,并用捐赠设立了两个教席。它们以捐赠者的名字命名为“贝尔教育理论、历史和艺术教席”;1876年,主讲人上任。他们是爱丁堡的劳里(Laurie)和圣安德鲁斯的米克尔约翰(Meiklijohn)。1884年,在伦敦召开的国际教育大会上,米克尔约翰在一篇关于教育学教授和讲师职位的文章中提到:“在英格兰的所有大学中,没有一个人负责指导教师的日常实践。”在那时,教师培训问题是非常紧迫的。1870年和1872年的教育法涉及英国所有的学龄儿童。

在英格兰,从1879年起,剑桥大学的教师培训特别委员会为中学教师开设教育理论、教育史和教育实践的课程。其他大学延续了这种做法。克罗斯委员会(Cross Commission)通过了解苏格兰和欧洲大陆的体制,调查教师培训的问题。在其报告(1888)中,它区分了“住宿学院”和“日间培训学院”。后者是英国大学教育系的前身,能获得文理学位。直到世纪之交,1/3的学生是在日间培训学院接受培训:那时几乎所有的学院都设有中学部和小学部。

1902年10月,伦敦大学任命亚当斯(John Adams)为新成立的日间培训学院的第一任教育学教授,他的继任者是沛西·能爵士(Sir Percy Nunn,1922~1936年间他在此任教)。从那时起,有8所大学的学院提供为期一年的教育理论和实践培训。日间培训学院因而变成教育系。然而,一直到20世纪70年代,职业培训都没有成为大学毕业生的必修内容。

在教育系的建立和为其设立一个教席之间,可能会相隔许多年。曼彻斯特大学的欧文斯学院就是一个例子。早在1883~1884年,政治经济学及精神和道德科学教授亚当松(Robert Adamson)就举办了教育理论讲座,并参与创建日间培训学院。1890年,由一位“教学法教师”古德(Goode)负责,学院招收男生;两年后,在多德(Catherine Dodd)的管理下,学院招收女学生。又一年后,马克(Thiselton Mark,他是第一个在英国大学获得博士学位的人,他的学位论文主题是关于教育学—心理学的)担任院长,直到1910年。由于第一个教育学教授职位是在重组时代在曼彻斯特设立的,因此,威瑟斯(Harry Livingston Withers)是不是英格兰第一位教育学的大学教授(他任职于1899年,在两个苏格兰教授职位设立之后),就不甚清楚了。威瑟斯和多德引入了培训学校。从1909年起,所有培训学院都必须有这样的学校。当威瑟斯的职位在1902年空缺时,以前在教师学院任教的芬德利(Joseph John Findlay)被任命为系主任。第二个教席——教育史和教育管理教席——的主讲人是萨德勒(Michael Ernest Sadler,1903~1911年间任职,继任者是史密斯)。萨德勒以后成了比较教育学的先驱之一。1904年,由于不同学院在管理上并入在曼彻斯特的维多利亚大学,教学人员增加了三个讲师职位(不包括两个教学法的讲师职位)。

芬德利和萨德勒都曾在国外学习过:芬德利和赖因一起在耶拿大学学习,并在莱比锡大学的李希特(Richter)的指导下获得博士学位。在德国完成学业后,出于教育的目的,芬德利到美国旅行。萨德勒也曾在哥伦比亚大学学习;以后,桑迪福德(Sandiford)也在这里学习,毕业后,桑迪福德去了多伦多。在萨德勒关于影响英国大学教席捐赠的报告(1911)中,他强调了德国和美国的理论和实践的日益增加的影响,尤其是赖因在耶拿大学的培训学校、保尔生和明希(Münch)在柏林的培训学校、梅伊曼在敏斯特的培训学校。亚当松谈及“赫尔巴特的门徒”斯托伊和齐勒尔;芬德利、亚当斯、多德和海沃德(Hayward)发表了主要是对赫尔巴特的批判性研究。经验领域的冲动来自美国,例如,来自约翰·杜威和莱比锡大学冯特以前的学生霍尔(Stanley Hall)的著作。

从20世纪初开始,大学设置了开设培训课程(在苏格兰,还开展高级的教育研究)的教育系。1944年,麦克奈尔报告(the McNair Report)建议改革教师的培训。因而,在第二次世界大战结束时,负责专门地理区域的“教育学院”建立起来。由于有各个教育专业的学院和教席,伦敦教育学院成了最大的一个教育学院。教育学院主要开展研究工作,但是,在英格兰,教师培训的最主要责任仍保留给教育系。这两个机构的双重责任和第二次世界大战后的重建一样,导致了所有规模较大的大学中教育分支学科教席的设立。

2. 北欧国家

在斯堪的纳维亚,由于与泛爱主义的密切联系,教育的学术研究始于丹麦。北欧国家在泛爱主义这种教育运动的鼓舞下,开始举办教育讲座。研讨班的培训首先在丹麦进行,到1814年,也包括了挪威。巴泽多、特拉普、桑德尔(Christian Levin Sander)同时在泛爱学校任教。桑德尔成了丹麦和北欧的第一个教育学教授(1800~1811)。

政令及后来的法律规定,在中学和私立学校教师的最终考试中必须有教育科目,但并没有设立教席。只是在第二次世界大战后才在所有大学设立教席。

芬兰是第一个设立教育学教席的北欧国家(1852)。从1862年起,约阿基姆(Zacharias Joackim)在赫尔辛基大学成了教育学和教学法教席的主讲人。他对芬兰的教育有相当大的影响,并且是教师培训学校的校长。在由最古老的教师培训学院演变过来的于瓦斯基拉(Jyvaskyla)大学,从1934年开始设立教育学教席,奥克沙(Kaarle Johannes Oksala)成了第一位主讲人。第二次世界大战后,芬兰建立的大学都有教育学教席。

在挪威,建立教席的努力源于教育学会(1888),第一个教育学教授是安德森(Otto Anderssen)。他从1909年起就有一个私人教席,从1918年起,有了被认可的教席。1906年,拉伊的课程被引入"实验教育学"。从1938年起,它成了一个学科,这一年,恩格(Helga Eng)接替了安德生的职位。

在丹麦,在桑德尔之后的第一个现代教育学教席的主讲人是瑟伦森(Knud Grue-Sörensen 1955),他得到了心理学教授拉斯马森(Rasmussen)的支持。新的发展来自丹麦的教育研究所(1954年建立)和丹麦学校历史研究所(1965年建立)。

在瑞典的所有大学里,教育学教席或心理学与教育学教席在第二次世界大战前设立,因此,教育学在大学中获得了牢固的地位:在乌普沙拉大学,哈默(Berti Hammer)从1919年开始执教;在伦德大学,赫林(Axel Herrlin)在1912~1935年间执教,伦奎斯特(John Landquist)是他的继任者。在哥德堡大学和斯德哥尔摩大学(以前是学院),由于捐赠设立了它们的第一个教授职位。在哥德堡大学,第一个哲学和教育学教席的主讲人是耶德霍尔姆(Gustav Axel Jaederholm 1919~1936)。1937年,斯德哥尔摩大学把奥洛夫-伊那罗斯(Olof-Eneroth)的心理学和教育学教席提供给卡茨(David Katz),他来自德国。当卡茨1951年退休时,心理学成了独立学科。他的教育学教席的继任者胡森(Torsten Husén 1953)成了第一个应用教育学教授,并从1971年起成了第一个国际教育学教授。胡森不仅对教育的学术研究有很大的影响,而且影响了瑞典学校制度的形成。

I. 魏尔基(I. Willke) 著

张斌贤 刘冬青 译

附录

Willke I 1975 *Lästolar i pedagogik vid europeiska universitet*. Almqvist and Wiksell International/Acta Academiae Scientiarium Upsaliensis, Stockholm

教育的历史编纂(Historiography of Education)

教育史学家的著作、他们的方法和重点、他们如何理解他们的使命以及教育史本身的定义,都是在变化的。历史编纂涉及这些变化中的历史学的目的和策略,在本词条中它主要与教育有关。

对教育史的兴趣,尤其是在19世纪和20世纪,一直与各种更广泛的背景联系在一起,因此,它也和对教育变化的解释相关,例如,国家的独立、"现代化"的需要、教学的专业化、对特定传统和制度的颂扬或对这种状况的根本变换。史学家们把他们的注意力集中到教育思想的传统、文化和社会传统、教育制度及其组成部分和层次的建立上,或集中到教育服务于不同的社会团体以及对经济或社会变化的贡献上。史学家们关注学校教育和非正规教育、有关儿童概念的文献的变化以及教育的解放和压迫的性质。因此,教育史所写和所教的东西不仅反映了不同的教育理想,而且反映了不同的历史解释。

如果历史真的是不同历史的连续,那么教育也真的是不同教育的连续。在不同时代和地点,教育被当作社会传递其积累起来的知识和基本价值观的过程,被当作国家或社会的统治集团致力于确保社会稳定或顺从的工具,或者是建立机构以便培养公民胜任不同的社会和经济角色。教育史被看作是一个关于学校教师、关于家庭传统角色的公共替代品,也被看作是关于对儿童和青少年的态度或关于儿童应学习什么或怎么学习的故事。它不仅被看成是个人创造性和理想主义的故事,而且被看成是立法的故事:政府、国家和议会怎么限定教育的目标及规范实现这些目标的机构。教育被当作是其他机构——例如教会和宗教团体的基本功能,但同时也是独特的(并且经常是自主的)机构(例如大学)的功能。教育也被当作对由国际经济竞争或战争、移民或人口统计上的变化,或者作为殖民主义的工具所引发的变迁的及时或过时的反应。因此,对不同时代或不同史学家来说,要区分优先解释的不同特点:儿童的教育或大众学校教育的发展,学校的建立或强迫入学的立法,自由教育或职业教育的理念,教育的"保守"或"进步"的观点的本质及其在实践中的具体表现,教育思想在宗教、政治和社会运动中的作用,其他类型经验的教育功能,例如大众传媒、旅行、流行的娱乐活动或社会活动。

直到20世纪20年代,教育史是由三个主要的且常常相关的兴趣和线索组成:与教育相关的思想的历史;教育制度和结构史;教育领域的立法和公共政策史。

1. 思想史

在上述兴趣中,思想史不可避免地成为国际上最为关注的焦点。它与哲学史相关,特别强调柏拉图和希腊哲学,以及文艺复兴时期的欧洲思想家。它研究启蒙运动的教育思想和17世纪与18世纪的科学发展,例如,包括夸美纽斯和洛克的著作。随之而来的是19世纪和20世纪教育思想的线索,包括卢梭、爱尔维修和法国大革命时期的教育家,19世纪和20世纪的国际"进步主义"教育运动,包括欧洲的裴斯泰洛齐、福禄贝尔、蒙台梭利和美国的杜威。这样的思想史所区分的线索或模式已被解释成希腊—罗马的传统和基督教的传统,专制的传统和自由的传统,激进的传统和保守的传统,知识中心的传统和儿童中心的传统。这类分析的文献包括麦卡利斯特(McCallister)的《教育中自由的增长》(1931)和乌利奇(Ulich)的《教育思想史》(1950)这样的著作。

因而,教育思想史常常是围绕着伟大思想家的著作和影响建构的,并把注意力集中在为现代世界解释和重新解释这些伟大的思想家。例如柏拉图、洛克、卢梭和托尔斯泰,成了向年轻一代重新解释、重新发现和重新展示的主题。19世纪和20世纪的教师教育课程常常含有对柏拉图和圣奥古斯丁、维韦斯(Vives)、赫尔巴特和其他教育理论史上的里程碑式的人物的教育思想的概览。在许多示例中,这些人物被当作学校建立和运行或教育改革实践的良师。文艺复兴时期的思想家的故事也是人文学科课程和实践发展的故事:阿斯卡姆(Ascham)是家庭教师,马卡斯特(Mulcaster)是一位校长。威尔(James Will)和罗伯特·欧文(Robert Owen)是19世纪初的实干家。马萨诸塞的贺拉斯·曼(Horace Mann)、英格兰的沙特尔沃斯爵士(Sir James Kay-Shuttleworth)和加拿大的赖尔森(Egerton Ryerson)是管理者。蒙台梭利和进步主义教育家总体上关注学校和教室、儿童和教学材料。耶稣会教育或19世纪英国独立学校或"公学"的历史是理想、教师、学校、课程和方法的历史。正如拉斯克(Rusk)的著作《幼儿教育史》(1933)中所展现的那样,幼儿教育的历史是著名思想家及其思想的历史,是学校教育发展中实践措施的历史。澳大利亚、加拿大、印度和前大英帝国的其他国家的教育发展的相当多的文献所关注的是思想和制度的传递、适应或抛弃。

教育思想史的一个重要特征在于,它是国家传统的混合体,是教育思想的国际间的传递和普及。德国的赫尔巴特和福禄贝尔或美国的杜威,有其特定的国家背景,但他们的影响在国际上都能被感觉到，并且引起争论。蒙台梭利和尼尔（Neil）在美国比在意大利或英国更为重要，而杜威的思想则被从美国传播到拉丁美洲和中国，正像以前的夸美纽斯或福禄贝尔一样，成了世界的财富。

在两次世界大战之间，教育史的这种国际维度成了教育史和比较教育的非常重要的方面。国际认同的人类价值观与文化传统之间的张力，民族主义的优点和缺点，成了历史学讨论议程的组成部分。教育的理想被看作是与法西斯主义或其他严峻的威胁作斗争的重要因素。在社会学科、公民课程的学校项目开发中，历史经常成为主要的专题；教育史——尤其是在美国——成了有关自由主义传统、民主或自由的著作的核心。例如，乌利奇的《教育思想史》（1950），考察了从希腊、罗马和早期基督教的思想到爱默生和杜威这样的现代民主哲学家，他呼吁"国际教育"和理解，并把这些"伟大的教育预言家"引为同僚：

> 我们需要他们的建议，因为他们是有勇气和胆识反抗错误传统和自满的人。他们表现出了人类为伟大的目标而献身的勇敢精神。（Ulich 1950 P. 349～350）

由于冷战的原因，在十年后写作的《国家的教育》（1962）中，乌利奇强调了国家传统的区别和"文明人的世界共同体"的发展（P. vii）。

2. 教育制度和机构史

在很大程度上，教育制度和机构史是19世纪国民教育制度的产生和教师培训项目扩张的产物。随着法国、普鲁士、爱尔兰、英格兰、马萨诸塞以及其他国家和政治共同体以不同的方式和不同的速度，建立各种类型的相互衔接的制度，教育和国家认同与团结之间的关系日益重要。新出现的国家制度被看成是新的或稳固的国家轮廓的基本特征：新德国、新美国。早期的比较教育倾向于从历史的角度，通过国家之间的差异，解释教育制度的不同。康德尔（Kandel）的《中等教育史》（1930）描述了不同国家对集权的态度。赖斯纳尔（Reisner）的《1789年以来的民族主义和教育》（1922）描述了与国家独立相关的国民教育制度。在20世纪20年代，澳大利亚史学家们关注个别国家的教育，美国史学家（而不是年轻的哲学博士生）也在做同样的事。康德尔认为英国中学反映了主流的英国文化态度；德国中学是为了培养国家领导人；法国中学是为了培养特殊的"法国天才"；美国中学体现了无所不包的广泛目标。康德尔强调，教育挽救了普鲁士，使其在1806年被拿破仑打败后免于沦为小国。

教师培训以及所开设的心理学、课堂管理、哲学和伦理学课程，反映了制度史的重点。贝林（Bailyn 1960）和克雷明（Cremin 1965）对克伯莱（Cubberley）的著作和其他美国教育史家的批评是，认为它们夸大了公立学校教育的成功。克伯莱的《美国的公立教育》（1919），现在被认为是从"教区制度"和"传播福音"的立场写作的，目的是通过全国的努力，强化教学职业的统一性（Cremin 1965 P. 46～50）。其他国家产生了类似克伯莱著作的文章，颂扬国家和国民教育制度的优越性。与此同时，除了那些被称颂的成功之外，它们也要判别哪些是要被抛弃或超越的，例如，19世纪早期曾被许多国家采用的导生制就应作为不愉快的过去的一部分而被打发。正规建立的制度之外的学校或者不被包括在教育史中，或作为"落伍的"或"边缘的"事物被消除了。因此，没有或很少提及工厂学校、贫民学校、少年感化院、监狱学校和贫民免费学校。例如，自助的故事或工人阶级运动很少被看成严肃的教育史的组成部分。在20世纪的最初几十年，进步主义教育的故事之所以有趣，是因为它与幼儿教师的培训有关。由于成人教育、技术教育和高等教育不直接与教师培训和学校制度有关，因此，它们没有或几乎没有引起早期史学家的兴趣，除非作为国家立法的目标。国家的主要事务、国家日益强大的作用以及学生和教师的赞助者，在很大程度上决定了这些历史研究的倾向。

3. 教育立法史

国家政策制定和立法的历史是制度形成史的主要特征。许多早期历史文献关注的是立法或法规的斗争，以及斗争的成功、失败和妥协。例如，在法国，是围绕1808年拿破仑的《帝国大学令》或

1833年的基佐法(loi Guizot)的斗争;在英格兰,是围绕1870年的福斯特初等教育法的斗争;在普鲁士,是围绕18世纪立法的斗争;在新英格兰,是围绕19世纪立法的斗争。史学家考察立法及其相关的发展,例如详细拟定一个制度、强化服从、扩大供应、提高离校年龄、资助学校、培训教师、使城市和政府或国家的管理集中化以及其他一系列教育政策和规定。这样的历史往往成为大人物(主要是立法者和高级官员)的故事,例如美国的伯纳德(Henry Barnard)或德国的威廉·冯·洪堡。这种历史的许多方面具有一种必然性,它暗示对建立一个正确和恰当的制度来说,国家是必需的。一些历史著作反映了国界是如何被跨越的,英格兰借鉴马萨诸塞的立法,或美国借鉴德国的立法。在所有这一切中,重点是议会斗争、特定立法者的贡献、国家的需要以及教育如何得到发展以满足国家的需要。

国家公共制度的建设因此被描述为过去的斗争和英雄主义的结果。缺陷和弱点虽然也继承下来,但重点主要在过去的斗争和创新所带来的好处上。教育意味着在为现代化服务上取得的进步。写于20世纪早期的大多数历史著作,弥漫着强烈的过去的成就感和对当前的关注,这种"现实主义"成了20世纪60年代被批判的靶子之一。

4. 20世纪20年代到50年代的教育史编纂

从20世纪20年代起,在一些国家中,教育史开始隐约发现它与思想史、经济和社会史、教会史或职业史的发展的联结点。史学家发现,他们自己在不断运用社会科学的语言。在英国更是这样。分层的教育制度在19世纪的发展,有助于按照社会阶级的方法加以分析。英国史学家在一系列观点上与马克思主义一致,至少是在社会阶级的基础上进行有限的解释,以及在社会的联系中探讨教育。19世纪末,费边社的社会主义者所写的小册子"解救"了社会教育的积极分子。多布斯(Dobbs)的《教育和社会运动》(1919)主要关注18世纪和19世纪;史学家把初等教育和社会变化联系起来;欧文吸引了传记作家的注意;克拉克(Fred Clarke)在《教育和社会变化》(1940)中把历史的和社会学的兴趣强有力地结合在一起;柯蒂(Curti 1935)的《美国教育家的社会思想》是类似模式中的美国范例。

教育史正把对制度形式的狭隘关注与更为广泛的参照结合在一起。目标常常是填补缺口、增加对机构或其他尚未得到解释的问题的研究。日益增多的研究生正在写作管理史,越来越多的百年庆祝史正在编写。20世纪20年代中期,在正规教育制度及其组成部分的细节方面做了许多工作。解释的历史正在扩展,尤其是在社会学家和政治科学家日益感兴趣的领域。

5. 20世纪60年代和70年代的教育史编纂

从国际的角度看,20世纪60年代和70年代,教育史在许多方面变得成熟了。60年代早期,史学家开始出版关于文化或社会阶级传统的新的研究结果。在美国,克雷明的《学校的变革》(1964),在英国,西蒙(Simon)的《教育史研究:1780~1870年》(1960)(这是到20世纪90年代才完成的四卷本著作中的第一部),都认识到史学家所面临的更为复杂的任务,他们广泛地搜集资料或者在社会系统、阶级冲突和相互竞争的意识形态中进行解释,并考虑其他的历史兴趣。

总体上,教育史学家还没有产生对历史哲学或历史编纂学的关注,同样的情况也出现在19世纪和20世纪的历史写作的主流中。然而,当史学家把他们的工作扩展到新的领域和新的内容时,他们也正在提出关于他们的读者、目的和方法论的问题。虽然史学家并不非常明确像社会阶级、社会变化或现代化这些基本概念的含义,但他们清楚地意识到社会科学对历史写作的影响,尤其是对教育史的影响。他们开始回顾柯蒂而不是克伯莱,开始研究社会运动而不是立法,研究思想和人物环境中和行动中的学校而不是议会和国家财富。

在国际间,方向和方法的变化也并不是统一的,古老的传统也并没有消失。传统的兴趣继续受到关注,并且往往产生新的解释。沃伦(Warren)的《强迫教育:美国教育办公室创立时期的历史》(1966)和戈思登(Gosden)的《英格兰和威尔士教育管理的发展》(1966)继续了这些领域的学术传统。许多国家的学校和教育制度史也是如此。出现了关于大学、教师培训和技术学校的研究，也出现了关于德国和法国的小学、爱尔兰的初等教育、新西兰大众教育的开端，或19世纪加拿大和其他英国殖民地的教育思想和管理的研究。然而，明显的是，对方法论和意识形态观点的自觉兴趣扩大了。对标准的或被接受的关于教育发展的历史说明，开始被修正；教育的历史被当作民主和自由制度的稳步成长的观点受到挑战。新的与思想史和社会史联系的方式，以及挽救被忽视的教育领域（而不是狭义的学校教育）的方式，正在探索之中。在分析教育政策的形成时，教育史学家发现自己越来越多地与社会科学家和政治科学家进行对话，同时也在和其他新的历史学科的分支学科（例如心理史学）进行对话，尽管这些对话并不总是心平气和或和谐的。教育史开始从相关领域的研究中获益，例如捐赠史、城市史、劳工运动史。教育史的观点受到了新的研究和解释的影响，例如关于文艺复兴和宗教改革、战争和内战、工业、科学、技术的研究和解释。作为教育史的有机组成部分，一些全新的领域出现了，这包括青少年史、读写史、智力测验史以及教育在公司资本主义国家中的地位。

作为这个时期标志的人口统计、政治和经济的急剧变革，是对历史兴趣变化进行解释的重要原因，一些变化是在特定国家发生的，另一些变化则是被广泛地经历了的。在大多数工业化国家中，第二次世界大战后教育供给的迅速增长，使公众的注意力集中在欧洲选拔性中等教育的历史、本质和目标上。高等教育的扩张也使公众的注意力集中在大学的历史以及德国、美国和英国义务教育后的教育的历史。一种新的、国际的技艺和技术教育的历史文献就是一个结果。在许多国家，由快速的社会变化所引起的关注把历史的兴趣转向当代新的、有争议的问题的背景。历史的解释不仅仅探索国家机构，也探索过去的压迫、弱点和失败。美国国内的迁移，例如穷人、农民、南方人、黑人和其他群体迁移到城市，使民权运动获得力量，这同时改变了学术的和政治的议程。这与欧洲移民的新模式一起形成了争论的新的背景，正如对当前供给的批评引起了对过去的教育目的和不足的新的态度一样。公民权利、反战和其他运动导致了对过去的剥削、教育缺乏或对穷人、黑人、少数民族的错误教育保持沉默的历史叙述的质疑。在20世纪70年代，女权运动扩大了对女子教育方式的争论，而这一直是被史学家所忽视的。

史学兴趣的这些变化的一个重要表现，是这20年间美国的“修正主义”，这是一个引起国际兴趣的发展，并在许多国家引起反响。从20世纪50年代中期起，在福特基金会的资助下，一些史学家和教育学家开始强调，需要比以往更为丰富的历史解释。这个群体1965年的《教育和美国历史》超越了关于教育机构与社会生活关系的前提假定，和教育对发展（例如，殖民地时期的美国社会不同于英国社会）的基本过程所做出贡献的复杂方式（Ford Foundation 1965 P. 12）。

由于关注诸如此类的问题，并在主要来自专业的教育史学家以外的压力下，贝林写出了具有很大影响的《美国社会形成过程中的教育》（1960）；从1965年写作关于克伯莱的一个小册子起，克雷明就开始了他对美国教育机构和过程的“构造”的长期研究（1972，1982，1988）。贝林摆脱了那种狭隘的“现实主义”，这种“现实主义”认为历史的兴趣和解释来源于对当前主要问题的关注，其结果是提供了关于过去的不完整的和扭曲的认识。他总结了20世纪初由“教育传教士”所开展的历史研究工作的缺陷，他认为，“教育传教士”力图证明“他们所从事工作的不可磨灭的重要性、理论和过程的发展”，他们几乎只关注“正规教育机构中所开展的部分教育过程……但有比这更多的东西”。他把教育定义为“一个完整的过程，通过这个过程，文化在一代人与另一代人之间加以传递”，因此，最重要的不是正规的教育机构而是家庭，“16世纪晚期和17世纪早期的英格兰家庭生活的特点，对理解殖民地时期美国的教育史，是非常关键的”（Bailyn 1960 P. 9～15）。

克雷明在相同的方向上行进，提出了一个更广泛、更具人类学意义的教育定义。他虽然并不否定19世纪和20世纪公立学校教育的重要性，但他认为，“美国教育的传统编年史一直是狭隘的机构化的，充满了年代错误，并且是痛苦的道德教训式的”。在整个社会视野中，教育的故事只能通过询问“是什么机构(正规的和不正规的机构)形成了美国的思想、性格和情感”这样的问题来讲述。因而,分析应当超越学校,去询问“教育作用的其他机构:家庭、教堂、图书馆、博物馆、出版物、慈善团体、青年组织、农业展览会、无线电网、军事组织和研究机构”(Cremin 1972 P. x ~ xi)。在其三卷本的著作中,他把视野扩展到18世纪的报纸、19世纪的社会安置所和20世纪的电视,对美国教育、文化和社会的历史进行了大规模的调查,并把这个线索一直延续到1980年。

然而,其他压力正在形成美国教育史的另一代“修正主义者”的方向。由于民权运动、城市衰退和暴乱以及越南战争所造成的紧张,使政治的和意识形态的立场变得非常突出。到20世纪60年代末,美国的自由主义和更为激进的马克思主义的观点,都已更广泛和更强有力地确立了自己对美国校园和在思想辩论中的影响。第二波“修正主义”开始考察资本主义秩序是如何利用教育使自身得到维持并进行再生产的。对教育改革的慈善和进步的态度开始被重新解释为是受人操纵的,解释为国家和公司对无权的工人阶级、少数民族和种族以及移民团体控制的加强。卡茨(Katz 1968)从他所谓的“强制的改革”理论中,描绘了一幅画卷,以说明中产阶级努力用教育来控制和稳定工人阶级和劳动者。像这个阶段的其他史学家一样,斯普林(Spring 1972)指出,作为社会控制的手段和统治阶级权力的工具,“进步主义”教育与大公司的价值存在着联系。从无政府主义者的观点出发,斯普林呼吁结束学校的权力。其他史学家通过揭示显然是自由主义的教育改革运动所隐藏的动机,而得出不同的结论。“修正主义”还把注意力转向以前被忽视的教育经验领域,这些领域现在被认为对教育的社会控制功能的历史是非常重要的。例如,拉泽尔森(Lazerson)的《城市学校的起源》(1971)主要关注幼儿园,因为幼儿园是中产阶级进入工人阶级家庭和邻里的手段和使移民居住区美国化的手段;他也关注职业教育,因为职业教育是把移民穷人的孩子带进学校的手段和有助于调整教育体制以满足劳动力市场需要的手段。

这样的分析需要寻找能把这些新的描述和解释组织起来的概念。在美国,像较早时期的欧洲一样,一些史学家正使用马克思主义者的分析形态,虽然出现了很大的不同。但是,另一些史学家则求助于社会科学来组织概念。例如,泰亚克(Tyack)的《一个最好的制度》(1974)关注官僚形式通过控制的集权化而争取标准化的斗争。然而,泰亚克和其他史学家在20世纪70年代末将会发现,这些历史构思中的一些是站不住脚的,例如,关于19世纪学校的扩展与官僚化、城市化、工业化之间关系的假定,难以在具体的历史分析中得到证实。在20世纪70年代,定量的方法得到广泛运用,并引起更为谨慎的解释,其中包括克斯特尔(Kaestle)和维努韦斯基斯(Vinovskis)的解释(1979),例如,通过对19世纪马萨诸塞州学校入学人数、城乡差异、经费的改革和变化的研究,他们指出,他们不能同意“近来一些史学家的观点;我们认为,这些史学家过分狭隘地把我们的经济制度中的剥削,当作公立学校发展的主要促进者”(P. 233)。

1977年,拉维茨(Ravith)——她的关于纽约教育的研究成果《伟大的学校战争》(1974)推翻了已有的关于基督教教区学校教育史的观点——在《修正主义者的修正》(1977)中,攻击了在她看来是粗糙的和不准确的新的历史编纂。修正主义作为一个“运动”的政治的和意识形态的力量已经消失。教育史学家发现自己正处于不确定的专业地位,这是因为,在“教育基金会”的资助下,到处开设了教育史课程,因此,在美国、欧洲和其他地方,教育史日益受到攻击。为保护他们已受到威胁的地位,史学家们开始寻找新的突破点,重新确定他们与其他学科的关系,并经常在新的分支学科中贴上“政策研究”的标签。

美国的修正主义对其他国家产生了不同程度的影响。例如,在英国,一些马克思主义作家探讨了当代教育的历史,并出版了《不受欢迎的教育:1944年以来英格兰的学校教育和社会民主》(Barron et al. 1981)。在加拿大,史学家正把教育更为确定地置于政治史、社会史和文化史中。在法国,教育出版社的书目表明,它的选择是基于对教育的更广泛的解释,并追求“扩展史学家的兴趣领域”,把家庭和政治社会化的形式包括在教育的概念之中(Caspard et al. 1981 P. 10 ~ 13)。康奈尔(Connell 1970)提醒澳大利亚人回忆那些支撑他们对教育制度感知的历史神话:机会均等的神话、教育客观性的神话和彻底有效制度的神话。

教育史学科已扩展到包括读写史、儿童史、历史人口统计学和贝林强调的家庭史。查尔顿(Charlton)的《文艺复兴时期英格兰的教育》(1965)中的研究,阿克斯特尔(Axtell)在《小山上的学校》(1976)中对殖民地时期新英格兰的儿童世界的叙述,以及包括埃里斯(Ariès)的研究(1962年用英文出版,书名为《儿童的世纪》)在内的法国人的研究,都指向一种更为儿童中心的历史。正如德·维格里(Jean de Viguerie)在《儿童的学校》(1978)——它是对16世纪到18世纪法国教育的研究——中所指出的那样,影响儿童的改革是非常模糊的。根据他的分析,从17世纪后期以来,儿童就是各种冲突力量的受害者。一方面,对儿童变得不那么严厉、更少体罚,父亲的权威"难以确定";但在另一方面,由于强迫教育的实施,儿童变得更不自由;国家对公共教育的兴趣日益增加,儿童成了新的"精密科学"——教育学的对象。美国的一小部分史学家,包括芬克尔斯坦(Finkelstein),正在探讨社会价值、学校、家庭结构以及童年经验之间的相互影响。一些由加拿大学者撰写的文献出现了,包括萨瑟兰(Sutherland)的《讲英语的加拿大人社区中的儿童》(1976)及其后续研究、罗克(Rooke)和施内尔(Schnell)的《童年史研究》(1982)和巴曼(Barman)的《在大不列颠哥伦比亚成长为大不列颠人》(1984)。理查森(Richardson)的《儿童的世纪》(1989)跨国考察了加拿大和美国的心理卫生运动。在澳大利亚、法国和其他欧洲国家以及其他地区,对儿童的关注得以继续和保持。吉里斯(Gillis)的《青年和历史》(1974)和凯特(Kett)的《迁移的仪式》(1977)分别涉及欧洲和美国,为青少年的历史编纂确立了新的维度。

读写史已成了国际教育史研究的显著特征。1969年,在一篇关于"1600 ~ 1900年英格兰的读写和教育"的很有影响的文章中,斯通(Stone)认为,那些一直被忽视的领域(它们仍处于"初级阶段")已经对教育史研究造成了损害。克雷斯(Cressy)在《读写和社会秩序》(1980)中,详尽研究了都铎王朝和斯图亚特王朝时期英格兰的阅读与书写情况。格拉夫(Graff)在《读写神话》(1979)中,在很大程度上以加拿大的研究为基础,开始了一系列研究,以反对关于读写的一些已被接受的"真理"。在瑞典,约翰松(Johansson)及其同事运用16世纪瑞典家庭成员的阅读技能和理解能力的独特记录,开展自己的研究。对读写史的广泛兴趣来说,道路是明确的,这产生了像文森特(Vincent)的《读写和流行文化》(1989)那样的完整描述,这是在与1750 ~ 1914年间英格兰的家庭、教育、工作和政治的相关中进行的读写研究。

6. 国际图景

20世纪80年代,关于教育史国际著作的标准大大放宽了。例如,在西班牙、拉丁美洲、意大利、俄罗斯、挪威和葡萄牙,教育史著作大量出版,使用了多种语言,并提出了广泛的历史主题。国际教育史常设委员会(ISCHE,它定期出版《国际通讯》)定期在不同国家举办会议,讨论诸如教育的国际关系史、古代教育、教学职业的社会角色及其演变、初等学校的教学和课程、从宗教改革到启蒙运动的改革这样的主题。80年代出版的一些文献也是国际范围的。鲍温(Bowen)的三卷本《西方教育史》(1972 ~ 1981)中的分析,运用了包括基督教教义、新教教义、科学、革命时代、自由主义的改革和保守主义的反对这些国际上通用的范畴。由国际教育史常设委员会发起的出版物(Frijhoff 1983)是关于奥地利、法国、希腊、意大利、印度、比利时和其他一些国家与学校供给相关的教育政策的广泛研究,也包括了跨国分析。一个德国委员会(Heinemann 1985)提交了一项研究的第二部分,这项研究始于五年前,它覆盖了十个欧洲国家。与国际教育史常设委员会发起的研究不同,它是通过"合一为众"而呈现的。穆勒(Müller)等人在《现代教育制度的兴起》(1987)中,尝试对德国、法国、英格兰1870 ~ 1920年间的变化,进行整体分析,他们使用了诸如分割和系统化这样的概念,以探索"结构变化和社会再生产"的相似和不同的国家特征。1990年,格林(Green)也考察了英格兰、法国、美国(在较小的范围内也包括普鲁士）教育制度的形成，他的分析集中在《教育与国家的形成》里。作为“关于欧洲政府和非主流种群的比较研究（1850～1940）”丛书的一部分，托米卡（Tomiak）编辑了一卷《学校教育、教育政策和种群认同》（1991），该书从历史的角度探讨了在诸如爱尔兰、威尔士、芬兰、波兰、希腊和塞浦路斯这样的国家中，教育和非主流种群之间的关系。

20世纪80年代，在许多方面，国别的历史文献增加了，视野也更开阔了。例如，在这十年里，加拿大出现了相当多的研究成果。《西方的学校》（Sheehan et al. 1986）考察了从教师、教科书到乌克兰人的经验的所有事物。在《建设教育国家：加拿大西部（1836～1871）》中，柯蒂斯（Curtis 1988）广泛地考察一系列因素，包括政策及种族冲突、入学人数、教育、惩罚和对学校教育的普遍抵制。《19世纪安大略的学校教育和学者》（Houston and Prentice 1988）考察了最早的学校教育、围绕改革的斗争和学校教育的经验。《加拿大的印第安人教育》（Barman et al. 1986～1987）考察了白人对印第安人儿童进行教育的传统以及从1972年以来的变化。

这个时期的一些文献探索了在不同时期和在不同国家的不同条件下的相似性。梅尔顿（Melton）的《专制主义与18世纪普鲁士和奥地利强迫教育的起源》（1988），不仅就诸如学校作为强制服从而不是自愿服从的有效手段、读写作为灌输“道德自律”的手段以及模棱两可的改革结果这些主题，进行跨国研究，并且与美国民众教育和强迫入学的前工业化起源相对应。柏林的普朗克研究所（Max Planck Institute）的《在精英教育和大众教育之间》（1979，English edn. 1983）考察了西德近几十年的学校教育，并把美国教育传统和德美教育关系作为德国教育结构变化的背景。

历史文献的范围涵盖了教育的其他类型和层次的大量著作，包括学前教育、技术和职业教育与培训以及高等教育。从20世纪70年代以来，高等教育有很大的发展。这包括美国、开罗、伦德（Lund）和其他地区的许多大学的历史。高等教育家吸引了传记作家的注意，包括前芝加哥大学校长赫钦斯（Dzuback 1991）。大学生活的细节方面引起了日益增多的研究，包括阿克斯罗德（Axelrod）的《制造中产阶级》（1991），这是关于20世纪30年代加拿大学生生活的研究；拉·瓦帕（La Vopa）的《优雅、才能和优势》（1988）是关于18世纪德国贫穷大学生的研究。在20世纪80年代，出版了一系列大学史的专门研究，欧洲大学校长、副校长常设会议启动了《欧洲大学史》（第一卷：《中世纪大学》）（De Ridder-Symoens 1991）。

7. 解释

教育史没有放弃非常古老的兴趣和较为晚近的选择。对人物和思想的关注，包括安特勒（Antler 1987）的《米切尔（Lucy Sprague Mitchell）传》，涉及她在美国的拉德克利夫、伯克利和银行街的生活；皮科克（Peacock）对哈里森（Jane Ellen Harrison）与剑桥大学纽恩汉姆学院的研究（1988）；彼得森（Peterson）对笛吕伊（Victor Duruy）与法国教育的叙述（1984）。德国波鸿（Bochum）的夸美纽斯研究所在夸美纽斯研究方面，出版了相当多的研究成果；1990年该所举行了20周年庆祝会。其他史学家则进一步扩展了传记的兴趣，并在不同水平上跨越了体制的界限。例如，泰亚克和昂索（Hansot）在《德行的管理者》（1984）中，考察了美国19世纪和20世纪的公立学校的领导人。弗莱彻（Fletcher）编辑了一套关于西澳大利亚教育开拓者的研究丛书（1982）；塞莱克（Selleck）和沙利文（Sullivan）在《并非杰出的胜利者》（1984）中主编了一套“普通教师”的研究丛书。对“学校”或“课程”或“大学”的关注，对不同史学家来说可能意味着不同的事情，“传统上优先考虑的对象”是能够不断被重新解释的。

例如“改革”，自20世纪60年代以来，一直处于大量历史分析和矛盾的核心地位，并常伴随着关于它的起源、含义和影响的广泛争论，这使它和同样引起争论的概念（诸如民主、权力和压迫）联系起来。重新解释意味着考虑新的历史学的主顾（包括妇女、少数种族和少数民族），采取艰难的历史步骤去寻求对这些群体和其他社会群体的复杂关系中的事件的解释。因此，对不同的史学家来说，对特定时代的机构和个人就有可能得出非常不同的判断。例如，赫布斯特（Herbst）认为，美国内战前的“学院时代”并不像以前所描述的那样，是一个“迟钝、倒退、出奇的单调”的时期，而是一个“在充满活力的紧张中，蕴涵着传统和创新的需要”，并为新的需要和社会群体服务的时期（History of Universities Vol.7 P.55）。改革和“进步主义”运动的主要人物，例如美国的约翰·杜威和简·亚当斯，一直是各种不同的分析和判断的对象。在20世纪60~70年代，史学家们尤其面对着适应基于马克思主义的方法或其他阶级冲突、国家和日益敏感的压迫形式的激进框架的要求。在代表着对社会结构以及作为其中一部分的教育的根本不同的理解的组织概念之间做出基本的选择，看来是必需的。

危险的是对社会现实和历史的机制和目的的不同解释。史学家如何开展他们的分析，受到他们从社会科学和政治学科里借用的概念的影响。社会史和历史社会学之间的界限，变得难以确定。例如，在对法国和德国1890~1920年间的“学术文化”进行比较分析时，林格（Ringer）从社会学家布尔迪厄（Bourdieu）那里借用了“知识领域”和“思想领域”的概念，为“知识的历史社会学”进行辩论（1992 P.4~18）。在《教授的时代》（Le Temps des professeurs 1987）中，诺沃亚（Novoa）对葡萄牙教师的研究是围绕“职业化”的概念进行组织的（就像英美许多相关的著作一样）。诺沃亚称他的研究是“社会史分析”，确实，近来许多国家写作的教育史都有类似的标签。例如，海厄姆斯（Hyams）等人在《学习和其他事物》（1988）中，把原始资料的摘要放在一起，这本书的副标题是“南澳大利亚的教育社会史”。弗林特（Flint）在《宗教变化研究中的历史角色分析》中，介绍了他对1740~1891年间挪威民众教育发展的研究。尽管历史社会学和社会史（1990 P.ix）的界限并非不存在，但也正在相互“渗透”。美国“修正主义”的两种类型代表着扩大对“教育”的理解和重新定义教育的过去目的和当前目的的两种目标。二者共同存在于20世纪60年代以来被称作教育的社会史这个广泛的领域中，并且与人类学、经济学、社会学和政治学等社会解释的形式相关。

虽然一些历史学的努力停留在概要的目标上，但多数在细节研究的水平上继续深化。在20世纪80年代和90年代，关于教育人物、机构和过程的周密和持续的研究的最为重要的范例是在法国。全国教育研究所的教育史室提供了一系列与法国教育史许多方面相关的有重大价值的研究成果、文献目录和档案指南。例如，它们解释和分析了19世纪和20世纪学校的教材、教育作品、学生的书面作业；介绍了教师和管理者的各种赞助者的传记和社会状况，包括巴黎科学院的总督察和教授；整理了四卷本的从18世纪到1940年教育出版物的分类目录、16~18世纪的法兰西学院的详细记载；解释了与1789年以来的技术教育有关的正式教材。在其他人的赞助下，出现了大量的关于法国大革命时期的教育、儿童和家庭、关于像巴黎理工学校这样的特定机构及其学生的社会背景的著作。从20世纪70年代以来，在其他欧洲国家、美国、澳大利亚和其他地区，当经济状况常常使这种以机构为基础的历史研究不可能进行的时候，这种类型的研究（常常是合作的）在法国幸存下来。

教育史研究方法的多样性，使得确定教育史是由什么构成的问题出现了困难。例如，教育史在社会史和思想史中的定位，在所有地方都已成为一个核心问题。教育史转向更广阔的文化和政治视角的运动意味着，在确立描述和分析——教育思想与实践、意识形态与制度、管理与教学关系、对儿童的态度与教师的职业化、家庭介入与进入不同种类和水平的教育、自由教育和职业教育、作为社会秩序工具的学校或作为解放力量的学校、对正规学校教育的狭隘关注或对教育经验的广泛网罗——的方法时，存在着持续不断的困难。这种两难论的一个有用事例是斯通（Stone）1974年对牛津大学学生群体的研究。他强调对学生群体规模和构成的变化进行深入研究，以便“通过测定它的学生人数、学生的地理和社会来源、入学年龄、在大学的学习年限、毕业前所受教育的性质和质量，以及他们所从事职业的智力、社会和政治价值，从而决定学生群体的功能”。

在这个广泛的议题中，斯通继续争辩说，“现代研究策略的最迫切的需要是使思想史和社会史联姻”,这是那时在牛津大学所不能做到的(P.3)。斯通也在《过去和现在》(1981)中抱怨,虽然牛津大学和剑桥大学的组织的和社会的变化已被详细记载,但学生实际上学了什么仍然不甚清楚。在这些案例中,他提出了一种综合,在这种综合里,不同的历史编纂相遇了,一方面说明完全关注家庭、社会阶级和职业报酬的不足,另一方面则说明只关注机构内部机制的缺陷。这种分析能被运用到不同国家、不同时期、不同类型和水平的学校教育。在人物及其经验的历史与教育政策和制度建设的历史之间,存在着很大的距离。

当史学家寻找模式和概括的解释的同时,在明显的相似性或统一性中的多样性常常被忽视了。对公司式国家(认为国家是一台巨大的机器,完全不受人的控制,并置人的价值观于不顾——译者注)的支配作用和教育作为社会控制的工具的强调,已经导致忽视或低估教育制度内部的差异、教育经验的基本多样性、顾客对教育供给和经验的不同反应。宽泛定义的趋势、产生于历史学或社会科学的不同方法和解释的方法论趋势,并没有解决这个领域的历史编纂问题,这解释了为什么在法国和其他国家中,史学家在提出解释性的问题的同时,努力扩大资料和数据的范围。选择和判断哪些是历史优先考虑的对象,是非常必要的,尤其在与已经选定的材料相关的时候。例如,考察新加坡20世纪的历史和近25年的教育,就应当探讨诸如政策和改革、管理、课程的规划和开发、教育技术、研究和测量以及教师教育这样的线索(Kwong and Kooi 1990)。在加拿大,关于20世纪大不列颠哥伦比亚省的学校教育和社会的论文集(Wilson and Jones 1980)涉及民众的公共教育和为青少年罪犯开设的学校、教育和西部居住点、进步主义教育、幼儿园和预备学校,以及该省的教育史编纂问题。在英国,战后教育的社会史(Lowe 1988)考察了1951~1964年间的社会和政治发展,并分别讨论小学、中学和高等教育以及考试制度;西蒙著作的第四卷《1940~1990年间的教育与社会秩序》(1991)考察了这个时期工党和保守党政府领导下的不同水平和类型的学校教育。这些研究距离贝林把教育传播当作文化传播的概念已经非常遥远了,而另一些研究则可能强化了这种概念。不存在被普遍接受的教育史编纂的公式。

这意味着,史学家们不仅在方法论上有差异,而且在那些影响他们认为什么适合写、什么不适合写的意识形态框架上也有不同。不管是否意识到,史学家不仅强调那些他们认为明显包含“教育”中的特征和解释,而且,不管是否意识到,他们也对不能放进参考框架中的东西保持沉默。因此,历史的编纂也应关注历史学的沉默。例如,直到20世纪80年代,美国、欧洲和其他国家的史学家很少愿意进入到当前政策史的领域,而把兴趣限定在遥远的过去,以避免他们认为是“危险的”当代史领域,而把它留给政治学家和社会科学家。那些依据社会阶级理论形成其分析的史学家忽略政策与实践的发展,这些要求依据其他的解释,例如贫困或性别的解释。由社会阶级或国家理论形成的分析,已促使史学家们忽视这样一些教育领域,例如智力和身体有障碍的人的教育、残疾人的教育。这些领域的大多数著作不是由史学家,而是由盲、聋和其他类型的残疾领域的专家写作的。

只是从20世纪80年代以来,才出现对一向被认为是“非主流”机构的历史进行认真努力的研究,这些“非主流”的机构包括,中等和中等后水平的技术学院、国家制度外的学校教育。虽然宗教团体的成员已经写作了关于他们自己机构的著作,但是,诸如英国或美国天主教徒家庭的儿童教育的历史,却是“主流”边缘的故事。除了少数例外(例如,加拿大的历史编纂),事实上也是没有教室的社会史。在美国,芬克尔斯坦(Finkelstein)的《管理青年》(1989)和丘班(Cuban)的《教师怎么教学》(1984)重点研究教室,但很少有其他的事例。法国人的研究为这种历史提供了重要的资源;在20世纪80年代,许多国家对教师和教学日益增长的兴趣也集中在这个方面。但是,关于教师的大多数著作是关于组织化和职业化,关于学校的大多数著作是关于正规课程和学校在教育制度中的地位。几乎没有重构课堂教学的过程和互动的尝试。

儿童史倾向于忽视儿童在学校的经验。概要性的教育史关注的是学校和教室的内部事务,很少关注儿童的行为、学习和其他经验形式。儿童似乎只出现在为说明工业化国家到来前学校状况的历史记录中,接下来,只出现在私立学校或独立学校的叙述中。在欧洲和北美,关于19世纪和20世纪的著作优先考虑国家和制度建设、立法和社会结构,而把儿童排除在外。声称是关于学校教育和儿童的书籍和文章,尤其是在美国,实际上是关于学校教育和儿童的政治学、学校教育的合法性、教师和学校地位和政策的基础结构。意识形态和"现实主义"不仅影响了所做的研究和所写的著作,不仅影响了对历史的关注的方向和平衡,而且影响了经常难以认识和解释的那些被忽视的东西。

教育史学家将必然地继续探讨与正规学校教育和高等教育相关的社会阶级、种族、性别问题,他们将继续对在他们所从事工作的学术和社会条件下出现的问题做出反应。历史的编纂将继续通过对公开争论中的、变化着的重点做出反应而塑造自身,将继续探索那些对其性质和相关的当代理解所提出的问题。它也将涉及由其他学科(例如经济学、社会学和政治科学)所提出的关于过去和现在的问题。它需要的不是接受这些问题呈现的形式,而是史学家在探讨这些问题时,对这些学科的变化中的意义和解释的反思,并与它们对话。史学家将有助于这些问题的重新阐述。

尤其是20世纪60年代以来,在许多国家,教育史研究中出现的一直是制度变迁和个人经验的细节和多样性意义的实现,以及它们与更为广泛的社会和文化动力关系的意义的实现。在探索历史模式和解释中的一个敏感问题是,对多样性的研究与概念的组织和概括(这使历史陈述的建构成为可能)之间的关系。每一种与机构、运动、政府、职业、社会阶级、贫穷、精英或其他各种社会现象有关的历史,都包含一种概括为常识的形式,社会科学也因此做出了贡献。在处理这些细节和概括时,教育史学家必定要强调一种而不是另一种分析形态,强调一种而不是另一种内容的形态,并使有限的事件和经验与广阔的背景保持平衡,使"思想史和社会史联姻"。但是,他们将不断地了解到,这既不是一个一劳永逸的过程,也不是一个简单的过程。

H. 西尔弗(H. Silver) 著

张斌贤 刘冬青 译

附录

Ariès P 1962 *Centuries of Childhood.* Cape, London

Bailyn B 1960 *Education in the Forming of American Society: Needs and Opportunities for Study.* University of North Carolina Press, Chapel Hill, North Carolina

Cremin L A 1964 *The Transformation of the School: Progressivism in American Education, 1876—1957.* Random, New York

Cremin L A 1965 *The Wonderful World of Ellwood Patterson Cubberley: An Essay on the Historiography of American Education.* Teachers College, Columbia University, New York

Cremin L A 1972 *American Education. Vol. 1: The Colonial Experience 1607—1783.* Harper and Row, New York

Cremin L A 1980 *American Education. Vol. 2: The National Experience 1783—1876.* Harper and Row, New York

Cremin L A 1988 *American Education. Vol. 3: The Metropolitan Experience 1876—1980.* Harper and Row, New York

Cubberley E P 1919 *Public Education in the United States: A Study and Interpretation of American Educational History*, Houghton Mifflin, Boston, Massachusetts

Curti M 1935 *The Social Ideas of American Legislators.* Scribner, New York

de Viguerie 1978 *L'Institution des enfants: L'éducation en France, XVIe-XVIIIe siècle.* Calmann-Levy, Paris

Frijhoff W 1983 *L'offre d'école: Eléments pour une étude comparée des politiques éducatives au XIXe siècle.* Publications de la Sorbonne, Paris

Hyams B (ed.) 1988 *Learning and Other Things: Sources for a Social History of Education in South Australia.* South Australian Government Printer, Netley, South Australia

Kaestle C F, Vinovskis M A 1979 *Education and Social Change in Nineteenth-Century Massachusetts.* Cambridge University Press, Cambridge

Katz M B 1968 *The Irony of Early School Reform: Educational Innovation in Mid-Nineteenth Century massa-*

chusetts. Harvard University Press, Cambridge, Massachusetts

McCallister W J 1931 *Growth of Freedom in Education: A Critical Interpretation of Some Historical Views*. Constable, London

Muller D K, Ringer F, Simon B 1987 *The Rise of the Modern Educational System: Structural Change and Social Reproduction 1870—1920*. Cambridge University Press, Cambridge

Ravitch D 1977 *The Revisionists Revised: Studies in the Historiography of American Education*. National Academy of Education, Stanford, California

Rusk R R 1933 *A History of Infant Education*. University of London Press, London

Simon B 1960 *Studies in the History of Education. Vol. 1: The Two Nations and the Educational Structure 1780—1870*. Lawrence and Wishart, London

Simon B 1965 *Studies in the History of Education. Vol. 2: Education and the Labour Movement 1870—1920*. Lawrence and Wishart, London

Simon B 1974 *Studies in the History of Education. Vol. 3: The Politics of Educational Reform 1920—1940*. Lawrence and Wishart, London

Simon B 1991 *Studies in the History of Education. Vol. 4: Education and the Social Order 1940—1990*. Lawrence and Wishart, London

Spring J H 1972 *Education and the Rise of the Corporate State*. Beacon Press, Boston, Massachusetts

Stone L 1969 Literacy and education in England, 1640—1900. *Past Pres*. 42:69—139

Stone L 1974 (ed.) *The University in Society*. Princeton University Press, Princeton, New Jersey.

Sutherland N 1976 *Children in English-Canadian Society 1880—1920: Framing the Twentieth-Century Consensus*. University of Toronto Press, Toronto

Tomiak J J (ed.) 1990 *Schooling, Educational Policy and Ethnic Identity*. Dartmouth Publishing Company, Aldershot

Tyack D B 1974 *The One Best System: A History of American Urban Education*. Harvard University Press, Cambridge, Massachusetts

Tyack D, Hansot E 1984 *Managers of Virtue: Public School Leadership in America, 1820—1980*. Basic Books, New York

Ulich R 1950 *History of Educational Thought*, 2nd edn. American Book Company, New York

其他参考文献

Best J H 1983 *Historical Inquiry in Education: A Research Agenda*. American Educational Research Association, Washington DC

Gordon P, Szreter R 1989 (eds.) *History of Education: The Making of a Discipline*. Woburn Press, London

Oxford Review of Education 1976, 2(3) 1977, 3(1). Special issue on History and Education (2 vols.)

Pollock L A 1983 *Forgotten Children: Parent-Child Relations from 1500 to 1900*. Cambridge University Press, Cambridge

Silver H 1983 *Education as History: Interpreting Nineteenth and Twentieth-Century Education*. Methuen, London

Silver H 1992 Knowing and not knowing in the history of education. *Hist. Educ*. 21(1):97—108

教学心理学史(Instructional Psychology, History of)

自19世纪后期以来,教学心理学就试图"获得学习理论和教学理论之间更加系统的联系(不牺牲对好的设计和管理来说必要的创新),以使学习理论在各个领域发展的时候,它们能产生获得知识和技能的标准原则"(Glaser 1987 P. vii)。

教学心理学是教育心理学的一部分。教育心理学包含心理学母学科在教育上的所有相关应用,例如学校管理者的决策,以及对正在作职业决定的学生的咨询。教学心理学关注于教学设计、开发和呈现。

由于篇幅的限制,这个讨论只能有选择性地关注此领域的众多历史起源。许多文章已经集中阐述了教学和教师行为的历史(Gage 1985)及其在不同学科中的应用(Pesnick 1989)。本词条依照惯例仍然强调学校教学心理学,另外也关注在工业和管理情境中成人工作培训的教学心理学的进展。本词条还着重指出,当代教学心理学体系的建构,是早期对应用性和规定性问题发展中持续不断的国际影响的结果。

对历史发展主要贡献的讨论分为三种不同的影响类型:国家发展;来自不同国家的心理学家之间的专业和个人关系;诸如工业革命和两次世界大战的需要之类的国际事件。

1. 教学心理学的国家发展

教学心理学,因其关注使用研究知识来获得训练的实践方法,共享了应用心理学所有领域的历史起源。霍夫曼和德芬巴切尔(Hoffman and Deffenbacher 1992)的应用认知心理学史记录了19世纪末欧洲和北美尝试改进工业领域里的工作和使学校民主化的活动。由这个活动引发的心理学研究遍及许多国家并关注一些有影响力的主题。

1.1 不同国家早期研究主题的例子

1880~1910年期间,工业心理学的研究基础在欧洲得以奠定。在法国,比奈(Binet)研究了国际象棋师的记忆,亚威尔(Javal)观察阅读和记录时眼睛运动过程中"跳视"的发生;在德国,艾宾浩斯(Ebbinghaus)进行了有关学习的具有划时代意义的实验,马尔贝(Marbe)和阿赫(Ach)正在研究问题解决和学习上的"心理定势"的影响,梅伊曼(Ernst Meymann)建立了他所谓的基于实验心理学基础上的"实验教育学";在英国,罗曼(Romanes)开发了一个阅读理解的测验,弗朗西斯·加尔顿(Francis Galton)的多种兴趣给遗传学和统计学带来了灵感,后来影响到了查尔斯·斯皮曼(Charles Spearman);在俄罗斯,巴甫洛夫研究了动物的学习,不久,维果茨基的工作影响了中北欧学习活动理论的发展,巴甫洛夫的研究是德国和美国行为心理学的先驱。所有这些早期实验致力于"改善日常生活状况"(Hoffmann and Deggenbacher 1992 P.5),在教学心理学的发展中都是重要的。

一些对教学心理学后期发展(或者发展的缺失)影响重大的心理学主题是在19世纪与20世纪之交产生的。其中一个主题起源于英国、法国和美国对"社会达尔文主义"的热衷,以及应用社会科学来解决19世纪中后期产生的社会问题(Cronbach and Snow 1981)。沃德(Lesk Frank Ward)和社会达尔文主义者要求"改造环境以使其适应于人",而不是使人适应于环境(Cronbach and Snow 1977 P.9)。这个要求最有可能构成了教学心理学当前一个主题的基础:成功的教学为学习和迁移所要求的心理过程和社会活动提供支持。第二个主题发端于教学心理学两个学派间的早期冲突。实验学派起源于像冯特(Wundt)、华生(Watson)和斯金纳(Skinner)这样的实验主义者的工作。他们进行实验室实验并使用得出的学习"规律"来指导教学实践。源于此学派的教学策略的例子是学习期间口头强化的使用,并试图使教学的例子反映其将被应用的环境。另一个学派来自对能力倾向和个体差异的研究,主要人物如法国的比奈、英国的加尔顿和斯皮曼、美国的卡泰尔(Catell)。这些心理学家强调相关研究,并促进了学习困难诊断测验以及预测学校成就和问题解决能力测验的发展。这些测验仍被学校和工业咨询心理学家广泛使用。能力倾向方法的另一个例子可以在信息加工理论中找到,这一理论是众多认知教学心理学的基础(Gardner 1985)。在这里,研究集中在符号的心理操作上,信息由此根据学习过程中的特定规则得以加工。例如,信息加工研究的应用描述了学习特定科目所需要的认知过程。后来两学派在方法论和理论上结合导致了"性向与教学措施相互作用"(ATI)范例的产生(Cronbach and Snow 1981),它强调研究以不同的教学方式来支持(或不支持)处于不同能力倾向水平上学生的学习。

教学心理学史上现存的一个问题是,在美国有过于强调发展的趋势(Walberg and Haertel 1992)。部分原因可能是大量的北美心理学家被吸引到教学心理学领域。事实上,大多数重要的早期发展和一些进展中的研究传统起源于欧洲和俄罗斯。

1.2 欧洲教学心理学的早期发展

在西方心理学中,研究方法论和理论的起源与持续影响都出现在欧洲。在不列颠和爱尔兰,约翰·洛克(John Locke)和乔治·贝克莱(George Berkeley)主教的实证和经验的方法论,以及达尔文进化论在社会科学中的应用,已经影响了包括心理学在内的所有科学。早期的经验主义者和实证主义者确切无疑地影响了苏格兰史学家詹姆斯·穆勒(James Mill)的心理学思想。他关于感觉构成所有行为基础的观点,以及他对代表思维机械论观点的诸如"意志"和"创造力"之类概念的否定,为德国结构主义的建立,最终为美国华生和斯金纳的(教学)心理学研究理论贡献了重要的见解。

教学心理学早期起源的另一个关键影响可以在18世纪和19世纪德国科学革命中发现。第一个心理学实验室由冯特在莱比锡大学组建和管理,这是德国对实验心理学的众多贡献之一。冯特不仅进行了心理学上第一个有计划和系统的实验,而且训练了许多心理学家,这些心理学家在教学心理学方面作了最早的开拓。他对实验主义的整体贡献,他用意识的结构来解释所有经验的信念,以及他对训练科目和内省的依赖,为以后教学研究的许多进展奠定了基础。后来机能和行为理论获得支配地位,很可能是因为冯特的训练科目没能产生可靠的内省报告,甚至在高度控制的条件下也没能产生。

1.3 早期格式塔心理学、发展心理学和维茨堡(Würzburg)学派的影响

早期德国和瑞士心理学的第二个重要影响,可以在诸如韦尔泰默(Wertheimer)及后来的科赫莱尔(Kohler)和卡夫卡(Koffka)之类的格式塔心理学家著作中发现。此外,维茨堡学派、塞尔兹(Otto Selz)和瑞士皮亚杰的研究,也提供了宝贵的见解。韦尔泰默研究了他在德国火车上第一次遇到的"似动"现象,结构主义者在他们的体系里对此绝无解释("似动"现象表明,当火车站一列相反方向的火车开走的时候,乘客对移动产生错觉,观察者没有固定参考点来确定哪列火车在走,哪列静止不动)。他更年轻更富有创造力的助手,科赫莱尔和卡夫卡,构建了诸如"心智图"、"心理策略"之类的概念,并暗示心理表征可能来自知觉输入的心理重组,由此影响了心理学的许多国际运动。心理结构研究的另一源头可以在塞尔兹关于思维的动态特性的研究中发现,此研究利用了心理结构(De Corce 1990)。皮亚杰观察了他的孩子的发展,确认了一般发展阶段和心理过程。所有这些思想对拉美各地、东南亚(例如印度尼西亚的教育心理学)和非洲部分地区在早期都产生了强大的影响。然而,格式塔心理学、发展心理学和维茨堡学派的思想,与20世纪早期在北美和澳大利亚盛行的经验和行为理论相反。格式塔心理学、发展心理学和维茨堡学派的思想没有提供关于教学方法的具体建议,许多研究都建立在定性的和自然主义的观察法基础之上,这是结构主义者所不提倡的。当像蒂奇纳(Titchener)那样的结构主义者较早地去美国建立了很有影响的实验室时,格式塔心理学家直到20世纪30年代受纳粹主义威胁才开始迁移。维茨堡学派和发展理论在美国不具代表性。美国的结构主义最终被三种发展所取代:威廉·詹姆斯的机能心理学,杜威的实用主义教育哲学,以及桑代克和华生的行为理论。总之,格式塔心理学、发展心理学和维茨堡学派对美国教学心理学的影响来得较迟,大多是通过学生和研究合作而受影响的。

1.4 近期欧洲和俄罗斯的影响

20世纪90年代居于支配地位的认知教学心理学的一个重要来源是俄国维果茨基的发展理论。他的思想对中东欧、荷兰、斯堪底纳维亚地区的活动理论有重大影响,但起初对北美和澳大利亚的教学心理学几乎没有影响。维果茨基对个体心理活动和儿童生活的社会环境之间相互影响的关注,使早期欧洲的注意集中到认知过程上。在1900～1930年期间,北美心理学的主导方向是强调独立的外部事件对学习影响的行为理论,维果茨基极力主张关注儿童的社会和个体活动的心理结果。维果茨基的著作在20世纪60年代末对欧洲的活动教学心理学的发展有很大的影响(De Corte 199)。活动理论建议相同的学习任务可以由不同的学生以不同的"学习活动"达成。例如,一些学生可能开始分析一个学习问题并审慎地形成一个恰当的学习策略,而其他人可能尝试试错法。帕勒雷(Van Parreren)是活动理论方法的早期拥护者;他研究了学习活动的社会和教育起源,提出了促进积极学习活动的教学条件。他的著作为20世纪70年代以来欧洲认知教学心理学的发展奠定了重要

基础。

2. 个人和专业关系的影响

理论和研究方法传播最重要的动力之一是，学生和教师之间以及专业同事之间的关系。比如，许多来自不同国家的心理学家和冯特一起研究，并受其影响。另一影响来源是移居到其他国家的德国和英国心理学家，其中大多数在美国、加拿大和澳大利亚的快速扩张期迁移到了这些国家。例如，托尔曼（Tolman）对美国认知教学心理学发展有重要的早期影响，他于1912年花了一年时间在德国卡夫卡门下学习。另外，移民模式倾向于遵循在分享学生经验和国际会议上相遇过程中形成的个人关系，或者是研究合作的结果。

2.1 冯特对早期心理学家的指导

大批早期教学心理学家受过冯特的教导，既因为他的实验室是第一个心理学实验室，又因为当时德国是科学领域的中心。那些和冯特一起研究过的人多数是有影响力的美国人，一些是19世纪晚期英国和澳大利亚重要的心理学家。例如，冯特培训了霍尔（Stanley Hall），他成了第一个心理学系的系主任（在约翰·霍普金斯大学），并在克拉克大学建立了美国的第一个心理学实验室，是美国心理学会的第一任会长。约翰·杜威和霍尔一起研究，华生是杜威的学生。蒂奇纳，冯特的狂热追随者，25岁时在康奈尔大学建立了一个心理学实验室。他在接下来的35年里用冯特的结构主义训练了50多个哲学博士。蒂奇纳的两位学生，贾德（Charles Judd）和卡泰尔（James McKeen Cattell），对教学心理学早期发展做出了重要贡献。

贾德去了哈佛大学，在那里他的实验为后来的训练迁移研究和认知教学理论方面的研究奠定了基础。贾德的实验提出，当标枪投向不同深度的水下靶子时，折射原理的训练产生了比机械学习更准确的表现。这促使他提出，规则的认知表征影响学习和训练的迁移。桑代克不同意贾德的观点，发展了“相同要素说”，提出学习条件和迁移任务越相似，迁移越多。这两人进行了长期辩论，桑代克似乎赢了，主要是因为他的理论成为了流行的理论范式。然而，在有关认知迁移的文献中，目前有代表性的问题表明，贾德的观点可能更正确。大约在同一时期，卡泰尔在智力和学习能力倾向的测量方面进行了重要研究，这些研究影响了当代的能力倾向理论（Snow 1992）。

2.2 威廉·詹姆斯和明斯特贝格

德国移民明斯特贝格对美国工业教学心理学的发展产生了主要影响，工业教学心理学以前很少得以讨论。明斯特贝格在詹姆斯的鼓励下迁居美国，詹姆斯是美国心理协会早期的一位主席，美国心理学的奠基人之一。当明斯特贝格和冯特一起工作时，詹姆斯已与明斯特贝格碰过面了，他很自然地期望明斯特贝格把冯特的实验方法带到美国。然而，明斯特贝格却相反选择了研究诸如铁道工、话务员和海军军官的应急反应以促进其培训之类的实践问题。他的多种兴趣包括担任精神治疗师、开发了最早的“测谎仪”（Hoffman and Deffenbacher 1992）以及一个关于工业心理学的综合研究概要，这个概要报告了工作在大学以外的许多心理学家的研究。他在1893年的芝加哥世界展览会上进行了一次引人注目且受欢迎的展览，为企业和学校展示了培训和管理“科学”的最新发展。明斯特贝格的功劳在于开发了“任务和工作分析”技术，这些技术在20世纪90年代早期仍然得以广泛应用于工业培训和人力因素的管理。詹姆斯强烈批判明斯特贝格的研究是“琐碎的”。他撤销对明斯特贝格研究的早期支持，这很可能一方面揭示了存在于工业心理学家和教学心理学家之间早期的敌对状态，另一方面表明了传统理论心理学家所倡导的实验和哲学方法。

3. 国际事件和工业发展

第一次世界大战前，工业革命就已经不断对工业心理学家的开创性努力给予支持。例如，泰勒（Fred Taylor）基于他对人们使用不同类型的挖土机的观察开发了动作研究和培训技术。弗兰克（Frank）和吉尔布雷思（Lillian Gilbreth）研究了砌砖工作，以扩展明斯特贝格开发的工作和任务分析技术。一些大型企业开始支持这些研究，并雇用心理学家在打字速度、信号探测、机器操作这样的领域进行应用研究。这在铁路、矿业、钢铁生产方面尤为突出。这些大学之外的发展刺激着大学内部的变化。比如在英国,人们认为企业和教育者支持应用心理学带来的压力导致了心理学的发展,使其成为了大学里的一门独立学科。

3.1 第一次世界大战期间及战后的培训

在欧洲、美国和澳大利亚,许多杰出的心理学家都对与第一次世界大战有关的人力选拔和培训做出了贡献。华生进行了关于培训当中电影使用的研究,并和桑代克一起,为选拔和培训飞行员候选人做顾问。正是在这种背景下,桑代克首次发现培训者在对飞行员学生评估中的“光圈”效应。肖尔(Carl Seashore)帮助开发了对天才学生的测验,测验出的天才学生将被安置在快速培训组里。肖尔、耶克斯(Yerkes)、特曼(Terman)、桑代克和伍德沃斯(Woodworth)和其他人一起发展了适合170万名士兵的培训所需要的分类测验。

1915~1930年期间,心理学团体开始对教育和工业心理学做出具体的划分。在英国,政府建立了一些把心理学应用于培训的国家机构。工业心理学国家研究所就是一个那样的机构,它包括了像巴特利特(Bartlett)、查理斯、斯皮尔曼和布尔特(Cyril Burt)之类的顾问专家。在美国,建立了美国心理公司和国家研究委员会,开展了著名的霍索恩研究。一些在战前开始的诸如在打字、驾驶、安全行为这些领域的培训研究,在战后得到了肖尔和其他许多人的扩展。

3.2 第二次世界大战期间及战后的培训

至少有五个教学心理学的主要进展与战时的研究和发展直接相关(Hoffman and Deffenbacher 1992):(a)结果的反馈和了解;(b)积极和消极的迁移作用;(c)实践变异性的影响;(d)各种培训手段和媒体的有效性;(e)技术发展能力倾向的影响。另外,战争的影响导致了众多心理学理论和模型的涌现,这些理论和模型以不同的方式应用于教学和培训。这些理论包括:(a)信息理论;(b)控制论和控制系统;(c)信号探测理论;(d)计算机。这些理论大多数由通信、雷达、密码破解方面的工作演化而来。此后,人类的决策和思维过程用使用数字计算机模拟的信息加工术语来描述。

3.3 战后及认知教学心理学的发展

应用心理学在第二次世界大战后加速发展,正如1915~1930年期间表现出的那样。从20世纪40年代末至60年代中期,新一批研究专家被吸引到学习和教学的研究中来。在这些研究者当中,此时走在前列的是布卢姆、布鲁纳、乔姆斯基、加涅、格拉泽(Glaser)、皮亚杰、西蒙和斯金纳。这一时期的努力既包括巩固和扩展教学行为模式,也包括开发个体和群体学习和迁移过程中认知加工的新模型。第二次世界大战后,教育价值观也急剧变革。民主理念促使学校教育的机会更均等,并且扩大了工业为适应从战时向和平生产转变而教授新技能的需求。政府机构和工业团体促成了大量有影响力的座谈会、丛书编撰和讨论,这些增加了不同背景心理学家之间的交流(Gardner 1985)。众多不同领域思想的综合产生了重要的见解,例如:(a)记忆结构(包括短时和长时记忆过程);(b)有意识的、被控制的、陈述性知识和无意识的、自动的、程序性知识之间的区分;(c)尝试去辨别能力倾向与教学方法互动的方式,以提出不同的学习类型。

20世纪六七十年代,教学心理学经历了异常快速的发展。罗伯特·加涅著名的《学习的条件》首次出版于1965年。加涅的观点之一是“就目前所知,没有‘普遍的’学习规则能被用来指导设计教学。(教学和学习是)不同的,依赖于行为变化的特定级别,这种变化是兴趣的中心”(Gagné 1977)。此见解预期了教学心理学一直持续到20世纪90年代的一个重要方向(及其局限性)。关于专家发展和学习迁移的研究引领着许多教学心理学家设计出“基于此领域的”教学理论。这是为什么不同的教学理论致力于诸如数学学习和阅读的部分原因。

门格斯和希拉尔德(Menges and Girard 1983)在1969~1980年的《心理学年度评论》里,对教学心理学评论选择的主题进行了有趣的总结。它们记载了从由加涅和格拉泽在1969年选择的行为主题(比如,“当前刺激物”和“反应条件”)到由维特罗克和拉姆斯登(Wittrock and Lumsdaine)1977年提出的混合行为和认知主题(比如,“教学方法、技术和班级特征”,以及“学习者”)这一清晰的演变过程。最后,从雷斯尼克(Resnick)在1981年评论上选择的节标题中可以明显看出,20世纪70年代末有向基于此领域的教学心理学转移的趋势(例如,“阅读”和“数学、科学和问题解决”)。

在此期间,政府开始对大规模教育技术和教学项目进行投资,这些项目都是以心理学为基础的,例如博尔温(Bolvin)和格拉泽的个别处方教学(Individually Prescribed Instruction)。这时其他培训心理学的重大进展包括1962年玛杰尔(Robert Mager)著名的写作教学目标理论,20世纪60年代末斯克里弗尔(Scriver)关于形成性和总结性教学评价的概念,以及格拉泽与其同事在70年代和80年代进行的关于工作专家发展的研究。在各种实验室进行的大型研究项目考察了像高等数学、语言获得及复杂系统“调试”之类高度复杂的技能教学。

引文索引(Walberg and Haertel 1992 P. 14)提供了20世纪90年代的“研究前沿”或主流方向,包括:(a)记忆和阅读理解策略;(b)认知动机理论和归因再训练(Weiner 1991);(c)科学教学和一般的教学方法;(d)教育研究、数学教育以及组织成就的历史考察;(e)小组教学和适应的学习环境;(f)障碍儿童的教学和元认知策略教学;(g)教师期望和能力分组;(h)基于认知的写作教学技术。

4. 结论

教学心理学,像心理学的其他应用领域一样,从19世纪末以来就受许多进化力量的影响。当北美人在教学心理学家中占多数时,理论范式和方法论上的重要发展在不同时期有着不同的国际来源。

两次世界大战的影响喜忧参半。一方面,战争对欧洲和亚洲教学心理学的发展来说是破坏性的中断期,但它刺激了教学心理学在北美的进步。每次世界大战后的一段时期,都使人目睹到教学心理学的飞速发展,以及以系统的群体研究和发展努力的形式表现出来的出人意料的好处。从行为到认知教学心理学范式的转变是最近的发展。20世纪90年代早期,教学心理学再次成为了完全的国际事业,拥有来自欧洲、北美和以色列最积极的参与者。

R. E. 克拉克(R. E. Clark) 著
孙 益 刘冬青 译

附录

Cronbach L J, Snow R E 1981 *Aptitudes and Instructional Methods: A Handbook of Research on Interaction.* Irvington Press, New York

De Corte E 1990 Acquiring and teaching cognitive skills: A state-of-the-art of theory and research. In: Drenth P J D, Sergeant J A, Tokens R J (eds.) 1990 *European Perspectives in Psychology*, Vol. 1. Wiley, Chichester

Gage N 1985 *Hard Gains in the Soft Sciences: The Case of Pedagogy.* Phi Delta Kappa Center on Evaluation, Development and Research, Bloomington, Indiana

Gagné R 1977 *The Conditions of Learning*, 3rd edn. Holt, Rinehart and Winston, New York.

Gardner H 1985 *The Mind's New Science: A History of the Cognitive Revolution.* Basic Books, New York

Glaser R 1987 Introduction: Further notes toward a psychology of instruction. In: Glaser R (ed.) 1987 *Advances in Instructional Psychology*, Vol. 3. Erlbaum Hillsdale, New Jersey

Hoffman R R, Deffenbacher K A 1992 A brief history of applied cognitive psychology. *Applied Cognitive Psychology* 6: 1—48

Menges R, Girard D L 1983 Development of a research speciality: Instructional psychology portrayed in the Annual Review of Psychology. *Instr. Sci.* 12(1): 83—98

Resnick L 1989 Instructional psychology. In: Eraut M (ed.) 1989 *The International Encyclopedia of Educational Technology.* Pergamon Press, Oxford

Snow R E 1992 Aptitude theory: Yesterday, today and tomorrow. *Educ. Psychol.* 27(1): 5—32

Walberg H J, Haertel G D 1992 Educational psychology's first century. *J. Educ. Psychol.* 84(1): 6—19

Weiner B 1991 Metaphors in motivation and attribution. *Am. Psychol.* 46(9): 921—930

其他参考文献

de Landsheere G 1982 Empirical Research in Education. UNESCO, Paris

Glover J A, Ronning R R 1987 *Historical Foundations of Educational Psychology*. Plenum Press, New York

Joncich G 1984 *Edward L Thorndike: The Sane Positivist*. Wesleyan University Press, Middletown, Connecticut

Leary D E (ed.) 1990 *Metaphors in the History of Psychology*. Cambridge University Press, Cambridge

Shultz D 1975 *A History of Modern Psychology*, 2nd edn. Academic Press, New York

学前教育史(Preschool Education, History of)

在每一个国家,学前教育史都有其特征。但在不同国家,学前教育的历史发展也有许多共性。本词条将同时关注总体的国际趋势和特定方面的国家间的差异。

1. 学前教育:术语和概念

使用术语"学前"(以及在非英语国家的相似的名称)表示学龄前儿童家庭以外的有组织的教育,是非常晚近的事情。在20世纪中期之前,那样的教育安排被称作"托儿所"、"幼儿园"等等。在许多国家,这些更具体的术语仍比"学前"更为常见。

应该提及的是,在对一定年龄的所有儿童进行强迫学校教育建立之前,最早的儿童早期教育机构就产生了。然而,它们不是正规意义上的学前教育。在19世纪的很长一段时间里,学校和学前教育之间的界限常常是不清楚的。

另一个模糊的概念是不同国家不同的入学年龄。例如,像在英国这样的一些国家,5～7岁的儿童属于强迫学校系统;然而,这个年龄的教育在其他国家是非强制性的。

但是,不管术语和机构的混乱,在当前,学前教育机构和为幼儿开设的机构之间,存在着明显的联系。

2. 早期的创新

2.1 理念和社会力量

对幼小的儿童进行教育,在教育史上是不占主导地位的。然而,一些教育思想家已经强调了从早期开始有组织的教育的必要性。根据柏拉图的思想,儿童应离开父母,放到国家的托儿所被养育到6岁。在一个精心准备的环境中,在聪慧的教师的指导下,儿童向善的倾向会比在偏见而无知的父母的影响下得到更好的培养。夸美纽斯也主张,系统的教育应当尽早开始。他为1～6岁的儿童"母育学校"写了相关文章。早期教育应该是综合的,覆盖基本的认识概念和初步的宗教、道德学习。

制度化的儿童早期教育的真正开端,出现在工业革命的社会压力,以及宗教、慈善和启蒙思想的影响下。因此,在学前教育创意背后的力量和观念,在很大程度上,与初等学校的起源背后的力量和观念相同。工业化的扩大迫使父母和年长的兄弟姐妹到外面工作,小孩子则留在家中无人照顾。这种发展导致宗教和慈善的个人和团体去建立既照顾也教育幼儿的机构。

卢梭的具有煽动性的著作(尤其是《爱弥儿》),激发了养育儿童的公共兴趣。卢梭强调儿童期是发展的独特阶段,与其他生命阶段有本质的不同。裴斯泰洛齐关于幼儿教育机构的更为具体的指导原则,引起了人们广泛的兴趣(Braun and Edwards 1972, Gutek 1987)。

2.2 开创性的工作

学前教育的最早实践是慈善事业的组成部分。在阿尔萨斯,奥伯林(Oberlin)1779年为幼儿建立了一个托儿所。这个开创性的工作鼓舞了世纪之交的其他创新。"奥伯林协会"在德国建立了收容所,在法国也建立了相似的机构,设立了收容所(Salles d'asile)。

教育的目的在"幼儿学校"显得更为明显。1816年,威尔士的工厂主和社会改革家罗伯特·欧文(Robert Owen)建立了"幼儿学校",并邀请苏格兰纽兰那克的父母把他们2岁之前的孩子送到他的幼儿学校中。欧文的创新在大不列颠和其他国家产生了广泛的影响。为建立幼儿学校[名称有婴儿学校(Kleinkinderschulen)、幼儿学校(écoles de l'enfance)、儿童学校(småbarnsskolor)等]而成立了各种委员会。到1836年,大多数欧洲国家都已经有了类似的幼儿学校(Kurucz 1991)。

幼儿学校的教育目的强调基础知识和道德培养。教学常常在大厅里进行,孩子们分坐在长凳或"走廊"上。早期的教学活动采用贝尔-兰卡斯特的导生制。教学完全是由学校安排的,在每年公开举行的考试上考察孩子们在阅读、写作、算术和宗教上所取得的成绩。虽然教学主要建立在口头教学的基础上,但通过提供算盘、立方体以及几何体的木制图案也创造了直观学习的空间。一定程度上也为儿童提供了诸如唱歌和跳舞这样的娱乐活动的机会,虽然空间的缺乏限制了这方面的可能性。像服从、整洁和诚实这样的社会和道德的品行受到更大的重视。

从一开始,不同地区和国家的幼儿学校之间,就存在着不同。由于社会环境以及关于儿童早期教育理念的影响,幼儿教育在不断发生着变化。虽然在一些国家中,幼儿学校已经成为强迫教育制度的组成部分(正如已经提及的那样),但在那些仍保留幼儿学校名称进入20世纪的国家中,在很大程度上,幼儿学校仍沿着与其他学前教育机构相似的路线发展(Rusk 1951)。

3. 幼儿园

3.1 福禄贝尔的幼儿园

由于福禄贝尔的开创性贡献,学前教育运动迈进了一大步。他写了许多有影响力的书,并于1837年在布莱肯堡(Blankenburg)开设了一所幼儿园。幼儿园吸引了来自世界各地的参观者。幼儿园模式的巨大影响主要归因于它依托一个有条理的(虽然并不总是被清楚地表达出来的)教育哲学以及系统设计出来的一套与之相适应的材料和活动。福禄贝尔个人的领导气质可能也对幼儿园的快速普及和发展做出了贡献。

福禄贝尔的幼儿园是其唯心主义和泛神论哲学的具体化,这种哲学形成于德国浪漫主义的全盛时期。它的基本概念是"统一体",它是指一切事物:自然界与人类、物质与精神、内部与外部现实的相互联系。这个统一体的组成部分彼此相关,并不断地彼此辩证影响,形成了宇宙整体,其根源是全能的上帝。对福禄贝尔来说,教育的基本目标是,帮助儿童获得对支配内部和外部现象的普遍法则的见解。

福禄贝尔统一体学说的一个重要的教育方面是"预成"的概念,这是指人类的发展在本质上是与生俱来的潜能的展开。儿童因而不是被教育者塑造的黏土团,而是一种自我生成的力量,他像培育一棵植物一样需要引导和指导。学习因而不是从无到有强加在儿童身上的,而是建立在儿童内在的创造性的自我活动基础上的。儿童表现其创造性的自然方式是游戏,游戏在福禄贝尔的教育计划中占据着中心地位。

与此同时,由于在幼儿园计划中强调游戏和自我活动,福禄贝尔费尽周折,为幼儿园设计了活动材料和教师引导的活动的统一顺序。他的系列"恩物"和"作业"形成了幼儿园课程的基本特色。

10组恩物的构成是:几何形的实物——球、立方体、圆柱体、方块、圆环——和自然的实物,例如黄豆、扁豆、种子、小球和豌豆。通过用手操作的游戏,儿童了解概念、关系以及所有事物的统一体。例如,第二组恩物是玩一个圆球,期望向儿童提示包含无所不包的统一体的概念,玩立方体是期望获得多样性的概念,玩圆柱是了解两个对立物的和谐一致。

作业是指运用特定的软性材料的活动,例如做模型、绘画、剪报、折纸、缝纫。这些活动的目的是给予通过恩物获得的印象以创造性的空间。与课程不同部分相关的歌曲、游戏、故事和韵律活动,是幼儿园计划的重要组成部分。

3.2 幼儿园的传播

幼儿园的模式迅速传播开来。在德国,福禄贝尔培养的女教师在德国的不同地方建立了幼儿园。他的幼儿园在一段时间内由于政治的原因被关闭了,但在1861年又重新开放。许多外国的参观者访问这个机构,福禄贝尔的弟子在不同国家开设了关于幼儿园原则的讲座。德国移民发挥了特别的作用,他们在新的居住地发起和促进了兴办幼儿园的活动。

福禄贝尔的影响是非常不同的。在那些早期儿童教育机构一定程度上已经建立的国家,幼儿园的理念主要导致了现存的学前教育机构内部的课程变化,例如英国的幼儿学校,法国的幼儿学校和瑞典的儿童学校。在其他国家,幼儿园则开辟了学前教育的发展历史。美国第一个讲英语的幼儿园由皮博迪(Elizabeth Peabody)于1860年在波士顿建立。1870年,美国仍然只有不到12所幼儿园,但到1880年,这个数字已经增加到400所,分布在30多个州。

建立幼儿园的根本原因,在一个国家内部和不同国家之间是不同的,它们由不同的组织举办。私立幼儿园是由那些生活富裕、想对孩子进行循序渐进的教育的父母开设的。福利机构、工会和禁欲协会把幼儿园看成是抵消工业主义消极社会后果的力量。教会组织出于社会原因而热衷建立幼儿园,同时也把它作为早期宗教教育的手段。在19世纪的最后几十年,向殖民地和其他非工业化国家广泛传播幼儿园的背后,也隐含着宗教的和慈善的动机。

在幼儿园被逐步并入公共学校系统的国家,最初的情形是不同的:或者作为分级制的一部分(例如加拿大和英国),或者作为学前教育机构存在于公立学校机构内部(例如法国和美国)。这种发展并不是普遍的。在一些国家(例如丹麦和瑞典),幼儿园被保留在学校之外。

发生在幼儿园传播期间的角色差异的结果是,原来的幼儿园课程面临着改造的压力。广泛的社会目标经常要求把幼儿园变成孤儿院或日间托儿所。正统教会对过分"玩乐"的学校氛围的抵制,有时会带来更严格的纪律;在儿童中心的幼儿园和学校的教学传统之间,也存在着冲突(Lawrence 1969,Weber 1969)。

4. 20世纪上半期的学前教育

4.1 课程方面

到1990年,福禄贝尔的体制支配了大多数国家的学前教育实践,但也受到来自各方的挑战。霍尔(Stanley Hall)和杜威以及其他人领导的"进步主义"运动,从科学的儿童研究出发,主张改变课程。福禄贝尔的一些原则(如赋予游戏以中心地位、创造性活动和社会学习),被认为是正确的而被接受,其他原则(例如,整齐而有序地使用恩物由儿童决定游戏目的的狭隘视野,以及儿童符号学习的抽象特征)则被抛弃。

"新教育"建立在儿童的兴趣和日常经验、而不是指定的材料的基础上。通过探索和观察,并在教师的间接指导下,儿童将获得机会发展有用的知识。创造性和情感的发展应优先于学业成绩。斯波德克(Spodek 1982)对一个从1937年开始的"模范的"进步主义教育计划进行了描述:按照社会科学和自然科学组织经验;为体育、手工操作、戏剧表演以及艺术和木工提供环境和材料;这个教育计划是具有弹性的,它基于并促进儿童的兴趣;社会经验被用来区分关系;物理的探索为对自然的观察、实验和欣赏提供了机会;创造性的艺术促使儿童发展技能和欣赏艺术体验;学业技能只是以非正规的方式加以表现。

另一个对学前教育课程发生影响的重要来源,是蒙台梭利(Maria Montessori)的工作。在1907年开设的"儿童之家"中,她为劳动妇女的子女设计教育活动。这些活动以后发展成蒙台梭利法。儿童单独完成自已从大量的自动教育材料中选择的任务,这些材料是根据儿童"敏感期"的不同的学习类型而设计的。重点是感官训练,并伴随着阅读、写作和计算方面的正规训练。教师的作用主要是间接的,并对儿童需要的支持做出反应。计划的特征还在于重视实践的生活经历,例如,料理个人卫生和帮助做家务。

当进步主义的影响广泛渗透到学前教育课程时,蒙台梭利计划也作为整体的一部分得到广泛的传播。曾有人批评它过于依赖指定的"教学器械"、偏爱过早地教授"3R"(即阅读、写作和计算——译者注),以及为了想像的经验而忽视了儿童的需要。但是,它在促进儿童独立完成成绩定向作业的动机方面所具有的潜力,使蒙台梭利法在那些特别重视这些特征的时期,非常具有吸引力(Braun and Edwards 1972)。

4.2 机构

在19世纪,各种学前教育机构主要取决于个人的创意;在20世纪的第一个十年中,这些机构逐渐地统一到教育的结构中。不同国家的传统和教育政策使得这种发展出现了很大的差异。这种差异反映在由玛德(Myrday 1935)进行的、对两次世界大战期间的情况所作的国际调查提供的事例中。

在奥地利，早在1869年，幼儿园就成了学校机构的一个正式的组成部分。第一次世界大战后，幼儿园成为广泛的学校改革的一部分；1930年，1/3的学龄前儿童进了幼儿园。开创性的工作包括把幼儿园纳入普通的公寓区的整体设计中。在比利时，到1934年，大约一半的2～6岁儿童进入了幼儿园，或在官方举办的幼儿学校或在私立的幼儿园中。具有国际声誉的教育改革家德可乐利（Decroly）对此施加了重要的影响。

在英国，5～7岁的幼儿学校成了强迫学校系统的一部分。为更年幼的儿童开办了由政府资助的幼儿园和附属在公立学校的托儿班级。20世纪初的“幼儿园运动”反映了在更为儿童中心和减少教学的方向上的一次重要改革。在法国，儿童早期教育机构分成托儿所、私立幼儿园和母亲学校，它们属于学校系统，由政府和地方团体给予财政资助。凯尔戈玛德（Kergomard）在改革事业中发挥了领导作用。

在德国，最重要的学前儿童教育机构是幼儿园和“学校幼儿园”。前者部分是私立和独立的，而后者则附属于学校，并接受教育和社会福利当局的监督。为婴儿建立了托儿所。在革命前，俄国几乎没有对学龄前儿童承担任何责任，学龄前儿童的教育都是由私立组织安排的。在苏联期间，两种主要的机构得到了发展：6个月到3岁儿童的托儿所，以及为年龄稍大一些的儿童开设的幼儿园。托儿所由工厂企业管理，它们有义务为其雇员的孩子设立看护设施。幼儿园是为3岁到义务教育入学年龄的儿童提供的。苏联学前教育的一个重要目标是从小就灌输共产主义的基本社会、道德和政治价值观（Gutek 1987）。

瑞典19世纪的幼儿学校被改造成更进步的“游戏学校”，每天为5～7岁的儿童安排3小时的游戏项目。游戏学校面向年龄跨度较大的儿童，并由照看性质的托儿所作为补充。幼儿园是很少的，并具有上层阶级的特征。作为一种替代物，建立了“人民幼儿园”。1943年，议会做出了关于由政府支持部分时间制的游戏学校和日间托儿所的决定，相对缓慢的发展才得到了加速。

在美国，幼儿园是儿童早期教育机构发展最为迅速的一种形式。1930年，1/3的5岁儿童进入城市幼儿园。大多数幼儿园属于公立学校系统。正如斯波德克（Spodek 1982）所指出的那样，幼儿园逐渐成为非正规的儿童定向的幼儿园与正规的学科定向的小学教育之间的桥梁。在两次世界大战期间，通常由慈善组织设立的日间托儿所得到了适度的发展。

5. 第二次世界大战后的一些趋势

战后几十年的一个主要趋势是学前教育在数量上的巨大扩展。在美国，据估计，1922年仅有大约12%的5岁儿童进入幼儿园。到1964年，入园率稍微低于50%，1978年的比例大约是80%（Spodek 1982）。其他国家也已经有了类似的发展。

课程的形势一直是以大量的变化为特征。在整体上，与更为注重成绩的趋势相比，进步主义运动已经失去了势力。然而，在这方面，不同国家间有所不同。例如，在斯堪的纳维亚国家，仍抵制使学前课程过于学校化。

20世纪60年代以来的一个主要特点是关注处于不利社会地位的儿童。“补偿”学前教育计划，如美国的“起步领先”（Head Start）计划，已经被设计用来促进这样的儿童的发展。不同类型的课程——认知定位的、行为矫正的、儿童中心的和以家庭为基础的计划——已经得到开发和评估，但迄今为止，还没有完全确切的结果。显然，计划类型之外的许多因素的相互影响是一个作用因素（Stukát 1976）。作为小组定向的补偿教育的替代物，在一些国家正规的学前教育机构，提供了个别辅导。

在许多国家，现在的问题还包括日间托儿所的范围和功能、理想的教师培训类型，以及学前教育在综合的、连续的教育计划中的恰当位置。

K-G. 斯图克特（K-G. Stukát） 著
张斌贤 刘冬青 译

附录

Braun S J, Edwards E P 1972 *History and Theory of Early Childhood Education.* Jones, Worthington, Ohio

Gutek G L 1987 *A History of the Western Educational Experience.* Waveland Press, Prospect Heights, Illinois

Kurucz R 1991 Kurze Geschichte der Entstehung der wichtigsten Kleinkinderschulen in Europa. In: Misurcova V, Kota J(eds.)1991 *History of International Relations in Early Childhood Education*. Charles University, Prague

Lawrence E 1969 *Froebel and English Education. Perspectives on the Founder of Kindergartens*. Routledge and Kegan Paul, London

Myrdal A 1935 *Stadsbarn. En bok om deras fostran i storbarnkammare*. Kooperativa förbundet, Stockholm

Ross E D 1976 *The Kindergarten Crusade: The Establishment of Preschool Education in the United States*. Ohio University Press, Athens, Ohio

Rusk R R 1951 *A History of Infant Education*, 2nd edn. University of London Press, London

Spodek B 1982 The kindergarten: A retrospective and contemporary view. In: Katz L G(ed.)1982 *Current Topics in Early Childhood Education, Vol. 4*. Ablex, Norwood, New Jersey

Stukát K-G 1976 *Current Trends in European Pre-School Research with Particular Regard to Compensatory Education*. National Foundation of Educational Research(NFER), Windsor

Weber E 1969 *The Kindergarten: Its Encounter with Educational Thought in America*. Teachers College Press, New York

特殊教育史(Special Education, History of)

特殊教育在全世界的发展都遵循一个相同的模式。它根源于慈善机构的照看活动,在各个国家通常伴随着大众教育的兴起而扩展。从历史上看,特殊教育措施呈现两个主要目标。首先,给有学习困难和其他困难的学生提供帮助和支持,这些困难是由生理缺陷和其他问题造成的。其次,通过隔离照看的方式,有意使常规学校教学避免残疾或者情绪不安学生带来的问题。本词条将概述主要的国际趋势,尤其是不同国家的特殊教育,其组织和发展的前提条件是如何从属于义务教育的。

1. 义务教育开始前的特殊教育

特殊教育起源于16世纪。16世纪50年代中期,西班牙的修道士列昂(Pedro Ponce de Leon)开始教一些盲童阅读、写字,掌握学术性科目。另一个西班牙人博内(Juan Pable Bonet),写了第一本关于聋童特殊教育的书,使用的方法可能起源于列昂。他还引入了一个手语字母表,这可能是20世纪90年代仍在使用的手语方法的基础。英文版首发于1644年,此后不久,1680年出版了可能是特殊教育早期作品中最重要的一本书《聋哑人的教师》,由达尔加诺(George Dalgarno)撰写,他令人吃惊地断言,聋人具有和有听力的人一样的学习能力。这在当时是非常革命的观点,因为聋人通常被看作“痴呆”。

特殊教育先驱者中最闻名的可能是法国医生伊塔德(Jean Marc Gaspard Itard 1775~1783),他写了一本关于一个12岁男孩维克多(Victor)的训练和教学的书,是这个领域的经典著作。维克多被发现时像动物一样生活在森林中。通过他耐心而系统的教育,这个野孩的行为发生了戏剧性的变化。18世纪下半期,首批常设聋人学校由布拉德伍德(Thomas Braidwood)及其侄子沃森(Joseph Watson)在英格兰建立。

在德国,海尼克(Samuel Heinicke, 1727~1790)开发了一套聋人语言教学的口语法则,几十年后得到了伊尔(Friedrich Moritz Hill)的进一步发展。另一方面,在法国,佩雷拉(Pereire)、尼皮(De L'Epée)和西卡德(Sicard)发展了交流用的手势语言。他们也强调训练其他感觉的重要性,如视觉和触觉。此后,这两种训练聋人之间交流能力的主要方法不断受到争议。受过西卡德培训的盖劳德特(Thomas Hopkins Gallaudet)1817年在美国建立了第一所聋人学校,据说是美国特殊教育的开端。

因此,医生是首批特殊教育者。对聋人和视觉障碍者的教育(特殊教育内部出现的第二个领域)来说情况也是如此。在法国,豪格(Valentin Haug)1784年为年轻盲人建立了1所国家机构,欧洲7所类似的学校紧随而来。甚至也允许有视力的学生进入这些慈善机构,意图是避免盲人与有视力的人相隔离。这种学校也在美国建立了,第一所是豪(Samuel Gridley Howe)1829年在马萨诸塞建立的。这是盲人寄宿学校快速发展的开始。这些学校的教育计划中最重要的科目是读和写。阿维(Haüy)发展了一套凸起字母系统,能通过手指的触摸来阅读,由于布莱叶盲文点字法的引入而得以改善,布莱叶盲文点字法是由阿维的盲人学生路易斯·布莱叶(Louis Braille)开发的。代表字母不同组合的凸起点的使用,自布莱叶盲文打字机和印刷系统的发明之后,在19世纪90年代变得更为有用和普及(Irvine 1987)。

第三种早期特殊教育的类型是智力低下者的特殊教育。这个领域的第一次尝试是由伊塔德进行的,上文已经提及。他的方法和程序,记载在他1801年出版的一本书中,对一个多世纪以来智力低下个体的教育影响极大。18世纪末和19世纪初,为追随法国和美国革命的理念和价值观,激起了教育"痴呆"和"愚笨"儿童的许多尝试(Hallahan and Kauffman 1988)。伊塔德的一个学生赛吉恩(Edouard Seguin),变得非常有影响,不仅在法国,甚至在美国更出名。1866年他出版的《智力低下者及其心理学方法的治疗》中进一步发展了伊塔德的方法论。伊塔德和赛吉恩对意大利(Montessori 1912,1917)的玛丽亚·蒙台梭利影响很大。早期的众多理念保留到了20世纪末期的特殊教育中,比如:健全儿童的教育、教学的个别化、在儿童的最近发展区开始教学以及和睦师生关系的重要性(Irvine 1987 P. 786)。

根据哈拉罕和考夫曼(Hallahan and Kauffman 1988)的观点,美国特殊教育发展的早期显示出了由其领导着的理想主义、热情和乐观主义激起的非凡成就。但他们也说在19世纪末特殊教育失去了动力,伴随着许多无效的制度化。许多因素导致了这种衰落,比如对神奇治愈的幻想;当认识到那么多有障碍儿童需要特殊教育时,公众不愿意支付费用;以及达尔文的进化论和残疾人天生低劣观点的影响。

同样的衰落模式也能在欧洲看到。但是有趣的是,这种情况恰好发生在许多西方国家开始引入义务教育的那个时期。

2. 义务学校教育的建立

19世纪下半期是义务教育建立的时代,至少从原则上讲,在欧洲和北美的许多国家,是针对所有儿童的。这对特殊教育的进一步发展至关重要,尤其是在20世纪的前几十年里。原因是双重的。人们发现或追踪到了更大比例有各种缺陷和损伤的儿童。这强调需要通过扩展已有的机构或特殊学校,组织特殊教育给予帮助和支持,但更多是通过在普通学校举办特殊教育实现的。在这种意义上讲,特殊教育植根于早期类似于慈善事业的人类思维。

然而,许多这样的儿童不仅在入学上有困难,而且在班级里为教师制造了许多麻烦。他们阻碍和扰乱教室学习,因而降低了非残疾学生的教育标准。特殊教育更适合于在特殊班级或学校开展,这变成了一种需要,在消除那些"威胁""正常"学生的课堂问题的方面尤为如此。特殊教育的这两种动机在20世纪初十分明确。

特殊教育的需求至少带来了数量上的扩展。这种趋势在欧洲国家和北美同样明显(Irvine 1987,Bleidick 1983)。在一种被称作"帮助班级"的德国模式之后,19世纪末和20世纪头几十年中,欧洲最普遍的是针对能力迟缓学生或学习迟缓者的特殊班级。公立学校里第一个那样的特殊班级于1859年在德国建立,但帮助班级后来在大多数国家得以快速发展,尤其是20世纪的前30年。在这些班级里,通过使用特殊的教育方法,教学适应了能力迟缓学生的先天条件。科目内容尽可能和常规班级所教的内容相符合,但常常包含更短的课程。目标是使尽可能多的特殊学生在接受一段时期的特殊教育后能够重返常规班级,或者离开学校后能在社会中过正常的生活。然而,把学生重新安置在常规班级的目标,常常很难或不可能实现。

1905年比奈(Alfred Binet)智力测验的发明和引入,对此后很长一段时间里人们选择将学生安置在特殊班级或学校具有重大意义。尤其是这以后,从20世纪30年代至50年代,某种的临界和内在的智商值或多或少自动地证明那样的安置是有道理的。比奈把智力能力当作一个过程而不是一个品质,但后来的研究者把智商定义为个体人格中固定的且大部分是遗传不变和不能改变的品质。它也被当作是特殊教育分类和测量的可靠基础。儿童的学习困难被理解为主要由他们的低智力导致的。人们认为智力高度低下的人不仅是正常学校儿童的一个威胁,而且在20世纪30年代优生学的影响下,认为是对人口及其后代的威胁。他们因而被隔离,关于绝育、婚姻管理和出生控制措施的辩论很普遍。在苏格兰的《精神失常和智力缺陷法案》(1913)里确认了四组智力障碍人群。痴呆和低能者被看作是明显不可教育的,而智力不足和道德低下者在诊断之后可能被贴上不可教育的标签(Gabbay and Webster 1983)。大多数国家使用了这种关于不可教育者的分类,一直到20世界40年代以后才有人质疑。

但是,低智能不是学业困难的唯一原因。因此帮助班或针对学习缓慢者的班级接收既有残疾也有学习困难的学生。更专门化的特殊教育需要发展起来。欧文(Irvine 1987)提到在19世纪70年代的两个班级,一个是为表现出难控制行为的儿童提供的,另一个是为不服从规矩的男孩子提供的,这两个班级是美国建立的首批公立学校特殊班级。然而直到20世纪30年代,欧洲国家和美国针对不同残疾和困难学生的特殊班级的数量才开始增长。有严重情绪问题儿童的特殊教育也是这样的发展模式。精神病学发展为一个学科,个体差异的心理学测验也发展为一个学科,它们被用作筛选学生的诊断工具。

20世纪的前30年中,第一批针对畸形残疾儿童的特殊班级在芝加哥公立学校建立。这一时期那样的班级也在欧洲开始建立。

日本特殊教育的发展遵循了一个更晚但相似的欧美模式。盲人和聋人的慈善机构1878年在京都建立,1880年在东京建立(Miron and Katoda 1991)。从19世纪90年代已有了一些针对智力障碍儿童的特殊班级,但一般认为智力障碍儿童应被排除在义务教育之外。直到20世纪30年代末,针对各种障碍学生的特殊班级才在更广泛的意义上建立。1932年第一个为肢体障碍者建立的学校出现了。在《学校教育令》(1947)中,特殊学校和特殊班级首次被纳入日本的公共学校体系。但由于不强迫学生进入特殊学校或班级,特殊教育直到1959年才得以系统实施。

3. 1940~1970年——快速增长和扩展的时期

第二次世界大战后,特殊教育服务机构迅速扩展。对接受服务的儿童人数和涉及的学习困难和残疾的类型而言,情况确实如此。欧文(1987)谈到了北美新特殊班级和特殊学校的扩张,欧洲的许多国家、澳大利亚和日本的情况也很相同。在斯堪的纳维亚国家里,也出现了针对阅读和写字障碍学生的特殊班级和特殊教育诊所(资源教室)的快速增长。在斯堪的纳维亚地区,义务教育开始得相当晚——年龄为7岁——一种针对晚熟儿童的特殊班级,所谓的“学校预备班”广泛建立。

针对智力障碍儿童扩展群体的特殊教育在某些机构和特殊学校中得以确立,这些儿童过去常常被贴上“不可教育”的标签。对天才或有天赋学生的特殊教育的兴趣也在增长。但这后一种特殊教育从不常见。主要原因是缺乏大多数教育者的强力支持。

在北美,而且后来在许多欧洲国家里,也开始了学前聋童的特殊教育,在20世纪60年代末期,甚至出现了针对脑瘫和其他种类障碍儿童的特殊教育。出现这种状况的一个重要原因是特殊教育研究的成果,证实了人们普遍持有的信念,即年幼儿童的发展能通过早期教育干预得到改变。

在此阶段特殊教育也建立和发展成一门学科,具有博士培养项目和研究,但仍与其他学科密切相关。心理学对学习的研究,以及用测验来预测学业失败或成功,都把注意力集中在有特殊需要的儿童身上。教育专业本身的发展也使得教师和学校管理者日益而广泛地认识到必须给予儿童常规课堂训练和教学之外的一些东西。因而,除了专业教育之外,特殊教育作为一个学科的建立植根于几个学术科目,尤其是医学、心理学、社会学和社会工作(Hallahan and Kauffman 1988)。特殊教育者的培训项目也得以发展。大多数接受培训者都是来自普通学校的教师,他们受训后去教有异常学习困难的儿童。

特殊教育的这种快速增长和扩展,在几个西方国家里与义务教育的延伸同时发生。在学校教育年限增加的同时,学校制度的改革变得更为综合。在原则上,所有学生处于相同的学校教育计划之中,而不是被筛选和区分,进入不同学校的学术性或者职业性计划中。这种综合本身成了对特殊教育需求增长的一个原因。他好像是自相矛盾的,但义务教育的日益综合化借由特殊教育的扩展而导致日益的隔离和分化。这不被当作一个问题讨论,特殊教育通常被看作是回应有不同种类学业困难学生需要的好办法。

像残疾和学业困难这样的概念以个体特征的方式被理解和定义。特殊教育根据医学治疗方式得以组织和提供。研究和发展旨在更为精确地诊断某种由个体缺陷或损伤引起的学习困难或其他学业困难。这种诊断构成了更具体教学方法发展的基础。在多数特殊教育学生的困难应该会被治愈的观念显露后,他们被期望回到常规班并在学习中更为成功。

特殊教育的大多数扩展发生在普通公立学校中。比如,在英国和德国,随后在日本,特殊学校和班级的数量大规模增长。在瑞典、美国、加拿大这样的国家里,最意义深远的增长表现在不同种类特殊教育“诊所”数量的增加,诊所和特殊班之间的差异通常很小,因为许多学生去诊所学习他们大部分的课程。

父母和专业组织开始在特殊教育的发展中扮演着日益重要的角色。提供特殊教育被视为儿童的民主公民权利。特殊教育立法在传统上是“授予权利”,也就是说,它们规定学校可以提供特殊教育。后来它们变成了强制性的,规定学校必须为有特殊教育需要的学生提供这种支持。

4. 被质疑的特殊教育——回归主流的需求

1968 年,邓恩(Lloyd Dunn)发表了一篇文章,激发了一段时期内对特殊教育价值和效果的质疑。其他地方也开始了类似的讨论,例如,20 世纪 60 年代末斯堪的纳维亚国家的讨论。造成这种状况的一个原因来自对特殊教育研究效果的研究。这些研究显示特殊教育,尤其以隔离形式实施的特殊教育,对参与的学生不仅有积极的影响,而且也有消极作用。邓恩和其他一些人的观点是,由于特殊教育常意味着把残疾学生同常规班级的同龄人相隔离,提供其效果证据的责任应该是那些组织起来的特殊班级。

1950 ~ 1980 年间开展了许多功效研究,通常设计来比较不同种类服务配置中残疾儿童的经验。例如,特殊班级对普通教育班级,特殊班级对诊所。这些研究的结果好坏兼俱,它们不能明确地得到解释,证明案例是支持还是反对特殊班级。总之,研究显示特殊班级的编制对学业成就几乎没有什么好处,甚至会阻碍学业成就。然而,有证据表明,残疾儿童在特殊群体里会感到更舒服,保持更积极的同伴关系。最有趣的是持续数年的纵向研究结果,显示被隔离的特殊教育有着长期的负面结果,常常与自我概念的发展密切相关(Stangvik 1979)。

从 20 世纪 60 年代起,残疾人的生活状况开始得到研究和讨论。改变对残疾人看法的呼吁也影响着特殊教育功效研究结果的解释。班克 - 米克尔森和尼尔捷(Bank-Mikkelsen and Nirje 1969)将“标准化”的概念引入了斯堪的纳维亚地区,作为与残疾有关的政策讨论中的挑战和目标。其主张是每个伤残人士应该有和社会非残疾成员尽可能相接近的教育和生活标准。挑战不是使反常的人变得更正常,而是改变广泛的社会条件以便提高残疾人在教育和社会生活其他方面的参与可能性(Wolfensberger 1972)。在理想上和民主上建立起来的挑战通常被称作“回归主流”或者“融合”。残疾被理解成个体先天的条件与个体对其周围环境的需要之间的一种矛盾。残疾的严重性既依赖于个体特征又依赖于社会条件,比如常规教育环境中的教学方式。

标准化和回归主流意味着特殊教育的任务和责任,需要根据上面提及的两个目标进行拓展。对功效研究结果的解释证明,特殊教育在使常规课堂教学避免问题儿童方面,比在为残疾儿童提供更好的机会以便获得最佳发展和参与社会生活方面做得更成功。一旦转入特殊群体或班级,极少的学生能再回到他们的常规群体里。特殊教育的知识和能力不像进入实践的组织形式那样得以质疑。它不仅应该用来帮助和支持个体,而且也要变革常规班级教学条件以提高残疾儿童的参与可能性。

《所有残疾儿童教育法案》(美国第94届国会通过的第142号联邦公法),在20世纪70年代后期和80年代对特殊教育的发展产生了很大影响,并不仅仅局限在美国。这部法律有两个方面特别重要。第一,在最少受限制的环境里尽可能地满足他们的特殊教育需要,被看作是每个残疾儿童的公民权利。第二,所提供的教育应该适合于每个儿童的个体需要。要求必须为每一位残疾儿童制定书面的个别教育计划(IEP)——在英国被称作"报告书"——清晰地表达这些特殊需要如何得到满足。这些计划明确地规定了不同的学校人员,包括特殊教育者之间的责任分担。

挑战的扩大意味着特殊教育不仅必须为有特殊需要的个体提供支持,而且必须为常规教学带来变革,因此,工作团队的成员应为特殊需要的学生在常规学校人群里创造成功学习的更好机会。特殊教育的这些扩展目标也已带来了教师培训项目的改革,比如在瑞典,有分别针对特殊教育者和普通教师的培训项目。

20世纪70年代以来出现了对特殊教育至关重要的快速且有希望的技术发展,至少是在信息技术领域内的发展。计算机和其他各种技术的支持为不同种类的残疾人创造了革命的可能,并且促进了特殊教育的发展。直到60年代早期特殊教育还主要局限于义务教育和一些职业培训项目里。此后越来越多的高中、高等教育以及成人教育产生了支援特殊教育的兴趣(Stukat 1990)。

同一时期,特殊教育的发展在许多发展中国家已经开始。由于许多原因比如缺乏经济资源,和工业化国家的早期特殊教育相比,这些发展似乎更多地被纳入主流。

I. 伊曼纽尔森(I. Emanuelsson) 著

孙 益 刘冬青 译

附录

Bleidick U 1983 Sonderschule. In: Lenzen D, Schründer A (eds.) 1983 *Enzyklopädie Erziehungswissenschaft*, Vol. 8. Klett-Cotta, Stuttgart

Dunn L M 1968 Special education for the mildly retarded—Is much of it justifiable? *Excep. Child.* 35 (1): 5—22

Gabbay J, Webster C 1983 General introduction. Changing educational provision for the mentally handicapped: From the 1890s to the 1980s. *Oxford Rev. Educ.* 9(3): 169—175

Hallahan D P, Kauffman J M (eds.) 1988 *Exceptional Children. Introduction to Special Education*, 4th edn. Prentice-Hall, Englewood Cliffs, New Jersey

Irvine P 1987 History of special education. In: Reynolds C R, Mann L (eds.) 1987 *Encyclopedia of Special Education*, Vol. 2. Wiley, New York

Miron G, Katoda H 1991 Education for persons with handicaps in Japan, the USA and Sweden. *Scand. J. Educ. Res.* 35(3): 163—178

Montessori M 1912 (transl. George A) *The Montessori Method.* Stokes, New York

Montessori M 1917 *The Advanced Montessori Method: Scientific Pedagogy as Applied to the Education of Children from Seven to Eleven Years.* Heinemann, London

Nirje B 1969 The normalization principle and its human management implications. In: Kugel R, Wolfensberger W (eds.) 1969 *Changing Patterns in Residential Services for the Mentally Retarded.* A President's Committee on Mental Retardation Monograph, Washington, DC

Stangvik G 1979 *Self-Concept and School Segregation.* Acta Universitatis Gothoburgensis: Göteborg Studies in Educational Sciences 28. Gothenburg University, Gothenburg

Stukǻ K-G 1990 Educational opportunities for adult disabled persons. *Europ. J. Spec. Needs Educ.* 5(3): 165—178

Wolfensberger W 1972 *The Principle of Normalization in Human Services.* National Institute on Mental Retardation, Toronto

其他参考文献

Carlberg C, Kavale K 1980 The efficacy of special versus regular class placement for exceptional children: A metaanalysis. *J. Spec. Educ.* 14(3):295—309

International Journal of Special Education 1988 (Several articles on special education development in some developing countries). *Int. J. Spec. Educ.* 3(1)

Kauffman J M 1976 Nineteenth century views of children's behavior disorders: Historic contributions and continuing issues. *J. Spec. Educ.* 10(4):335—149

Körgesaar J L 1988 On the development of special and remedial education in the Soviet Union. *Int. J. Spec. Educ.* 3(1):1—19

Wiederholt J L 1974 Historical perspectives on the education of the learning disabled. In: Mann L, Sabatino D A(eds.) 1974 *The Second Review of Special Education*. JSE, Philadelphia, Pennsylvania

职业培训史(Vocational Training, History of)

在广义上,职业教育可以被看作是传播和获得那些在职业部门完成劳动所需的技能、专门知识和方法的过程。通常,它是在中等教育的高级阶段(即在义务教育阶段结束之后)进行,但有时它也会进入到第三级水平(大学、技术学院等)。作为第四部门(即继续教育)的一个独立领域,进一步的职业培训作为初始阶段培训和在职经验的继续,其作用在于提高和扩展已经获得的方法和技能。然而,常见的是,不符合这些标准的措施(例如,没有任何先前的基础培训而在车间进行的在职培训)同样也被当作是职业教育。

任何对职业教育史进行概括的努力,都必定会遇到很多困难。尽管已有一些对不同国家的不同水平的职业培训体系发展的研究,但事实是,在许多领域的研究是不充分的,尤其是对过去年代的研究。确实,自工业化开始以来,对职业培训不同方面的比较研究就已经开展。然而,术语多样性的问题(这经常被注意到)表明了跨越不同国家职业培训体系进行分类和比较的困难。国家教育制度的演变必须在国家的政治、经济和文化发展的背景中进行观察。

许多比较研究抱着把在其他国家发现的经验应用到本国或使本国现行体制合法化的目的;从方法论上讲,这是令人怀疑的,因为采用的比较标准常常是模糊的。不在一个明确的共同经验领域的基础上进行的比较,就会冒简单地使用规范、标准的风险;不管是相同还是不同,这些被比较国家问题的复杂性,可能也会在别的地方遭遇。比较研究所赖以进行的基础是主体间的、为科学证实的标准,它要求与社会科学密切联系的方法。虽然在这个方向上有一些有希望的线索,但进一步发展它们的任务仍然没有完成,尤其当它们涉及比较研究的实际运用的时候。

在本词条篇幅允许的范围内,将努力建立一个明确的比较基础,这将通过回顾职业教育发展的形式化和制度化趋势来实现。这种发展将在这两个水平上加以考察:教育理论和方法的微观层面,以及政治和社会环境的宏观层面。在宏观层面上,不同国家的职业教育体系的形式是非常重要的。它的重要性也引发了关于职业教育的责任应该归属国家还是私营机构的问题,尤其是由于它涉及解决工业化潮流所产生的问题。

在本词条中,注意力将主要集中"低级"和"中级"水平(半熟练和熟练工人、雇员、技术人员、熟练的工匠)的职业培训。由于对本科层次职业教育所作的贡献,大学教育也将被包括在内。

在第一部分,呈现对劳动的社会认识的历史方面。第二部分概述工业化之前的职业培训。第三部分简述职业教育的三种代表模式,在这一部分里描绘了历史发展的明显轮廓。第四部分将讨论职业教育中仍存在的突出问题,而在关于当代和未来发展的概要中结束。

1. 作为社会现象的劳动

通过劳动与自然进行斗争以及由此获得生存的物质保证,是贯穿于人类历史的一个主题。尤其在工业革命以后,个体完全附属于群体的劳动模式(例如,在办公室或在工厂的车间里),已经成为日常生活的一个普遍特征。

在许多语言中,“劳动”这个词的词源表明,劳动总是与辛劳和苦难联系在一起的。在希腊语中,与劳动相对应的词是 ponos,它的含义是“努力”或“痛苦”。意大利语的名词 Laborare 和英语的 Labor 起源于拉丁语的 laborare,意思是“苦难”。德语的 Arbeit 也能溯源到拉丁语的 arvum(田地),这是“辛劳”(为了每天的面包去耕种田地)的语义上的暗示。法语中的 Travail 和西班牙语中的 trabajo 起源于拉丁语的 tribulum,这个词与 tribulare(痛苦)同源。

但是,中世纪基督教赋予用手从事的各种劳动以新的意义。尤其在本笃会修道院里,劳动被赋予和祈祷同样的地位。然而,一种基本的二重性被保存了下来:既然人的真正的命运在于死后,并且必须在死后去追求,那么,劳动只能赋予今生的生活以意义。对劳动的这种变化的态度的进一步发展是在现代。文艺复兴复活了古代关于劳动的价值在于发展人的才能的观念。然而,这种价值只被归结为智力劳动和艺术创作活动而排斥体力劳动,尤其是那些用以谋生的人所从事的体力劳动。

随着新教的兴起,作为人的自然命运的现存的劳动概念,取得了突破,增加了更多的社会意义。两个多世纪后,在启蒙运动时代,最后的一步是迈向劳动的完全世俗化。除去宗教和社会的所有伪装,劳动现在站在理性的旗帜之下:劳动是一种人类活动,在这种活动中,科学和技术使人类得以从过去对自然的依赖中解放出来。

2. 工业革命前的职业培训

即使在史前文化中,进行某种形式的劳动分工,也被看作是一种实践的需要。随着时间的推移,这种认识进入到不同职业的分化过程。在很早以前,人们就感到,需要把在不同职业中迅速积累的技能和技术加以传递。因此,采取了一些措施,以确保年轻一代的劳动者在他们的相关领域中(那时,有许多领域已经被清楚地划分为特殊的职业)受到培训。在这里,可以看到一个培训过程的明显的程式化的模式。除了文化财富所具有的、把有价值的东西(例如技术、技能、标准)向后代传递的有效性之外,这种不断增长的程式化的基本原因是,劳动过程本身的复杂性增加了;随着复杂性的每一次增加,向下一代传递的任务就更困难了。

起源于古希腊的学徒制,就产生于这种程式化的普遍趋势。学徒制采用的教学方法是直截了当的模仿。在 13 ~ 14 世纪,中世纪后期的德国的完全独立于行会制度的建筑工人和石匠行会,是程式化趋势另一种类型的很好事例,即所教内容的简化。建造宗教大厦需要的理论知识已经变得非常复杂,以致它再也不能在建筑过程本身很容易地获得。在向被培训者传授之前,它首先要被简化,被分割成容易吸收的单位。在这个阶段,至少在一定程度上,建构行业的理论基础已经渗透了数学科学的要素(例如几何学和静力学)。在文艺复兴时期,所取得的进展是如此明显,以至于劳动被理解成为技术的过程;技艺和手工艺正在通过提高手艺和技术水平,努力发展用以培训未来工人的标准。在许多事例中,这些标准已经采用了教科书的形式加以传播。它们认可模仿的原则,因而可以被看作是朝着职业培训方法的程式化迈进的重要一步。

13 世纪后,欧洲行会和相似团体的扩展、一个由城市中心的增长所推进的过程,导致了学徒制的扩张。建立在模仿学习基础上的学徒制,因而可以被公正地看作是西方前工业化时期职业培训的样板。但是,可以假设的是,直到 16 世纪,在一个半封建的农业社会中,工匠的数量只占人口的很小一部分。

3. 工业化时代以来的职业培训

18 世纪的启蒙运动时期以它的理性原则和赋予自然科学的崇高地位,为政治和经济生活的剧变(它影响到了所有国家)进一步铺平了道路,并最终导致了工业革命。1794 年巴黎综合技术学校的建立是一个关键事件,它标志着自然科学和数学(以几何学为代表)从此以后将会在更广的范围内被用于技术和商业的创新。综合技术学校因而被看作是启蒙运动所传播的新思潮(尤其是把社会建于正确的科学原理基础上的抱负)的最为激进的表达。这样,它就必然会把加速工业化和民主化的进程置于绝对优先的地位。它反映了一种急剧的转变,即从把理论当作证明传统的间接经验的手段向把理论作为潜在的应用知识的转变。就职业培训而言,多科技术学校打破了原有对模仿学习的强调。不久,这种提供一种彻底的技术教育的高水平的学校,不仅成为诸如德国的技术高等学校那样相似的综合技术学院的标准模型,而且成了整个欧洲大陆的中级和高等职业培训体系的模式。因而,综合技术学校的建立,使欧洲就如何在第三级层面上开展技术的和科学的定向教育上,达成了共识。

就这个时期熟练半熟练工人的培训而言,一幅更富有变化的图景出现了。不同国家工业化程度的不同,以及政治、社会和文化力量发展阶段的不同,都转而引起国家解决问题的方案的多样化。因此,即使在一个特定的国家中,地区和城市之间也会有很大的不同。这里并不试图去描写这个用细节缝合的拼图,但从它们的启发价值的角度来看,强调三种类型的基本的职业培训体系是值得的。

3.1 双轨制和合作制职业培训体系兴起的发展路线

第一种类型以瑞士和西德的培训体系为例,其特征是普通教育和职业教育之间存在明确的界限。在这种体系中,全日制的职业学校教育扮演着一个不那么重要的角色。基于部分时间制的、与强迫的职业学校教育相联系的工厂或公司内的学徒制,是为那些刚进入职业的人获得中低级技能的标准路径。大学只向那些谋求高级学术性职业(如医生、律师和经济学家)、并获得高级学术性职业资格的人开放。由于教育制度没有为学术的和非学术的部门间的流动留下空间,因此,在非学术部门,就为那些已完成他们的职业培训、并获得了一些在职经验的人做出了安排,以便他们继续在专门技术学校接受更高级的训练,并获得作为熟练工匠和技工的特别资格。学术路径的入门条件和非学术的(即更"实践的")路径的入门条件有着显著的差异。从初中教育开始,学生日后的职业方向和个人前景就被他们对教育渠道的选择决定了,例如,主要学校或初级中学;初中或中间类型的中学;文科中学或学术性高级中学。

从历史的观点看,尽管从1730年后工业生产普遍增长,但是,在19世纪以前,大多数欧洲国家的职业培训仍以手工学徒制的课程和标准为特征。这种手工学徒制是由行会和其他法人团体规定的,行会和其他法人团体是在以等级和地位为基础的半封建社会秩序中行使自治功能的组织。一个人的名字出现在店主的注册簿,是他学习和实践那些受人尊重的职业的先决条件;同样的,职业培训必须遵循相关行会行规所规定的路线。

在19世纪,推进所有机器制造业部门的广泛努力大大促进了普鲁士的工业化。在行会司法权之外建立工厂的努力(例如雇用没有在行会注册的雇员),对行会的主导功能提出了挑战。19世纪初受约束的行会成员制的废止,以及1871年《商业法》的颁布,进一步排除了以前对制造业设置的许多障碍。对职业培训来说,这意味着对手工学徒制地位的冲击。同样的,任何人只要通过一份个人的协议,就可以抱着学习手艺的目的从事劳动(或者是全酬或者是从报酬中扣除所受训练的费用),他就可以被认为是一名学徒。

在19世纪中期,行会或同业公会(正如在德国渐为人知的那样)仍作为自愿的联合会而存在,并确实作为中产阶级的运动而获得新生。通过这种形式,它们继续与经济自由主义展开斗争。与维护等级制度结构的国家的保守政策相一致,现在中产阶级在阻止劳工组织化的斗争中,变成了国家的同盟者。其结果是,职业培训不仅关注技能和方法的传授,而且逐渐重视灌输恭敬地顺从现存等级制度的"正确"观念。1871年的《帝国商业法》的几个条款修改的结果是,进一步巩固了中产阶级的地位。1897年《商人保护法案》在议会的通过,造成了工业和手工业在法律上的分离,手工业再次被授予行会的法律地位(包括强制性的成员制)。根据公共法,成立了一个作为自治机构的商业委员会,以便在与工业企业发生冲突时,为保护手工业的利益,提供一个论坛,同时也作为负责与行业和考试(例如,重新建立熟练工匠考试)相关事务的组织。由于引入"次熟练证书"(1908),手工学徒制的地位被进一步提高,这使教导学徒成了熟练工匠的专有权力。

在19世纪初,没有一个欧洲国家为产业工人提供独立的培训。工业企业所获得的熟练工人是从手工业或国外招募的。其结果是,工业化所形成的日益增长的压力和促进工业扩展的努力(其核心是"为工业而培训"的口号),证明了一些现有的培训是不充分的。其中的一个不足,是工匠学徒制度不适用于工业;同样的,星期日培训学校和高级培训学校都不能准确地提供正确的教育定向。从19世纪早期开始,一个分化明显的学校体系(例如,制图学校、商业学校和综合技术学校)得以发展起来。从一开始,德国的这种扩展中的职业培训体系,就与人文主义为生活而进行普通的、全面的教育理想发生冲突。同样的情况也出现在政府提供的普通学校体系中。对于追求实际目的、并且由在职需要所决定的培训过程而言,多才多艺的理想是不合适的。因而造成了培养多才多艺的人与职业教育之间的割裂。19世纪的后几十年间,受日益增长的对技术工人(他们能运用科学解决技术问题)需要的驱动,职业培训体系得到了惊人的扩展。日益扩大的劳动分工和新技术的引入,使得工业生产的一些特征出现了问题,尤其是有计划的培训常常由于对临时的"在职学习"的偏爱而被忽视了。有计划的培训虽然只出现在工业培训并且只取得了有限的成功,但是,它却成了强迫在培训和生产之间进行区分、并且与在大型工厂建立被培训者车间相联系的开端。

1870~1920年间,进修学校(这是为工人开设的一个继续培训学校)被改造成职业学校。一种体制由此开始形成(在20世纪60年代它被称为"双轨制"),它的明显的特征是政府指导与公共部门、私营部门权限分享的结合。政府(第二次世界大战后被联邦政府所取代)承担学校的责任;就实践培训(例如学徒制)而言,政府把自身限定为通过制定培训规定、形成法律框架这样一种附属角色。培训的责任和考试的举办委托给商业委员,这是从属于公共法的机构。实际的培训本身是私营部门的职责,被委托给不同的公司。

3.2 高中阶段全日制职业培训体系的发展路线

职业培训的第二种类型是高中阶段全日制职业培训体系。这种类型在西欧和1918年前的一些东欧国家(当时它们是奥匈帝国的组成部分)较为盛行。虽然全日制的职业培训提供了与双轨教育制度同样的资格,但它也经常产生附加的中等技能的资格(例如,技工资格)。在工业—贸易部门,并存着一个完全的在校培训制度,也有一个与双轨制或合作培训路线一致的学徒制;但是,这种学徒制很少被认真对待,在时间的分配上也无足轻重。全日制的职业培训通常比双轨制和学院定向的培训形式更早开始进行职业培训,例如,奥地利是在八年级后、法国是在九年级后。课程包含与职业相关的理论和实践的专题,加上一个普通教育的计划。职业学校的学业完成后,可能使被培训者获得高级职业教育资格,但这种可能性是有限的。

在校职业培训发展的决定因素可以法国为例。如上所述,综合技术学校为全欧的综合技术学院的发展和第三级水平的职业培训提供了模式。但是,在法国,较低水平的职业培训并没有统一的制度。1792年,职业联合会的章程对这种水平的培训作了严格的规定,这个规定引入了无限制的工业自由,并禁止所有非政府的合作团体(包括所有的职业联合会)。曾一直负责培训学徒的行会的废除,意味着手工业享有的自治职业地位的结束。只有在手工业中,旧的规则延续了下来。

大多数工人将在没有任何职业培训的情况下,开始他们的劳动生活。在工厂或在公司的学徒制是纯粹的雇主和雇员间的私人法律契约,而不是依据政府或职业团体制定的任何性质的指导原则来进行。然而,学徒身份合同的引入(1851),确实建立了最低的保障,不提供经过检验的教学材料或证明所受培训的东西,也没有任何涉及培训员工资格的规定。在德国,除了几个兴建了厂内学校的大公司外,工业企业对职业培训没有任何兴趣。教会和慈善组织以他们的力量,仅能做出很小的贡献。

由于缺乏私营机构(美国也是这样的例子)和确定的职业团体(如德国),由政府控制的职业学校教育制度,提供了非常适合于国家当前的政治和经济结构的解决方法。政府运作的高等工业手工艺学校和商业贸易学校各自以科学技术和现代语言——商业为定向,力图在初中和高中(以大学为出口)之间开辟一条中间的路径,并致力于提供中等水平的资格证书。职业培训的法国变种,即学徒制学校最终建立于1880年。它们明确规定的责任契约为学徒提供了专门化的培训,使其成为熟练工人。目前,法国正在花费巨大的努力,以大幅度提高在双轨制或合作制下培训的学徒比例。

3.3 第二级和第三级之间的过渡模式

职业培训的第三种类型,至少在其基本方面,更接近于美国的教育制度。在美国的教育制度中,高度分化的第三级教育是获得职业资格的主要途径。提供普通教育的高中教育也包括为学生日后的职业生活作准备的材料;然而,并不提供直接的职业资格。由各种再培训和高级培训课程所进行的训练,通常是随时安排的。虽然并不普遍,但是完全的在职的学徒制也作为一种可供选择的方式。职业教育的学术和非学术模式的入门要求实践上是完全相同的,即中学证书。

建立于17世纪和18世纪早期的美国大学,在很大程度上模仿了高度重视人文学科的欧洲大学的古典理想。即使在那些职业目标非常明确的领域(例如医学、法律和神学),进入这些学科也是以首先完成若干人文学科的学习为条件。随着美国革命时期的政教分离,清教徒的学院转变成了私人控制的团体。由于防止私立学院被联邦、州政府当局接管的达特茅斯学院案的判决(1816),保证了私人活动不受政府的干预。其结果是,州立大学在州的权限下建立,从而奠定了混合制的基础。与在法国所看到的教育的极端集权化相反,美国(顺便提一下斯堪的纳维亚各国)教育的发展以巨大的不同和多样性为标志。

作为19世纪后期特点的快速的经济和社会发展,导致对大学教育的新课程的需要,这种需要不是古典教育的原则所能满足的。注重自然科学教育的需要,把与农业和工业相关的职业内容融合到课程的需要,这时也出现了。莫里尔法案(1862)把联邦土地划拨给各州政府,为后来建立更多的学院铺平了道路。这些与地方的和区域的经济条件密切相关的学院,由于把培养多才多艺的人和职业目标结合在一起,很快发展成为美国主要的教育机构。

美国大学教育的不同景象(与完全统一的中欧的制度相反)在大学的功能中表现得非常明显。它们都承担职业的训练,但都对提供普通教育给予最大的重视。在欧洲,通常都认为,普通教育应在高中阶段后完成。在20世纪90年代初的美国,尤其是在州立大学,在不影响基本的普通教育定向的同时,职业性质的课程计划大幅度增长。而在欧洲的体制中,类似的课程计划通常是在大学以下水平的机构中负责执行的。在向学生(他们不仅毕业于大学,在一定范围内,也毕业于技术学院)颁发学位证书方面,美国大学教育的制度继续表明了极度的灵活性(斯堪的纳维亚各国的教育制度也是如此)。

4. 职业培训的突出问题

4.1 职业化和专业化

工业化导致职业和古典的职业等级制度的深刻变化,这些变化有效地终结了传统的半封建的社会秩序。人们的职业成为决定他们的社会贡献(因而,在不小的程度上决定了他们的社会地位)的一个功能性因素。由于基于劳动的高度分工而形成的工业生产模式的扩展,造成了传统职业的减少和新职业的产生。知识的不断系统化和科学知识与日益增长的工业应用的密切联系,加上劳动组织成为不同的活动领域,所有这些趋势,都为劳动的职业化奠定了基础。新职业转而产生新的职业培训需要,并经常与结构改革的压力结合在一起。

在专业化方面也能探寻到相似的发展。职业知识系统化的趋势,使科学技术培训对那些希望从事某个职业的人来说是必需的。因此,许多以前的职业发现,它们本身被转变成了“专业”(例如,20世纪之初的建筑业)。从一个法人结构化的等级制度到现代专业化的制度之间的过渡过程是复杂的,并不是在不同国家同时发生的,也没有遵循完全相同的轨道。

4.2 普通的和职业的培训

相反方向的发展出现在“终身就业”概念的总体影响中。这是一直、尤其是自20世纪中期以来在不断加速的技术和社会改造的结果。发展中的就业市场所需要的资格的快速变化,使劳动力通过阶段性的进一步培训以提高他们的初始资格,成为基本的需要。就初始培训而言,未来资格要求的不可预测性,日益要求工人在专门知识上具有迁移能力和适应性。这种趋势已经对职业培训的课程开发产生了影响。现在的重点是课程内容的普通化和非专业化。尽管在学校和第三级职业教育中,普通教育已经充分提供了,但在双轨制的国家中,可以清晰地看到从严格的特定职业的培训转向相关职业的基础教育的发展(通常它包括为期一年的全日制教育),这种发展能逐步地充分满足相关领域的现有专门知识的需要。在世界范围内,这种发展已经表现得非常明显。

这意味着,在初始培训阶段,职业教育和在职教育现在都发生在工作中,因此,与方法路线相一致的仔细建构就是必要的。原则上强调第三级教育的日本体制,是这种策略成功运用的很好例证。

然而,如果资格的未来形式是完全不可预测的,那么,教育过程就会作为跨越所有职业领域和活动领域的关键资格的中介。这些就是所谓的“额外的功能资格”(例如,社会的技能和方法的技能)。

从长远的观点看,终身学习的重要性意味着进一步或继续培训,将发挥甚至比基础的职业培训更为重要的作用。

很明显,以上所概述的发展,使职业培训的非专业化和普通化的趋势将伴随着普通教育作用的更大发挥。但奇怪的是,提供普通教育的学校现在正朝着在其课程中包含更多的明确职业定向材料的方向发展。

A. 利普斯梅尔(A. Lipsmeier) 著
H. 施罗德(H. Schroeder)
张斌贤 刘冬青 译

附录

Barlow M L 1967 *History of Industrial Education in the United States*. Bennett, Peoria, Illinois

Blankertz H 1969 *Bildung im Zeitalter der großen Industrie—Pädagogik, Schule und Berufsbildung im 19. Jahrhundert*. Schroedel, Hanover

Boyer E L 1989 *High School*. A report of secondary school education in America 1983. Harper and Row, New York

Cantor L 1989 *Vocational Education and Training in the Developed World: A Comparative Study*. Routledge, London

Dale R (ed.) 1985 *Education, Training & Employment. Towards a New Vocationalism?* Pergamon Press/The Open University, Oxford

Grűner G 1975 *Berufsausbildung in den Sozialistischen Staaten: Studien zur Arbeits-und Berufspädagogik*. Beltz, Weinheim

Hayes C, Anderson A, Fonda N 1984 *Competence and Competition*. A report to the National Economic Development Council and the Manpower Services Commission. NEDE, London

Lipsmeier A 1971 *Technik und Schule. Die Ausformung des Berufsschulcurriculums unter dem Einfluß der Technik als Geschichie des Unterrichts im technischen zeichnen*. Steiner, Wiesbaden

Lipsmeier A 1987 *Berufliche Weiterbildung in West-und Osteuropa: Ein Arbeitsbuch*. Nomos, Baden-Baden

Mikl-Horke G 1991 *Industrie-und Arbeitssoziologie*. Oldenburg, Munich

Nibbrig B, Ziolkowski U 1982 *Die Wirtschaftliche und Beruflich-økonomische Bildung in Groβbritannien*. Deutscher Instituts-Verlag, Cologne

Organisation for Economic Co-operation and Development (OECD) 1982 *Reviews of National Policies for Education: United States*. OECD, Paris

Squires G, Forth D 1989 *Pathways for Learning. Education and Training from 16 to 19*. OECD, Paris

Poignant R 1965 *L'enseignement dans les pays du Marché Commun. Etude comparative sur l'organisation et l'état de développement de l'enseignement dans les pays du Marché Commun, aux Etats-Unis, en Grande-Bretagne et en URSS*. Institut Pédagogique National, Paris

Roderick G W, Stephens M D 1978 *Education and Industry in the Nineteenth Century: The English Disease?* Longman, London

Sanford N (ed.) 1967 *The American College. A Psychological and Social Interpretation of the Higher Learning*. Wiiey, London

Schriewer J 1986 Intermediäre Instanzen, Selbstverwaltung und berufliche Ausbildungsstrukturen im historischen Vergleich. *Zeitschrift für Pädagogik*. 1:69—90

Schriewer J(ed.)1990 *Theories and Methods in Comparative Education*, 2nd edn. Lang, Frankfurt am Main

Stratmann K 1982 Geschichte der beruflichen Bildung. Ihre Theorie und Legitimation seit Beginn der Industrialisierung. In: Lenzen D 1982

Wacker A 1989 Arbeit als Zwiespalt—Technik als Lŏsung. In: Fricke W(ed.)1989 *Zeitbilder der Technik: Essays zur Geschichte von Arbeit und Technik*. Dietz, Bonn

夸美纽斯与教育(Comenius and Education)

约翰·阿姆斯·夸美纽斯(John Amos Comenius)或扬·阿姆斯·考门斯基(Jan Amos Komensky,1592～1670),捷克哲学家、神学家、教育改革家和社会改革家,他致力于把17世纪的欧洲社会结构改造成为全体人民的和平的、创造性的与和谐的社会。

1. 生平细节

夸美纽斯是东南摩拉维亚人,这是捷克王国领地内的一个边疆侯爵封地。他出生于1592年3月28日。没有直接的根据说明他的出生地。夸美纽斯的父母原籍是科姆那村(Komňa),以后在乌尔斯基·波伦特(Uhersky Brod)定居。在那里,他们成了富有的市民,并在波伦特郊区拥有一个农场。1604年他们去世,孤儿扬与其在南摩拉维亚的斯特拉纳斯(Stráznice)的姑妈生活在一起。当博奇考伊(István Bocskai)领导的反抗哈布斯堡王朝的匈牙利叛军侵入摩拉维亚并烧毁斯特拉纳斯时,13岁的扬失去了与姑妈生活的临时的家,此后,他与他的法定监护人生活在尼维纳斯(Nivnice)。

在他求学期间,扬把自己的名字改为尼维纳希斯(Nivnicensis)或尼瓦纳斯(Nivanus)。在他晚年的笔记《呼唤》中,他使用的名字是扬·尼文斯基(Jan Segeš Nivnicky)或考门斯基(他父亲姓考门斯基)。在他背井离乡的青年期所出版的著作中,他曾使用哈诺博劳顿希斯(Hunnobrodensis)这个名字(意为来自乌尔斯基·波轮特)。在那时,一个人的姓名不仅取自他的出生地,而且也可以取自其居住地,因此,夸美纽斯的真正姓名仍然是不确定的。在成年后,他使用考门斯基,这个名字的拉丁译名为夸美纽斯。

2. 宗教追随和背井离乡

在波伦特和斯特拉纳斯,夸美纽斯在兄弟会的环境中长大,兄弟会是捷克宗教改革运动内部的一个小教会——他的家庭属于这个兄弟会。它是欧洲最早的宗教改革教会,始于15世纪初。捷克的宗教改革教会最初被称为胡斯派(Hussitism)(即胡斯的追随者)。甚至在1534年后,当胡斯派中激进的社会主义一翼被打败,改革教会仍然在托钵僧会(Utraquists,或Calixtines)的教义中继续发展,直到1620年。兄弟会产生于15世纪后半期的东波希米亚,后来传播到摩拉维亚。日后对夸美纽斯产生影响的一个重要传统,是托钵僧会和兄弟会在1575年精心制定并共同接受的协议——“捷克信条”。

夸美纽斯就学于波伦特、斯特拉纳斯的兄弟会学校,一段时间后,他进入了位于摩拉维亚中部的普雷拉夫的一所中学。在那里,他得到了一个有教养的摩拉维亚贵族、泽罗亭家族的长子查尔斯(Charles the Eleder of Zerotín)的资助,查尔斯也资助了扬1611～1614年间在赫波恩(Herborn)和海德堡的学习,在那里,扬进入了具有加尔文主义倾向的高等学校。在返回家乡之前,夸美纽斯首次参观了荷兰。

在普雷拉夫,夸美纽斯成为兄弟会学校的教师。在被任命为兄弟会的牧师之后,他开始了写作关于古代摩拉维亚的历史著作。他也准备编写一部百科全书《宇宙剧院》,并产生了世界是一所学校的思想。他对社会问题的兴趣表现在他的《寄天国书》中。

他的教学和教士活动在东北摩拉维亚的富尔涅克(Fulnek)继续进行,在那里,他和他新建立的家庭度过了幸福的时光,并从事写作活动。

1620年,波希米亚的地主开始了反对哈布斯堡王朝的奥地利议会企图在中欧建立一个专制君主政体从而限制捷克国王权力的斗争。斗争在所谓的1618~1620年的捷克战争中达到高潮。这是1618~1648年的三十年战争的开始。这场战争不仅影响了捷克民族(其中大多数是新教徒),而且影响到作为兄弟会代表的夸美纽斯个人(兄弟会属于反对哈布斯堡王朝的阵营)。1620年,在天主教取得胜利后,他变成了自己土地上的流浪者;而后在1628年,由于反非天主教徒的法令,他不得不流亡。

在战争中,夸美纽斯失去了他的家庭(他的妻子和两个年幼的孩子)和财产。他的藏书被烧毁,他不得不离开摩拉维亚。在他离开祖国前,他先后在东波希米亚、奥列斯和特曼斯纳避难。

3. 主要著作

在1628年流亡之前所写的著作中,夸美纽斯就已阐明了他的许多重要思想。丧失政治、宗教和个人自由的痛苦与怀疑、辞职以及当他极力摆脱种种冲突所遭到的猛烈批评交织在一起。他总是在尽力帮助他人,总是尽力寻找精神的平衡和新的安宁。他的著作的标题反映了他的经历,例如,《悲伤》、《论孤儿》以及《安全的中心》。其中最著名的是《世界迷宫》和《心灵的天堂》(1991),它们描写了一个腐败的社会和他关于和平、合作的天主教社会的理想。他也为捷克人民写作了捷克语的诗歌、科学的普及读物,并仔细绘制了一张摩拉维亚地图,最后是他的以《捷克语教学法》为开端的新的教育理论的探索。

在流亡中,夸美纽斯在波兰的列什诺(Leszno)找到了第二个家。在这里,兄弟会在1547年第一次反抗哈布斯堡王朝的费迪南德一世(Ferdinand Ⅰ)失败后,建立了一个捷克教区。兄弟会在这里与其他教派和谐相处。1628~1641年,夸美纽斯第一次生活在列什诺期间,在许多方面都非常活跃。他在文法学校任教;他在《泛智论》里精心构建泛智论,并捍卫它们;他用捷克语和拉丁语完成了《大教学论》两个版本的写作;他为兄弟会写作宗教、教育和历史著作;他提出了如何对待染上瘟疫的人的切实可行的人道主义建议;他发展了第一个系统的儿童早期教育理论("幼儿学校")。由于编写了一部新型的教科书《语言学入门》,他享誉欧洲;在这部教科书中,知识内容的呈现是基于人与整个世界(例如自然、人类、上帝)的相关上。他也把实际知识和语言教学结合起来。另外,他成功地完成了学校剧《复活的犬儒主义者笛阿根》,并出版了他的《学校规程》。

1641~1642年,夸美纽斯应邀去英格兰改革学校,为科学进步而建立泛智学院。他的与广泛的社会改革相联系的教育概念,在《光明之路》(1668)和其他短论中得到阐述。他无疑受到了当时正在英格兰兴起的克伦威尔革命的一些理念的鼓舞。正是在英格兰,他开始探索科学和人类活动的社会意义。

在来自法国、美国和瑞典的一些邀请中,夸美纽斯决定接受来自瑞典的邀请。当时,瑞典正与哈布斯堡王朝交战。在瑞典,夸美纽斯希望为他的国家争取一些支持。在埃尔宾(Elbing,当时在瑞典的管辖下)期间,他为瑞典的拉丁语学校编写了教科书。但是,他也发展了关于普遍的社会改革的思想,并开始写作他的最伟大的著作——《人类改进通论》(1966)。这部著作包括7个部分:普遍的觉醒(1990)、普遍的光明(1987)、普遍的智慧(即泛智论)、普遍的教育(即"泛教论" 1986)、普遍的语言(1989)、普遍的改造以及普遍的促进。这部伟大的著作涉及:宇宙观、关于宇宙的知识;为每个人的终身教育的理论;人人一致的世界语言计划;个体、家庭、学校、政府和教会的普遍改革;促进学术进步的机构计划;实现国家间的和平合作的计划;教会间和解的计划。

4. 理想破灭和旅行

三十年战争的结束,造成了夸美纽斯使人民获得自由的希望破灭,因为捷克仍处于哈布斯堡王朝的控制之下。在他用捷克语出版的《兄弟会母亲的临终遗嘱》中,他表达了对兄弟会在欧洲被驱散甚至消失的这种现实的悲伤。然而,他仍希望他的祖国觉醒,并致力于精神和文化的发展。

1648 年,他回到列什诺后,他的第二个妻子去世,留下了几个孩子。由于加霍(Jana Gajus)照料他的家庭,减轻了夸美纽斯的负担;1649 年,夸美纽斯娶了加霍。1632 年以来他一直是兄弟会的主教,承担着过重的责任。他在埃尔宾期间出版了一些著作,其中,最重要的是《最新语言教学法》,并附有一个补充建议(1966)。

1650 年,雷科克奇(Rákóczi)议会邀请夸美纽斯赴匈牙利,去改革沙罗斯帕特克(Sárospatak)的学校,他接受了邀请。他在那里旅行期间,访问了斯洛伐克的兄弟会,并得到了对他编写的教科书的积极反应。在西吉茨蒙达(Sigismond)公爵的支持下,他在沙罗斯帕特克写了一些关于泛智教育、自我教育和国家进步的理论文章。

夸美纽斯发现匈牙利的青年对中学学习的准备是不充分的,这导致他在教育实践方面的进一步发展,即通过《世界图解》(它比《语言学入门》更为普及),运用简单、快捷、愉快、彻底的学习和教学方式。在 150 个章节中,他展现了关于世界的知识,就像他在《语言学入门》中已经做的那样;但这次他补充了用拉丁语和一两种其他语言的课文所描述的事物的插图。在沙罗斯帕特克,夸美纽斯也发展了教育过程的所有因素相互关联的思想,以及总体和具体教育(包括休息、娱乐和身体健康)间的相互关系。

夸美纽斯第三次在列什诺(1654 ~ 1656)的生活在凄惨中结束。1656 年瑞典—波兰战争期间,列什诺毁于大火,夸美纽斯失去了所有的财产,包括以前的手稿和书籍。他感到深深的失望,波兰是一个宽容的国度(他曾在这里建立了新的家庭),而今却看到处处充满着仇恨。他在著作《毁灭的沼泽》中描述了这场灾难。

夸美纽斯的最后避难所是荷兰的阿姆斯特丹。从 1652 年起,他得到了劳伦丘斯·德·盖尔(Laurentius de Geer)的热情接待。劳伦丘斯是夸美纽斯从前的保护人路易·盖尔(Louis de Geer)的儿子,路易·盖尔曾赴瑞典,邀请夸美纽斯到荷兰。

这个时期,除了一些教育著作,夸美纽斯写了宗教和哲学的辩论文章、为兄弟会和其他背井离乡者写的作品(例如《赞美诗集》)、关于宗教改革的历史著作、政治论文、捍卫和平的著作(如《和平天使》。在其中,他抗议战争及对人类的不尊重),并编辑了寓言集(其中包含了政治的含义)这个时期,他所从事的值得特殊注意的伟大工作是:1657 ~ 1658 年出版的《夸美纽斯教育论著全集》(1969),以及《天主教论》的手稿(1966)。

5. 教育著作和改革

《夸美纽斯教育论著全集》包括四个部分:从夸美纽斯第一次在列什诺生活以后的有关泛智论和教育的著作;他在埃尔宾期间写作的著作;他在沙罗斯帕特克写作的著作;到阿姆斯特丹后写作的论文。各部分分别从一部重要的理论著作开始:《大教学论》、《最新语言教学法》、《泛智学校》以及《生活的规律》。

《天主教论》(1966)保留了著作的主体部分。前两个部分从列什诺的大火中幸存下来,因而得以出版。夸美纽斯还准备从《泛智论》、《普遍的改造》、《普遍的促进》选编几个部分;但是,它们引起了格罗宁根的马里修斯(Samuel Maresius)的尖锐批评。与马里修斯的辩论,使夸美纽斯最后两年的生活非常痛苦。但是正由于马里修斯的道歉,夸美纽斯生活活动的相当一部分被记录在《持续的兄弟般的劝解》中。主要由八个部分组成的《泛智论》没有完成。它包含了一个关于整个世界的知识体系:首先是这个世界赖以建构的原则(《世界的可能性》);其次是精选的关于世界事物和现象的知识,涉及七个"世界"或阶段。夸美纽斯认为,这七个世界或阶段开始于上帝的世界,经过天使的世界,发展到自然的世界;然后,通过三个人类世界(即人造的世界、道德的世界和精神的世界)的创造性活动所进行的进一步探索,再转向外部世界。《泛智论》描述和解释了在总体改革中人的地位和使命。它是夸美纽斯哲学在教学、普遍的教育和社会改革的最终运用。

夸美纽斯从古代普遍和谐的思想中受到启发。他致力于系统阐述泛智论,它不仅统一了所有的知识,而且也包括所有的人类活动(例如,个人的、社会的、智力的、情感的以及道德的和实践的意志与决心)，这样，它们就能被正确地应用于生活。

此外，泛智论提供了一种复杂的方法，即分析、综合和比较的结合；后一种方法作为特殊的比较方法(即分类)的运用，是为了区分什么是重要的、什么是次要的，区分哪些联系是与整体有关，而哪些只与部分有关；这种方法在普遍的知识中扮演着重要的角色。由于接受了新柏拉图主义的整体是一个有机体的概念，夸美纽斯不满足于只解决诸如语言教学这样的局部问题。从改革拉丁语教学的概念开始，他进入到教育的总体改革：从改革捷克语学校开始，他进入到所有民族教育的改革；从儿童教育开始，进入到成年人和老人的教育，这就是他在《泛教育论》中对"生活学校"的解释。

同样的，在他的"人的形成"(反映在他的《大教学论》的两个版本中)概念中，夸美纽斯发展了普遍的教育的思想，这是指整个人类的完整培养。正是这个原因，他不能把活动与人类其他的现象相分离。这是为什么他不同意把自然研究(培根)或人类思维过程(笛卡儿)从人类的其他现象中分离出来。夸美纽斯的考虑是基于与整个世界(例如自然、人和上帝)相联系的人的概念。他的思想是，使学校以及整个生活都成为人性的工场。他把人类的发展理解为在不断完美的过程中的经验储备。这个过程由于创造性的人类劳动而不断进行；只有当所有人都认识到需要对生活中的一切加以改进，认识到每个人都必须依靠自己的劳动，这种劳动的创造性才会出现。在他的《人类改进通论》(1966)中，夸美纽斯关注哲学、政治、宗教的改革；在这些领域的历史发展过程中，人类得以表现其人性。这就是为什么这些领域能反映人类事务的原因。

6. 结论

在他统一为了一切人的教育的目的、内容和方法的努力中，夸美纽斯形成了简易、快速、愉快且彻底的学习和教学的原则。凭借这种以普遍性、简易性和自发性为主要原则的方法，一切人都应被教以一切对人类生活有意义、为个人人格的发展和整个社会的改革所必需的事物。

在他的"镶嵌的物理学"中，夸美纽斯没有跨越正在兴起的自然科学的界限。但在努力发现支配人类发展和教育的规则方面，在生活与和平发展的最广泛的结果方面，他远远走在时代的前面。

D. 察普科娃(D. Čapkovã) 著
张斌贤　刘冬青 译

附录

Comenius J A 1966 *De rerum humanarum emendatione consultatio catholica*. Academy of Science, Bohemoslovaca, Prague

Comenius J A *Opera didactus omnia* from 1969. Vols. 1, 2, 3, 4, 9 I, 11, 12, 13, 14, 15 I, 15 II, 17, 18, 23. Academia Praha, Prague

Comenius J A 1986 *Pampaedia or Universal Education*. Buckland Press, London

Comenius J A 1987 *Panaugia or Universal Light. Being Part 2 of his Consultation on the Reform of Human Affairs*. Peter I Drinkwater, Shipston-on-Stour

Comenius J A 1989 *Panglottia or Universal Language*. Peter I Drinkwater, Shipston-on-Stour

Comenius J A 1990 *Comenius's Panegersia or Universal Awakening*. Peter I Drinkwater, Shipston-on-Stour

Comenius J A 1991 *La Labyrinthe du Monde et le Paradis du Coeur*. Desclée, Paris

其他参考文献

Acta Comeniana from 1969. Academia Praha, Prague

Blekastad M 1969 *Comenius: Versuch eines Umisses von Leben, Werk und Schisksal des Jan Amos Komensky*. Academia Praha and Universitets-forlaget Oslo, Prague and Oslo

Čapek J B 1972 *Zur Frage des Wesens und der Funktion des Comenismus*. Independent supplement to *Studia Comeniana et historica* 2—1972č 4. Muzeum J. A. Komenského, Uherský Brod

Čapkovã D 1987 *Myslitelsko-vychovatelsky odkaz Jana Amose Komenského*. Academia Praha, Prague

Červenka J 1970 *Die Naturphilosophie des Johann Amos Comenius*, Vol. 1. Academia Praha-Hanau, Prague

Comenius J A 1992 *Obecn ã porada o nãpravě věci lidskych*. Svoboda Praha, Prague

Internationales Comenius Kolloquium 1992 Evangelisches Bildungszentrum Bayreuth, Hussitisch-Theologische Fakultät, Prague

Pānek J 1991 *Comenius, Teacher of Nations.* Východoslovenské vydavatel'stvo Košice, Orbis Praha, Prague

Patočka J 1981 *Jan Amos Komensky. Gesammelte Schriften zur Comeniusforschung.* Comeniusforschungsstelle Institut für Pädagogik, Ruhr-Universität, Bochum

Peskova J, Cach J, Svatos M (eds.) 1991 *Homage to J A Comenius.* Karolinum Praha, Prague

Turnbull G H 1947 *Hartlib, Dury and Comenius: Gleanings from hartlib's Papers.* Liverpool Press, London

Schaller K 1958 *Die Pampaedia des Johann Amos Comenius.* Quelle & Meyer, Heidelberg

Schaller K (Hrsg) 1985 *Comenius. Erkennen-Glauben-Handeln.* Hans Richarz, Sankt Augustin

Studia Comeniana et historica from 1971. Comenius Museum, Uherský Brod

Symposium Comenianum 1982 1984. Comenius Institute of Education Praha Comenius Museum, Uherský Brod

Webster C 1975 *The Great Instauration. Science, Medicine and Reform 1626—1660.* Duckworth, London

笛卡儿与教育(Descartes and Education)

勒内·笛卡儿(René Descartes, 1596 ~ 1650)是现代哲学的奠基人,也是最具哲学才能的人,他的见解深受其理念的影响,即物理和天文学应像数学一样以确定无疑的原则为基础,这个理念深刻地影响了科学。本词条讨论其知识论和宇宙论,并简要地考察17世纪笛卡儿革命对大学教育产生的影响。

1. 生平

勒内·笛卡儿(拉丁文为 Renatus Cartesius) 1596年3月31日出生于法国的都兰(Touraine)。在安茹的拉弗莱希(La Fléche)耶稣会学院接受教育,虽然笛卡儿尊重他的老师,但对所学科目感到不满,后来他声称只有数学给了他确定的知识。大约在1618年,笛卡儿赴荷兰服役于拿骚莫里斯(Maurice of Nassau)王子的军队。1619年他在德国的乌尔姆遇到了神学家贝克曼(Isaac Beeckman, 1558 ~ 1637)。贝克曼成功地激起了笛卡儿对物理学和数学的兴趣。事实上,笛卡儿的宇宙论——一种布鲁诺的宇宙无限大理论和对所有自然现象进行严格力学解释的结合体——是建立在贝克曼思想之上的。

1628 ~ 1649年,笛卡儿在荷兰生活。除了哥白尼的天文学和伽利略物理学外,他还对哈维(William Harvey)关于血液循环的发现产生了兴趣。到1634年他已完成了《论世界》(又名《论光》——译者注)。然而,当他听说他的朋友伽利略因讲授哥白尼体系而受到斥责时,他立即把他的书藏匿了起来。

1637年,笛卡儿出版了一本著作,包含三篇关于数学和物理的论文——《几何学》、《屈光学》和《气象学》,《论方法》是这本著作的序言。这本部分自传体著作包含有对笛卡儿体系的简要说明,成功地避免了论述地球的运动和宇宙的无限。1641年他又出版了一部形而上学的著作《第一哲学沉思录》,这本书附有6篇(后来有7篇)不同作家的"反对文章",包括霍布斯(Thomas Hobbes)和迦桑迪(Pierre Gassendi)以及笛卡儿对"反对文章"的"答复"。1644年,他关于宇宙和物理学的主要著作《哲学原理》出版了。

1649年,笛卡儿屈从瑞典克里斯蒂娜女王的要求,加入她在斯德哥尔摩召集的为她自己讲授哲学的著名团体。同一年他出版了《灵魂的激情》。1650年2月11日笛卡儿在斯德哥尔摩去世。

2. 宇宙论和物理学

笛卡儿认为物质和三维的广延是同一的:因而他相信宇宙任何一点,只要存在长度、宽度和深度的广延,必存在物质;相反,没有广延就不存在物质。他的宇宙论是基于这样的假设:是创世主上帝推动了物质的运动，因此最初的、同质的、不确定地（不是“无限地”）扩展的物质爆炸成微粒，仅在大小和形状上不同（P. 1461）。动量（mv，笛卡儿错误地确认为 mv^2）一直保持相同，微粒根据惯性定律（在他的自然界“第一”和“第二”法则中有表述）及作用和反作用定律运动，支配着微粒碰撞（他的自然界“第三”法则）。事实上，牛顿的第一运动定律是笛卡儿发现的：笛卡儿物理学中包含“对惯性定律的首次准确陈述”（Hall 1963 P. 118）。

以这些基本假设为基础，笛卡儿建立了他对所有已知现象的解释。由于物质被认为与延伸是同一的，很简单地，不可能存有真空和原子，即绝对不可再分的微粒。因此，当“不确定”地延展的物质团开始运动并爆炸时，尽管其每个部分的自然趋势是直线运动，但整个物质团只能是圆周运动，根据自然定律，每个微粒获得和保持直线运动的力量，取决于它们的形状、大小和速度。微粒的大小和形状各不相同，非常机械地聚集在宇宙的不同部分。在每个漩涡中心，最优良的微粒堆积成一个固定的恒星，一个太阳（“第一元素”）。漩涡的主要部分由以太组成（“第二元素”），推动行星围绕太阳转动，并传递“第一元素”的激烈运动，人类感受到的这种运动就是太阳光和热。最后，行星和彗星、地球以及所有地球事物是由最大且形状最不规则的微粒（第三元素）组成的。地球引力被认为是漩涡的向心力。

笛卡儿的宇宙论和物理学大部分以拉丁文在他的《哲学原理》（1644）中得到阐述。笛卡儿在《屈光学》（1637）一书中描述的光学理论和实验非常成功。意大利数学家莫鲁利科（Francesco Maurolico）首次重复了光通过注满水的玻璃管实验（d. 1575），在斯涅耳（Snell）定律的帮助下，他在《大气现象》（Snell 1537）一书中做出了彩虹弧的几何学解释。笛卡儿的色彩理论是以光物质（第一元素）微粒的假设为基础的。从漩涡或火焰的中心向外逸出，必须旋转行进——快的旋转被觉察为红色，中等旋转是黄色，慢的旋转是蓝色。“因此色彩的形成是光物质的力学变化，它是通过两种媒介之间界面的斜向冲击而导致微粒开始旋转（像网球击打地面）而获得的。”（Hall 1963 P. 259）

作为物理学家的笛卡儿在他于 1628 年写下的一篇不完整的小论文《心灵指导原则》中，表达了他对数学重要性的理性看法。他问为什么天文学、音乐、光学、力学和其他的一些科学不能被包括在数学以及代数和几何学领域内：

> 确实在此仅仅考察字的起源是不够的。但既然“数学”这个名称与“科学研究”是指同一件事，那么科学的其他分支，和几何学一样，就能被称作数学。然而我们看到几乎所有人，哪怕是接受最少学校教育的人，也能轻易地在任何问题中把与数学相关的东西与属于其他科学的东西区分开来。但当我仔细考虑物质的时候，逐渐明了的是，与这些物质都相关的只有数学，用数学来计算观测他们的规则和度量，无论它们是数字、图形、恒星、声音还是任何其他物体，都没有什么区别。随后我发现一定存在一般的科学解释来作为整体的元素，这引起关于规则和测量的问题，而不限于什么专门学科……我们能看到，它（如“普遍数学”）在实用和简易方面远远胜过附属于它的科学，因为通过它能处理所有已认识和更多未认识的物体，它包含的任何困难在那些科学中都存在，而因为学科的独特性而产生的新困难在它中间并不存在。

3. 知识论、思维和物质之间的两重性

为了发现真理，按照笛卡儿的观点，你应该怀疑一切可怀疑的东西。他说有时他的感觉欺骗他，有时他可能只是做梦。他要求我们假定他感觉到的一切都是错的，他一直都在做梦。甚至关于算术和几何学，他也说怀疑是可能的。他设想上帝在他数正方形的边或做 2 加 3 的时候一直让他犯错。他说可能这样不友好地想像上帝是不对的。但恶魔也是有可能存在的，不仅强大，而且狡猾、奸诈，用它所有的力量误导他。

笛卡儿的怀疑是绝对激进的、教条的。他认为被怀疑为不确定的事物一定是错的。然而即使在这种绝对激进的条件下，还是有一个不可能被怀疑的真理：

> 但在我注意到这个之后，我立即希望把所有的

事情想成是假的;而绝对的本质是思考这个问题的“我”应该是某种存在,“我思故我在”这个真理是如此地确定,使得几乎所有由怀疑论者提出的过度假定都不能动摇它,我得出结论,毫不犹豫地接受它作为我一直在寻找的哲学第一原理。(The Philosophical Works of Descartes, Vol. 1 P. 101)

“我思故我在”的特征是,它是绝对清晰和明确的:它的否定项“我思,但我不存在”为错是绝对必然的。一个概念的清晰和明确性因而被接受为真理的标准。“还有什么比认定一个清晰和确定的观念更加真实?”(Collins 1954 P. 163)

根据他的方法,笛卡儿对上帝的存在只来自真理的证明就建立起来了。因此,他的出发点只能是一些他自已思考的观念。其中之一就是无限完美存在的理念。根据一个学者的推断,它可能建立在西班牙神学家苏亚雷斯(Francisca Soárez d. 1617)的著作之上。笛卡儿认为在原因中存在的“实在”至少与结果中存在的一样多。一个无限完美存在的理念中的“实在”来自哪儿?答案是,一定有一个和理念拥有一样多的“实在”(以“规范”实际的方式)的存在,把这些“实在”(以表现形式)移植到人类思维中。结论是:无限完美的存在,即上帝,一定由于其上帝理念的充分有效而存在。存在必然从属于这个无限完美存在物的本质,因为没有存在它将不再无限完美。根据笛卡儿的观点,想像一个不存在的上帝是不可能的,就像想像一个没有山谷的山是不可能的一样。

根据笛卡儿的哲学体系,世界上存在两种“物质”。物质被定义为“一种不依靠其他事物的存在而存在的事物”(“Principles of Philosophy”, Part I: 51, in Oeuvres de Descartes, Vol. 8 P. 24; Haldane and Ross 1931 P. 239)。有形的物质,实体,被定义为“广延的事物”,比如,存在不需要灵魂。精神的物质是“思考的事物”,是不需要肉体的灵魂。在笛卡儿的观点中,这个世界的所有生物,除人类外,仅是“自动物”,按照自然法则运动,没有任何意志。

对笛卡儿来说,“自我”保持着在本质上不受其与“人”结合的影响。这是他希望从其关于人组成成分的一致性学说中得出的结论,因为它好像提供了一个不容置疑的答案——回答了对灵魂的不朽和非物质性的怀疑。反对自我的存在没有本质困难,因为它和肉体的偶然结合使其独立性得以保持原样。笛卡儿对人类整体经验让步最多的是下列高度限定的陈述,这在17世纪笛卡儿派科学家和亚里士多德派学者间的尖锐争论中经常被讨论:

自然也通过痛、饥饿、渴等感觉来教导我们。我不仅存在于我们的身体内,就像轮船上的一个领航员,而且我和它紧密联系在一起,这种混合是如此无间(像它本来的那样)以至于(好像)产生了一个单一的整体。(Meditationes de Prima Philosophia “Meditations on first Philosophy”, Part VI, in Oeuvres de Descartes, Vol. 7 P. 81; Adam and Tennery 1897 ~ 1913; Collins 1954 P. 187)

笛卡儿认为,如果“我”或人类自身与肉体紧密地联系并且结合在一起,那么当肉体消失的时候,它怎么可能幸存?

4. 早期笛卡儿主义和大学教育

从荷兰开始,在很多欧洲大学,笛卡儿主义迅速成功的一个显著结果是现代的科学世界图景对亚里士多德经院哲学的胜利。然而,这种胜利直接带来的教育学上的创新却很少,如果有的话,也很少被教育史家关注,可能新旧自然科学体系间最根本的区别存在于他们关于自然的不同概念中。

众所周知,笛卡儿哲学家经常把世界比作一个时钟。这个比拟对亚里士多德哲学没有意义,因为对其来说,钟表是一个人工的死物,而自然物体,甚至是石头或矿物,都有一种类生物的物质形式,几乎是活的。按照亚里士多德的观点,自然和钟表之间的比较是错误主题的意外转换。笛卡儿主义为实验物理学提供了一个理论基础,即人造器械能创造无限的、更复杂的东西,但在原理上是自然物体的同一类运动。(Lindborg 1965 P. 342)

第一批向学生演示物理实验的大学教师通常是笛卡儿派哲学家,如荷兰的罗尔(Herry de Roi)

或者雷吉乌斯(Regius 1679),以及瑞典的哈弗维纽斯(Pet Hoffwenius 1682)、兰德贝克(Olaus Rudbeck 1702)以及罗萨德(Drossander 1696)。

R. 林德伯格(R. Lindborg) 著

孙 益 刘冬青 译

附录

Adam C, Tannery P (eds.) 1897—1913 *Oeuvres de Descartes*, 12 vols. Leopold Cerf, Paris (reprinted 1957—1958, Vrin, Paris)

Collins J 1954 *A History of Modern European Philosophy*. Bruce, Milwaukee, Oregon

Descartes R 1966 *Regulæ ad directionem ingenii*. Texte critique établi par Giovanni Crapulli avec la version Hollandaise du XVIIème siècle par J H Glazender. Archives Internationales d'Histoire des Idées 12, Nijhoff, The Hague

Haldane E S, Ross G R T (eds. and trans.) 1931 *The Philosophical Works of Descartes*. Cambridge University Press, Cambridge

Hall A R 1963 *From Calileo to Newton 1630—1720. The Rise of Modern Science*, Vol. 3. Collins, London

Lindborg R 1965 *Descartes i Uppsala. Striderna om"nya filosofien" 1663—1689*. With an English Summary—"The Contentions about Cartesianism in Uppsala 1663—1689."Lychnos-Bibliotek, Studier och källskrifter utgivna av Lärdomshistoriska Samfundet 22, Uppsala

其他参考文献

Ayer A J 1968"I think, therefore I am". In: Doney W (ed.) 1968 *Descartes. A Collection of Critical Essays*. Modern Studies in Philosophy. Notre Dame, Indiana

Cassirer E 1939 *Descartes. Lehre—Persölichkeit—Wirkung*, Nijmegen

Dugas R 1954 La pensées méchanique de Descartes. In: Dugas R (ed.) 1954 *La mécanique au XVIIe siècle: Des antécédents scolastiques No. la pensée classique*. Paris. [Maddox J R 1957 *History of Mechanics*, London]

Koyré A 1968 *From the Closed World to the Infinite Universe*. Johns Hopkins University Press, Baltimore, Maryland

Moore G E 1968 *Certainty*. In: Doney W (ed.) 1968 *Descartes. A Collection of Critical Essays*. Modern Studies in Philosophy. Notre Dame, Indiana

Russell B 1961 *History of Western Philosophy and its Connection with Political and Social Circumstances from the Earliest Times to the Present Day*. new edn. Allen and Unwin, London

Sebba G 1964 *Bibliographia Cartesiana. A critical Guide to the Descartes Literature 1800—1960*. Archives Internationales d'Histoire des Idées 5, Nijhoff, The Hague

伊拉斯谟与教育(Erasmus and Education)

伊拉斯谟(Desiderius Erasmus, 1466 ~ 1536)被誉为阿尔卑斯山以北文艺复兴人文主义最杰出的代表、16 世纪最重要的教育作家和理论家。文艺复兴一开始,人文主义者就参与教育、教学和学校改革。著名的例子包括意大利的格里诺(Guarino Veronese)和维多里诺(Vittorio da Feltre)、西班牙的维夫斯(Juan Luis Vives)、法国的威塞尔(Jean Vitrier)、英格兰的科利特(John Colet)、德国的梅兰希顿(Philip Melanchthon)和斯图谟(Johannes Srurm)。人文主义和教育之间有如此的亲密关系并不令人惊讶。当理论家们提出了一种关于人、人的天性和人的命运的新看法时,教育将成为这种新见解得以实现的工具。在文艺复兴期间,新观念产生了新教育"哲学"及其新目标和方法的需要。这就是包括伊拉斯谟在内的人文主义者所竭力提倡的东西。

1. 教育中的革命

人文主义者宣称他们实现了教育领域的革命。一些历史学家支持这种观点。它经得起细究吗?加林(Eugenio Garin 1957, 1958)撰写过几本有关文艺复兴人文主义及其对学校和课堂影响的作品,他毫不怀疑地认为:文艺复兴人文主义是欧洲文化史上的一次革命性变化,尤其在课堂中的影响巨大。加林的理论很快把其自身确立为正统解释。直到1982年格拉夫顿和贾丁(Grafton and Jardine 1982)才对此提出根本的质疑。根据这些作者的观点,在中世纪和文艺复兴时期的教育之间有较大的连续性。很难说文艺复兴时期的教育中有什么新的东西。那些坚持认为存在"革命性变化"的人还没有不怕麻烦地去仔细寻找历史的证据。如果这是真实情况,我们在阅读人文主义者对中世纪经院哲学和中世纪学校陈词滥调的谩骂时,一定要非常谨慎。

2. 伊拉斯谟有关教育的论述

伊拉斯谟本人从未当过全职教师,虽然在巴黎的一段时期里(到1498年),他担任过一个富有的外国学生的家庭教师,1509~1514年,他在剑桥教希腊语和神学。有人邀请他担任新成立的伦敦圣保罗学校的校长,但他拒绝了。伊拉斯谟太专注于学术工作了(并太有耐心成为一个好老师了)。他对教育的兴趣主要是理论上的,写了三篇有关教育的小文章。

2.1 《论男孩的礼貌教育》

这个小册子于1530年由弗罗贝尼乌斯(Joannes Frobenius)在瑞士巴塞尔出版,是献给荷兰一个小城镇的领主布伦迪的亨利(Henry of Burundy)的。它是第一批宫廷图书的其中之一,也是16世纪和17世纪出版的许多类似图书的基础。Civilitas是一个很难翻译的概念,但De civilitate(Erasmus 1971a)是指得体的社会和个人行为。这本书直到17世纪仍影响巨大。第一个英文译本于1532年在伦敦出版(和拉丁文版同时发行),标题是:《论男孩的礼貌教育》,附有"桂冠诗人罗伯特·惠特顿(Robert Whytynton)"所写的英文解释。

2.2 《论童蒙的自由教育》

这本著作于1529年由弗罗贝尼乌斯(Frobenius)在瑞士巴塞尔出版,是献给克里夫(Cleve)年轻的威廉公爵的。它劝诫人们尽早对儿童实施正规教学,因为时间宝贵、生命短暂;而且,学习好的东西比抛弃恶习更容易。1506~1509年,伊拉斯谟在意大利写下了这本书的第一稿。在阿尔卑斯旅行时,他可能为了集中精力完成辩证法和讽刺手稿《愚人颂》,而没有写完这本书。多年以后,在巴塞尔,伊拉斯谟完成了《论童蒙的自由教育》(1971c)。它没有《论男孩的礼貌教育》成功,但却是人文主义教育哲学最杰出的代表作之一。第一个英文译本于1555年在伦敦出版,标题是《论童蒙的自由教育》……"Gently"是对拉丁语liberaliter的生动翻译。

2.3 《论正确的教学》

第三篇文章是有关学习、阅读、解释或翻译古典作品的方法(1971b)。伊拉斯谟可能是在意大利的几年里(1506~1509)写出的这个小册子,但是也有充分的理由表明第一个手稿成书于15世纪末的巴黎,此时伊拉斯谟正在讲课赚钱,不得不思考学习的方法。这个小册子的第一个审定版由斯特拉斯堡的舒尔(Matthias Schürer)于1514年出版。它不是在16世纪被翻译的,因为这本书是"古典著作迷宫中的阿里阿德涅之线"(Ariadne,是希腊神话中一个国王的女儿,曾给情人一个线团,帮助他走出迷宫——译者注),目的是写给能阅读优雅拉丁文的教师看的。此书影响甚巨。科利特教长的伦敦圣保罗学校的课程以《论正确的教学》为基础,英格兰的语法学校直到19世纪仍在使用这本书。

2.4 其他作品

以上三本书是伊拉斯谟明确地论述教育、教学和课堂中行为的作品。其他作品也必须提一下。尽管目的不是为了用于课堂,但许多作品都在16~17世纪的拉丁语学校中得到了广泛使用。一是《对话集》,优雅交谈的指导作品,当时最流行的拉丁语"读本"。第二是《书信集》,书信写作的指导手册。第三是《论词语的丰富》,丰富语言的辅导作品。伊拉斯谟还写了一部《格言集》(Adagia),成了那个时代最为广泛使用的参考书。他也有诸如翻译和修订加萨(Theodorus Gaza)的希腊文法作品(出版于1495年)之类的粗陋之作,但并没有损害他的声誉。所有这些作品的写作动机至少部分的是伊拉斯谟渴望儿童能获得生命中最重要的礼物:良好的教育。

3. 伊拉斯谟与教育目的

紧接着序言之后,《论男孩的礼貌教育》开始对教育的“各部分”进行具体描述。根据伊拉斯谟的观点,塑造儿童的任务由几个部分组成。第一,也是最重要的,幼弱的灵魂应该吸收虔诚的种子。第二,儿童应该热爱并完整学习人文学科。第三,应该教会儿童接受生命的责任。第四,从生命一开始,就应该熟悉良好的习惯。伊拉斯谟并没有将这四部分分离开来。它们在被称作圣经人文主义的特殊的生活方式里得到了整合。

教育的第一部分是虔诚。人文主义,在伊拉斯谟看来,强有力地和基督教信仰联系在一起。这是一种基督教或圣经人文主义。虽然他批判天主教教会,但在《论男孩的礼貌教育》的其中一章里,他教儿童在教堂中如何行动,培养“虔诚的习惯”。然而,虔诚在伊拉斯谟看来并不仅仅是去教堂,它要印刻在儿童的头脑和整个生活里。它不仅要表达儿童与上帝的关系,而且要表达儿童与父母和玩伴之间的关系。父亲的虔诚(教师的虔诚也是)应该由爱和关心组成;儿童的虔诚由信任和服从组成。在教育这“部分”里不难辨认出新敬虔运动的精神,伊拉斯谟从中世纪后期北欧社团运动的学校管理中得到了启发。

好教育的下一个部分是人文主义。学校必须提供给儿童完整的语言和古典作品的知识。但是教学也必须覆盖传统自由学科的全部范围,不仅有三艺(文法、修辞和辩证法),而且有四艺(算术、几何、天文和音乐)。不过,语言是第一位的,正规教育在儿童能够说话的时候就开始。一个受过良好教育的人至少熟练掌握拉丁语,并且了解古典作品。他能够在哲学、政治问题以及音乐方面侃侃而谈。

儿童必须了解和承担蕴涵于基督教哲学中的责任。伊拉斯谟把这看作是过去所有哲学的实现,以及耶路撒冷和雅典的完美结合。基督教哲学不仅告诉我们义务是什么,而且告诉我们如何实现义务。伊拉斯谟提到了善良、信赖、关心、容忍,以及对和平的热爱,至少可以窥见他的受过良好教育的基督教人士是怎样在家庭和公共事务中履行其责任的。

最后,儿童要学习正确生活的规则,或者简单地说是学习良好的习惯,而且必须“毫无延误地”学习它们。父母(以及后来的教师)必须为儿童提供效仿的榜样。儿童通过模仿榜样来学习。

4. 教育实践

伊拉斯谟关于教育和学校的论述乍一看可能有些令人失望。正如他所模仿的意大利文艺复兴的前辈一样,看上去没有什么变化,教学计划都根植于西塞罗、普鲁塔克,尤其是昆体良的著作中。要是仔细阅读的话会发现他几乎抄袭了他们的观点。伊拉斯谟对于那个时代的教育也是老生常谈,关于那些除了良好的教育外给了孩子一切的父母;关于那些支付马夫的报酬比儿子的教师还多的父亲;关于没受过教育的、一无是处的、鞭笞学生的学校教师;以及关于实际上是拷问室的学校,在这种学校里,儿童吓得要死,他们学会的是仇恨正规教育。然而,所有这些加在一起,伊拉斯谟还是有一些出色的观点。

4.1 教师

伊拉斯谟观察到,教师承担着极大的责任。儿童在很大程度上依赖于他们,不仅依赖于他们所教的(以及他们怎么教的),甚至更依赖于他们是什么。他们是儿童模仿的榜样。最优秀的人都不足够好。因而,要非常仔细地挑选教师,他们的薪水要与责任协调一致。他们必须是受过良好教育的,最好是中年人,并且富有经验。他们必须要求严格甚至严厉,然而同时又是友好的。他们也必须是遵守纪律的、可信赖的、献身于他们的职责,并必须照顾好儿童。他们必须详细制定计划,但在他们指导下的学习某种程度上又应该是游戏。因此他们必须是善于创造的,通过他们的创造,使儿童不得不学习的单调事物变得有趣起来。他们不会体罚和羞辱儿童。最后,这个世界上最伟大的教师耶稣基督,应该是教师心中永存的榜样。如果他们真正努力模仿耶稣基督,而儿童模仿他们,虔诚将成为自然的生活方式。

4.2 学校

伊拉斯谟意识到大多数父母请不起家庭教师,不得不满足于他们能够找到的任何学校。许多学校是由教会和地方当局提供的。伊拉斯谟期望他们能确保学校尽可能地好,所有想要学习的儿童能尽可能地去学校上学。富人要帮助穷人。毕竟普通人的孩子并不劣于国王的孩子。他们也有权利获得最好的教育。如果富人英明的话,社会将有受过良好教育的、薪水高的学校教师,以及针对所有儿童的好学校。

J. 斯波纳 - 魏兰德(J. Sperna-Weiland) 著
孙 益 刘冬青 译

附录

Erasmus D 1971a *De civilitate morum puerilium*. In: Erasmus D 1971 *Opera omnia Desiderii Erasmi Roterodami* 1(2). North-Holland, Amsterdam

Erasmus D 1971b *De ratione studii ac legendi interpretandique auctores liber*. In: Erasmus D 1971 *Operaomnia Desiderii Erasmi Roterodami* 1(2). North-Holland, Amsterdam

Erasmus D 1971c *Declamatic de pueris statim ac liberaliter instituendis*. In: Erasmus D 1971 *Opera omnia Desiderii Erasmi Roterodami* 1(2). North-Holland, Amsterdam

Garin E 1957 *L'educazione in Europa, 1400—1600: Problemi e programmi*. Latersa e ligli, Bari

Garin E 1958 *Il pensiero pedagogico dello Umanesimo*. Guintine, Firenze

Grafton A. Jardine L 1982 Humanism and the school of Guarino: A problem of evaluation. *Past and Present* 96:51—80

其他参考文献

Black R 1991 Italian Renaissance education: Changing perspectives and continuing controversies. *Journal of the History of Ideas* 52(2):315—334

Gail A J 1963 *Erasmus von Rotterdam: Pädagogische Schriften*. Schöning, Paderborn

Grafton A, Jardine L 1986 *From Humanism to the Humanities: Education and the Liberal Arts in Fifteenth- and Sixteenth-Century Europe*. Duckworth, London

Padberg R 1964 *Personaler Humanismus. Das Bildungsyerständnis des Erasmus von Rotterdam und seine Bedeutung für die Gegenwart*. Schöning, Paderborn

Sowards J K 1988 Erasmus as a practical educational reformer. In: Sperna-Weiland J, Frijhoff W Th M (eds.) 1988 *Erasmus of Rotterdam, the Man and the Scholar*. Brill, Leiden

Sperna-Weiland J 1988 Das ferne Land Utopia: Die Denkbilder des Erasmus über Erziehung und Unterricht. In: Sperna-Weiland J et al. (eds.) 1988 *Erasmus von Rotterdam: Die Aktualität seines Denkens*. Wittig, Hamburg

Woodward W H 1904 *Desiderius Erasmus Concerning the Aim and Method of Education*. Cambridge University Press, Cambridge

Woodward W H 1906 *Studies in Education during the Age of the Renaissance: 1400—1600*. Cambridge University Press, Cambridge

福禄贝尔与教育(Froebel and Education)

福禄贝尔(Friedrich Froebel, 1782 ~ 1852)是幼儿教育机构——幼儿园的创始者。他影响了许多国家学龄前儿童的教学。

1. 关于福禄贝尔

从 1850 年开始,福禄贝尔发起的幼儿园运动扩展到了德语和英语国家,也扩展到了斯堪的纳维亚诸国。我们现在仍然可以在世界上众多国家观察到福禄贝尔的传统。

幼儿园里有许多传统的活动,如自由玩耍、小组作业、唱歌、观察自然和户外活动。它们与福禄贝尔的思想和教育实践的关系不容易分析,尽管他是一个众所周知的教育家,在生活和工作中撰写了大量书籍和文章。

福禄贝尔本人从未系统地阐述过他的理论,似乎一生当中他都在发展自己的思想,这几乎使他不能完整地建立自己的教育理论。除了 1826 年首次出版的《人的教育》(1960)外,他还在许多文章和信件中阐述了他的思想。但是他的著作仍然没有完整的版本,他的作品散落在众多不同的资料中。

另一个问题是,他最重要的德国追随者比洛(Bertha von Marenholz-Bülow)和布雷曼(Henriette Schrader-Breymann),在起源地之外发展幼儿园。比洛据说是幼儿园督导制度的创始人,并对应该如何实施有着详细的指导。结果是产生了一个在许多方面与学校类似的机构。布雷曼反对机械地训练儿童,努力使幼儿园变得更像家庭,没有严格的纪律。布雷曼把教育的核心组织方式引入到幼儿园中,称作"月份主题"(Monatsgegenstand),这个月份中所有活动都围绕着一个明确的主题。布雷曼把家务活动作为课程中的重要部分。布雷曼把游戏、作业和学习看作儿童发展的三个重要途径。这个运动脱离了福禄贝尔理论,原因是在福禄贝尔的幼儿园,他是与母亲一起教育儿童的,而他的追随者们是在母亲缺席的情况下教育儿童的,他们没有从福禄贝尔的经验中直接获益(Heiland 1989)。

在美国,幼儿园由德国移民引进,后来由德鲍迪(Elizabeth Deabody)、维格(Kate Douglas Wiggin)(P. 2385)和其他许多开办幼儿园和进行幼儿园教师培训的人发展起来。杜威在1898年批评了福禄贝尔的规划(Dewey 1972),进步主义教育运动宣称:福禄贝尔的教育素材太正规了。幼儿园教育被认为是独裁的,没有给儿童自由作业的机会(Weber 1969, Ross 1976)。

在英国,早期的幼儿园是由像罗格(Bertha Ronge)这样的德国人引进的。比洛也频繁访问英国,讲授福禄贝尔的思想。1874年福禄贝尔学会成立,但在英国,幼儿园概念也受到了批评(Lawrence 1969)。

20世纪初,在德国和奥地利教育改革开展的同时出现了福禄贝尔复兴运动。20世纪20年代的艺术教育运动对德国福禄贝尔学会产生了强烈影响。同一时期,德国的教育研究笼罩在所谓的"精神科学"(Geisteswissenschaft)的传统下,它由哲学家狄尔泰(Dilthey)创始,其追随者有诺尔(Nohl)、斯普朗格(Spranger)和波尔诺(Bollnow)。他们主要感兴趣的是"天才福禄贝尔"的生活。他们几乎从未系统地研究过他的原著,他们把福禄贝尔描写为一个"德国教育家"(Heiland 1989)。

这意味着目前对福禄贝尔的了解在某种程度上是混乱的。文献繁多,但没有作完整的收集。直到20世纪80年代,他的原著才得以较为完整地呈现。

2. 福禄贝尔的生平

福禄贝尔生活的时期是现代欧洲充满活力的发展阶段。他1782年出生于奥伯威斯伯斯(Oberweissbach),那时正是法国大革命时期,他在1848革命爆发的几年之后去世。他是一个乡村牧师的儿子,他的母亲在他9个月的时候就离开了人世,他的继母和父亲都没有过多地关注他的成长,他接受的学校教育少而不系统,1792年他去了舅舅家,由舅舅照顾他,5年后他成为了一名林务员的学徒。17岁时,他就读于耶拿大学,但因经济问题中断了学业。在尝试了各种不同的职业之后,1805年福禄贝尔去了法兰克福,原打算学习建筑学,但却在一所裴斯泰洛齐式的学校开始了工作。在法兰克福期间,他去了伊佛东拜访裴斯泰洛齐并逗留了两周。1807年他被霍尔茨(Von Holzhausen)家族雇佣为家庭教师。两年里他受到了卢梭的启发,努力教育孩子们,后来他把孩子带到了裴斯泰洛齐那里。他们呆了近两年的时间,但离开的时候,福禄贝尔对这个学校已是批判甚烈。1811年他再次开始学习,首先是在哥廷根,然后在柏林,跟韦斯(Weiss)教授一起工作并研究晶体学。1813年他加入了反对拿破仑的战争,然后回到柏林矿物学博物馆。1816年他为了教育失怙的侄子,开始在格雷斯门(Griesheim)村,后来在卡伊尔霍(Keihau)开办了自己的学校。1826年他写了《人的教育》一书描述他在卡伊尔霍的工作。

1813年在经历了众多学校内部和外部的冲突后,他不得不离开卡伊尔霍。他去了瑞士,在那里他又建立了几所学校。1837年回来后在勃兰肯堡(Blankenburg)开办了儿童养育和活动机构,并开发了他的教育材料——"恩物"。据说"幼儿园"(儿童的花园)这个名字在1840年第一次使用。他的书《母亲游戏和儿歌》写于1844年。它包含母亲和儿童使用的歌曲和手指游戏，对它们的目的和象征内容有着详细的解释和图解。1849 年他开办了最后一所学校，一所幼儿园和幼儿园教师的培训机构（Downs 1978，Helland 1982）。

因为福禄贝尔和革命运动的联系，1851 年普鲁士当局查禁了幼儿园（König 1987）。这可能是个误会，应该归咎于他侄子卡尔的政治活动。卡尔·福禄贝尔是福禄贝尔 1816 年首批学生中的一个。我们很少提及卡尔的兄弟朱利乌斯（Julius），1848 年革命期间他在维也纳被判死刑，但后来得以赦免。似乎很容易理解普鲁士政府为什么会不喜欢福禄贝尔，福禄贝尔说，“（教育）作为一个国家机器，我应该从事于使其他国家机器成型的工作，但我只想培养自由思考的自主的人”（Brubacher 1947）。1860 年普鲁士允许幼儿园重新开办。这可能是为什么幼儿园规划更独裁专制更像学校的原因，正如比洛的方法所体现的一样。

3. 福禄贝尔的理论和实践

福禄贝尔的思想是浪漫主义运动的一部分（Bollnow 1977）。他受到了一些哲学家和作家的启发，如费希特（Fichete）、施莱尔马赫（Schleimacher）以及诺瓦利斯（Novalis）。哲学上他是一个客观唯心主义者，在他的世界里，上帝是中心。浪漫主义哲学最感兴趣的两个方面一是历史，二是个体发展的过程（Tayler 1975）。福禄贝尔作为一名作家，总体上反映了他那个时代的科学和哲学。然而他的教育实践建立在启蒙运动理性主义实践和裴斯泰洛齐的工作之上，结构非常完整。一些有关福禄贝尔的理论及其问题简述如下。

福禄贝尔宣称教育是一个自然过程；儿童是一个有机的整体，按照自然法则通过创造性的自我活动发展；个体是社会的有机组成部分；作为整体的宇宙是个有机体，其中包含更小的有机体。按照福禄贝尔的观点，人类是自我生发的力量，目的是认识人类的本性。

福禄贝尔采用了一个辩证图式，在这个图式中内部与外部能互变。它受到了费希特行动哲学的影响，因为福禄贝尔关注人类思维的外部表征，或创造外在物体的人类倾向性。他对教育的一个重要部分，即作业的关注，激发芬兰的舒格奈乌斯（Uno Cygnæus）和瑞典的萨洛蒙（Otto Salomon）发展了“手工艺训练法”体系。

福禄贝尔认为儿童天生是好的。教育应该是消极的，跟随儿童的自然发展而不是规定和干涉。按照福禄贝尔的观点，人类是自主的和自我表现的，必须听从内心的呼唤。福禄贝尔把耶稣当作这个原理的一个榜样，而且他认为自己是他理论的一个例子。他的生活也是解释其诸多思想的关键，比如在《人的教育》中的描写。但这种自我发展的过程也有可能会出错，此时福禄贝尔毫不犹豫地采用惩罚。最后，上帝本质上作为一种结构，限定了什么是儿童应该做的，这意味着儿童的自由消失了。而这恰恰是福禄贝尔理论的矛盾之一。

他的教育理论的中心是“球形定律”，来自他对数学、结晶学和宗教的强烈兴趣。球形定律是所有自然界的本质，它把球体作为所有力量的原型，一种从行星到微尘各处都能被发现的形式。这意味着成长中儿童的教育必然要从自然或物质世界结构开始，然后续之以内心世界的结构，最后结束于两者的基础：上帝。福禄贝尔游戏理论的重要一点是，当儿童了解“恩物”的客观结构的同时，他学着把自己看作是结构化的生物。福禄贝尔认为儿童遇到客观现实，以几何体的形式，能在现实感知中获得明确的观点。外部世界和自身内部将通过一个绝对的第三者（比如上帝）相互反映。可见这个球形定律的宗教基础是很明显的（Heiland 1989）。

“恩物”和“作业”伴随着福禄贝尔对几何学和球形定律的兴趣。恩物以球形开始，从面到线和点。第一件恩物是一个软毛绒球。球、立方体和圆柱体构成了第二件恩物。第三到第六件恩物分别由大立方体分成的各种不同形状的块状物组成。第七和第八件恩物在直角尺、薄木条和金属圈的帮助下从立体物中分离出来。第九和第十件恩物用蚕豆代表点、用豌豆和草莓展示三维物体是如何由连接的点组成的。

根据福禄贝尔的观点，作业是从点和线返回到两维的面和三维的立体，包括纸的打孔、剪裁和折叠，线的交错、编织、绘画，用黏土制作模型等等。

今天,这些都被认为是幼儿园教育的传统成分。

根据福禄贝尔的理论,立方体,即第三件恩物(Hoffman 1967)将帮助儿童认识世界的结构。分离的部分和感知到的现实多样性能很轻易地通过概念的统一、结构和一致性来理解。但恩物不是儿童自发游戏的材料,这种材料儿童能用于主观推算。福禄贝尔把他的立方体当作更好地洞察自然和自身的方式。

4. 结论

无论是采用计划性和成人主导教学的早期幼儿园,还是实行自由游戏和艺术教育的以儿童为中心的进步主义幼儿园,都跟福禄贝尔的原初思想都没有什么密切联系。福禄贝尔相信,儿童和成人间的互动是帮助儿童观察内部和外部世界结构的途径。

福禄贝尔的思想仍然非常吸引人,研究其原著的可能性也比以往更大了。然而,对其理论的进一步了解是否会运用到 20 世纪 90 年代学前教育的实践中去还未见定论。

J-E. 约翰松(J-E. Johansson) 著

孙 益 刘冬青 译

附录

Bollnow O 1977 *Die Pädagogik der deutschen Romantik. Von Arndt bis Fröbel.* Klett-Cotta, Stuttgart

Brubacher J 1947 *A History of the Problems of Education.* McGraw-Hill, New York

Dewey J 1972 The kindergarten and child study. In: *John Dewey: The Early Works, 1882—1898. Vol. 5: 1895—1898.* Southern Illinois University Press, Carbondale, Illinois

Downs R B 1978 *Friedrich Fröbel.* Twayne, Boston, Massachusetts

Froebel F 1974 (transl. Hailmann W N) *The Education of Man.* Keeley, Clifton, New Jersey

Froebel F 1906 (ed. Peabody E, transl. Dwight F E) *Mother Play and Nursery Songs.* Lothrop, Lee and Shepard, Boston, Massachusetts

Heiland H 1982 *Friedrich Fröbel.* Rowolt, Hamburg

Heiland H 1989 *Die Pädagogik Friedrich Fröbels. Aufsätze zur Fröbelforschung 1969—1989.* Olms, Hildesheim

Hoffmann E 1967 *Fröbels Theorie des Spiels Ⅲ. Aufsätze zur dritten Gabe, dem einmal in jeder Raumrichtung geteilten Würfel*, 3rd edn. Beltz, Weinheim

König H 1987 Friedrich Fröbels Verbindungen zur kleinbürgerlichen Demokratie in der ersten Hälfte des 19. Jahrhunderts. Teil 4. *J. Erz. Schulgesch.* 27: 83—117

Lawrence E 1969 *Friedrich Froebel and English Education.* Schocken, New York

Ross E D 1976 *The Kindergarten Crusade. The Establishment of Preschool Education in the United States.* Ohio University Press, Athew, Ohio

Taylor C 1975 *Hegel.* Cambridge University Press, Cambridge

Weber E 1969 *The Kindergarten: Its Encounter with Educational Thought in America.* Teachers College, New York

其他参考文献

Forebel F 1982a *Ausgewählte Schriften. 1. Kleine Schriften und Briefe von 1809—1851* Klett-Cotta, Stuttgart

Froebel F 1982b *Ausgewählte Schriften. 2. Die Menschenerziehung.* Klett-Cotta, Stuttgart

Froebel F 1982c *Ausgewählte Schriften. 3. Texte zur Vorschulerziehung und Spieltheorie.* Klett-Cotta, Stuttgart

Froebel F 1982d *Ausgewählte Schriften. 4. Die Spielgaben.* Klett-Cotta, Stuttgart

Froebel F 1982e *Kommt lasst uns unsern Kindern leben!*, vols. 1—3. Volk und Wissen, Berlin

Froebel F 1987 *Ausgewählte Schriften. 5. Briefe und Dokumente über Keilhau. Erster Versuch der Sphärischen Erziehung.* Klett-Cotta, Stuttgart

Froebel H, Pfæler D 1982 *Kommt, lasst uns unsern Kindern leben. Friedrich Fröbels Mutter-und Koselieder.* Mitteldeutsche Verlagsgesellschaft, Bad Neustadt an der Saale

Heiland H 1972 *Literatur und Trends in der Fröbel-Forschung.* Beltz, Weinheim

Hoffmann E 1972 Fröbel-Literatur und Fröbel-Interpretation. Z. *Pädagogik* 18:767—777

Leeb-Lundberg K 1972 *Friedrich Froebel's Mathematics for the Kindergarten.* School of Education, New York University, New York

赫尔巴特与教育(Herbart and Education)

在对康德和费希特的唯心主义哲学的批判中,赫尔巴特(Johann Friedrich Herbart,1776~1841)发展了一个双重的教育学体系。这个体系的实践方面被概括在赫尔巴特的问题:"一个人如何能被教育成有道德的人?"这在理论上是可能的吗?

1. 1800 年前后的教育理论

年轻的赫尔巴特所面临的教育争论围绕着四个主题概述如下:

1.1 对理论的新理解

18 世纪的最后 20 年经历了一般哲学和相关领域研究(包括教育理论)主线的重大转变。例如,一直到那时,教育主要被以下这样的问题所引导:"良好教育的意义和目的是什么?""怎么得到良好的教育?""存在着一种最佳的教育方法吗?""什么行为构成了一种好的教育方法,什么行为应当被抛弃?"当然,类似的问题会不断激发人们的兴趣;它们被提出、讨论并被转变成教育理论。然而,在康德的影响下,一个更为根本的问题被提了出来:"教育是如何可能的?"教育的概念被要求以一种精确的理论方式加以处理。这不仅是产生于实践的兴趣,而是促进对教育事实的有说服力的理论解释,并证明这种解释如何能在实践的意义上加以实现。引起这种探索路线转变的是康德哲学,在康德哲学中,陈述一种"X 理论",基本上就是对"X 是如何可能的?"这样的问题的解答。因此,人们能够而且必须问:"知识是如何可能的?""审美判断是如何可能的?"进一步,"教育是如何可能的?"

1.2 教育和道德自律

自从提出教育是如何可能的问题的康德"革命"以来,理论不仅经历了结构的变化。另一个重要的原因是,康德把人类行为背后的目的定义为道德自律。绝对命令——按照支配你的行为的原则行事,这种原则永远是普遍的道德法则的基础——以一种要求道德自我分析的方式,决定了人类的目的。对教育理论来说,这导致了一个难以回避的问题:"如果教育的概念总是包含决定他人行为的含义,那么,道德的自我决定与教育的关系是什么?"在 18 世纪末 19 世纪初,这是费希特和康德的追随者们所面临的一个巨大问题。康德本人把教育(即对他人的决定)和道德的自我决定之间的关系称为"教育的最大问题之一"(Kant 1964 P. 711)。

1.3 培养人,还是培养公民

就卢梭对资产阶级社会中培养真正的人的可能性的粗暴否定,有各种不同的反应。卢梭本人宣称,"必须在培养人或培养公民之间做出选择"(Rousseau 1969 P. 248)。然而,从长远看,人们既不能也不愿意赞同卢梭的激进主义。相反,他们坚持认为这两个概念是完全一致的;他们的根据是,社会状况比卢梭时代更好,或者,他们把自己的教育主张简化为公民的培养。这里,康德的著作似乎提供了一个可以接受的解决方法:卢梭的"自然"在康德的"理性"中得到解释;同样的,"培养人"的概念被解释为"培养道德的人"。按照这种方式,就可望防止发生卢梭棘手的二者挑一的选择:道德(例如培养道德的人)现在成为"教育的最高目的",与此同时,培养公民则被指定为从属的角色。

1.4 教育还是教学

康德对卢梭的"培养人或培养公民"选择的解释,最终意味着必须决定,道德自律作为人的目的,究竟是通过教育(即直接影响儿童的意识)还是通过教学(即间接影响儿童的意识)而实现的。

2. 赫尔巴特对 1800 年前后的教育哲学的批判

赫尔巴特是通过哲学而进入教育理论的。在耶拿,他在费希特影响下研究德国唯心主义哲学,并最终发现他与这种哲学不断扩大的分歧。这种储备形成了他对1800年前后教育理论批判的背景。

赫尔巴特同意康德和费希特关于道德是教育的目的的观点。但是,他认为,康德和费希特的哲学包含了一种道德一致性的观念。他的批判沿着这样的路线展开:在自由哲学中,存在着对自由和宿命论的荒谬认识,它把人类的道德行动理解为先天自由意志的结果。因此,道德上的善良行为或态度的缺乏,只能被理解为智力障碍的结果,它阻碍了理性形成道德行为。然而,既然没有人(不仅是行动者本人)能认识到这种障碍,就更不用说去排除障碍了;根据先验论的教条,人所能做的一切,就是宿命地等待理性产生结果(道德)或不产生结果(不道德)。这意味着,在自由学说和宿命论之间没有区别;这不仅在教育上是荒谬的,在伦理学上也是荒谬的。赫尔巴特从这一点得出结论:自由只能被清晰地表达为"内心自由的观念"。

在讨论关于人应该成为有教养的人(道德上)还是公民(法律上)这个问题的过程中,赫尔巴特也发现了一个同样的理论谬误。他认为,人们必须承担的、教育的不可推卸的责任是道德的义务。然而,按照赫尔巴特的观点,把公民教育(指向法律)从属于这种最高使命,在逻辑上是错误的。教育者由此将丧失围绕一个清晰的目标而组织其行动的任何希望,因为他不得不考虑未来公民的所有可能的目的。从这一点他得出结论,与康德的观点相反,道德不仅仅是教育的目标之一,而且是其唯一的目标。

赫尔巴特的这些反思对他的教学法具有直接的结果。这是因为,如果把道德作为教育的唯一目的是正确的,那么教育和教学的教育学概念就需要变化。在传统上,教学的目标旨在发展思维(精神过程),教育的目标旨在发展心灵(人格)。如果所有的教育活动都集中在道德一个目标上,这就将消除这种划分。促进精神过程和发展个性只是同一个事物的两个方面,这是赫尔巴特所谓"教育性教学"的原因。

赫尔巴特在教育理论领域对康德和费希特及其追随者的批判,表明了他是如何坚持教育理论必须进行关于目标、目的、教育和教学方式的系统考察,以便对教育者和教师在做什么方面给予一些指导。赫尔巴特因而把这种类型的探讨称为"实践性"的,因为它关注实践中的教育问题。然而,赫尔巴特对先验哲学和信奉先验哲学的教育家们的批判表明,他并没有忽视康德已引入辩论的这个问题:"教育是如何可能的?"他把涉及这个问题的探索称为理论的,因为它们的目的是为教育的实际方面提供概念化的解释,而对实际方面的实践探索只能在一个无可争议的前提下进行。理论探究的目的在于确定教育成为真正可能的条件。

3. 两种教育理论

3.1 实践教育学的探索

既然赫尔巴特认为道德不仅是教育的最高目的,而且是其全部目的,那么,人(道德)和公民(法律)之间、教育和教学之间的界限就再也不存在了。赫尔巴特的"教育性教学"的概念完全是以最重要的道德观念(即"内心自由的观念")为基础的。这个概念声称,在洞察力(洞察什么是善的)和意志(根据洞察而行事)之间,存在着道德行为的天然的一致。除了这个基本的观念外,赫尔巴特又引证了其他指导行为的道德理念。"完善"、"仁爱"、"正义或法律"、"报偿"这些观念是与教育理论特别相关的。教育理论的实践方面的特定目标是,为内心自由的观念创造理想的条件。这导致赫尔巴特把教育理论划分为三个主要组成部分。实际的教育开始于儿童发出"意志的最早信号"时,在儿童的意志发展起来前,儿童不能被教育,而只能通过权威和爱加以管理。当儿童的意志力发展起来的时候,"儿童的管理"就结束了,因为意志力成了内心自由观念的一个有机组成部分,因而需要加以培养和加强。这同样适用于内心自由的另一个要素,即洞察力。因此,除了"儿童的管理"外,赫尔巴特确定教育理论的第二个主要任务是"教育性教学",它的目的在于发展"精神过程",第三个主要任务是"纪律",它培养儿童意志力的发展,并最终形成他们的品格。

"教育性教学"是赫尔巴特教育学理论的最著名的内容。通过它,他详细阐述了教学"阶段"的学说,他在19世纪后半期的追随者试图把它发展成为一种普遍有效的教学方法。赫尔巴特的基本观点如下:除了内心自由的观念(它决定了教育学理论的主要组成部分:洞察力与精神过程、意志力和品格),人类还有一种道德直觉,一种强烈的、秩序井然和各不相同的意志力,而不是微弱的、混乱的、片面的意志力。赫尔巴特把这称为"完善的观念"。就教育学理论而言,这意味着保证儿童发展"多方面的兴趣"。因此,秩序井然的"多方面性"的前提是,个体的概念化表象的清晰性、表象的联想、系统化的集中,最后是方法的复制和运用。这些就是著名的"教学阶段":"明了"、"联想"、"系统"、"方法"。儿童的整个生活是产生兴趣的出发点:他或她经历着世界,并与人相互作用。教学同时包括通过知识的"主题化"而扩展和深化经验,以及通过同情的"主题化"而扩大和深化交往。最后,赫尔巴特确信"教学的过程"应当是叙述的、分析的和综合的。

教育性教学的主要任务是发展理论知识和实践态度,最终的目标是获得决定道德行为的道德观念的洞察力。然而,尽管赫尔巴特把"道德"理解成"洞察力"和"意志"的统一体,但教育性教学本身并不能实现教育的唯一目的。

这就是纪律应当伴随教学的原因。纪律有两个目标:它使教学(课堂管理)成为可能;更为重要的是,它促使儿童自愿地追随在教学中所获得的洞察力。纪律伴随着品格的形成。它企图通过教育的方式激发道德行为的伦理需要,即洞察力和意志的自然综合,这被赫尔巴特当作道德的基本条件。然而,正像教育性教学本身不能形成品格的道德力量一样,纪律也不能直接强迫进行道德的行为,因为道德行为只能通过儿童的行为加以实现:"使儿童发现他自己的方式,选择好的并抛弃坏的——这是品格形成的含义。"(Herbart 1964 P. 108)

产生于《普通教育学》(Herbart 1965a)的这个概念的结果,没有被几乎所有的赫尔巴特的追随者所注意;尤其是在 19 世纪末期,当时,赫尔巴特的教育学说取得了广泛的国际认可。赫尔巴特把教学理解为教育性教学,而对教育性教学来说,纪律是必要的补充;他对学校制度持严厉批判的态度,认为学校不是在扩展教学活动,而是在限制它。赫尔巴特的追随者们没有(这里,赫尔巴特接受了约翰·洛克的基本观点)实现"与个体的接触",没有充分利用大量的知识,因而,不可能给予儿童以更精细的指导。赫尔巴特通过尝试把道德理解成教育的唯一目的,并从道德的和教育的层面上批判学校,以便克服引起他所处时代教育争论的种种困难:人或公民、道德或法律、教育或教学。

3.2 理论教育学的探索

即使赫尔巴特认为先验哲学中出现的道德概念不适合回答"教育是如何可能的"问题,他仍坚持康德提出的理论问题的双重本质。它的实践方面在《普通教育学》中得到阐述,理论方面的阐述则主要在《教育学讲授纲要》中进行。理论的探索扎根于教育的可能性,而实践的教育理论则来自实际的教育。甚至在他的体系的理论方面,赫尔巴特的教育思想明显地源于他对先验哲学的批判。这种批判尤其集中在两种理论,即先验自由论和"官能心理学"。两者都由于同一个概念而被抛弃了。《教育学讲授纲要》的第一段写道:"教育理论的根本概念是儿童的可教性。"(Herbart 1965b P. 165)"可教性"是赫尔巴特在生理学、心理学和形而上学中,使用非常多的一个概念。然而,在教育学理论中,可教性总是与道德意志相关。《纲要》的第三段写得很明白,先验自由为什么没有教育学意义:"与宿命论或先验自由论相联系的哲学体系,使它们自己被排除出教育学理论。在逻辑上,它们不能接受可教性的概念,可教性假定一种从不确定到确定的转变。"(Herbart 1965b P. 165)。与先验自由论一样,官能心理学的学说也不能使教育概念化。一个人如果试图以"记忆的能力""解释"记忆,那么,他什么也理解不了。赫尔巴特把他的教育学理论这部分的论述留给了他的心理学著作。

19 世纪后期,赫尔巴特的教育学理论逐渐为人所知,并在世界范围得到承认。他的教学理论连同其形式阶段被他的一群追随者(即所谓的"赫尔巴特学派")讨论,并改造成为一个通用的图式,被普遍地(或多或少不顾所教的科目)应用于教学。赫尔巴特本人根本不可能同意这种变化,但他的思想却经常被应用到实践中,尤其是在德国及其邻近国家,即斯堪的纳维亚国家和芬兰的小学教师的培训中。由于20世纪初教育理论改革的冲击，赫尔巴特及其追随者的教育理论走到了尽头。但是，从第二次世界大战以来，一些国家（主要是德国，其次是意大利和美国）对赫尔巴特的著作又有了新的和持久的兴趣。

A. 兰格沃德（A. Langewand） 著
张斌贤 刘冬青 译

附录

Herbart J F 1964 über die ästhetische Darstellung der Welt als das Hauptgeschäft der Erziehung. In：Herbart J F 1964 *Kleinere pädagogische Schriften.* Küpper, Düsseldorf

Herbart J F 1965a Allgemeine Pädagogik. In：Herbart J F 1965 *Pädagogische Grundschriften.* Küpper, Düsseldorf

Herbart J F 1965b Umirβ pädagogischer Vorlesungen. In：Herbart J F 1965 *Pädagogisch-didaktische Schriften.* Küpper, Düsseldorf

Kant I 1964 Áber Pädagogik. In：Kant I 1964 *Schriften zur Anthropologie, Geschichtsphilosophie, Politik und Pädagogik.* Wissenschaftliche Buchgesellschaft, Darmstadt

Rousseau J-J 1969 Émile ou de lèducation. In：Rousseau J-J 1969 *Oeuvres complètes Ⅳ*. Gallimard, Paris

其他参考文献

Bellerate B M 1970 *La pedagogia in J. F. Herbart. Studio storico-introduttivo.* Pas, Zurich

Benner D 1986 *Die Pädagogik Herbarts.* Juventa, Weinheim

Dunkel H B 1970 *Herbart and Herbartianism：An Educational Ghost Story.* University of Chicago Press, Chicago, Illinois

凯兴斯泰纳与教育（Kerschensteiner and Education）

凯兴斯泰纳（Georg Kerschensteiner, 1854 ~ 1932）是20世纪德语国家教育理论改革运动最为杰出的代表之一。他因提倡"劳作学校"而著名，"劳作学校"基本上代表了强调手工劳动重要性的一种新的教育形式。

1. 凯兴斯泰纳改革的影响

1854年，凯兴斯泰纳出身于慕尼黑（Munich）一个贫穷的天主教徒家庭，他在巴伐利亚（Bavaria）及其首府度过了青少年时期。1867 ~ 1871年，他在弗赖兴（Freising）的教师学院学习。1877年，他获得毕业证书后，开始从事教师工作，此后学习数学。获得学位后，从1883年起，他成了纽伦堡（Nuremberg）文科中学的一名教师，从1893年起他在慕尼黑文科中学任教，在那里，除教授数学外，他也教授科学课程。

1895年，教派和政治势力的僵持局面使他成了双方都能接受的候选人，其结果是，他被提升为学校督学和具有多方责任的皇家学校专员。在这个职位上，他负责推行许多改革，有时不得不在面对相当多的反对意见的情况下进行。在积极参与慕尼黑和巴伐利亚学校体制改革的这个阶段中，凯兴斯泰纳表现出了杰出的雄辩才能。他不仅在德国和瑞士，也在盎格鲁萨克逊国家，广泛宣传他的教育改革理念，即"劳作学校的理念"。同主题出版物（Kerschensteiner 1961）得以重印多次，并被翻译成几种语言。1911年往后，凯兴斯泰纳也是柏林德国议会的一名成员，代表弗赖兴人民党，这是一个吸引力不大的保守自由党。1919年，他离开了城市学校的岗位。从1918年到1932年凯兴斯泰纳去世，除了继续从事新闻工作外，他还是慕尼黑大学的教育学教授。

尽管凯兴斯泰纳在41岁时才参与教育理论与学校改革的学术和公共讨论，但作为一位教育家的职业生涯可以划分为三个不同的时期。

"早期"的凯兴斯泰纳主要关注把继续教育机构变成现代职业学校。在第二个阶段，他的主要任务是重组国民学校，传播他的教育改革理念。在最后一个阶段，凯兴斯泰纳主要思考教育理论的本质。

甚至在他去世后，他对教育理论的影响仍然存在，尤其是在第二次世界大战后的教师教育方面；

只是随着20世纪60年代教育中的“现实主义”趋势的兴起，他的影响才减弱了，这种“现实主义”趋势表现出一种明显的社会科学倾向。这个学派（现在被称之为“教育科学”）的代表反对凯兴斯泰纳政治和文化上的保守观念。

2. 公民教育和职业学校

担任慕尼黑学校督学的凯兴斯泰纳首次为公众所知是其1907年出版的《德国青年的国民教育》。这部著作获得了埃尔福特学术奖，在书中，他提出德国儿童在完成由国民学校提供的小学义务教育之后，还应当接受教育。这种继续教育的主要任务之一将是培养公民美德。国家应当通过更有效地利用学校，承担使青少年为未来职业和公民角色做好准备的责任。凯兴斯泰纳认为，对绝大多数手工劳动者来说，除职业培训外，更需要接受公民课程的教育；而国家为了自身的最大利益，应当提供这种教育。凯兴斯泰纳建议，作为实施这种改革的恰当机构，学校应当开展这种继续教育，但是，那些已经开办的学校必须加以重组。

继续教育学校形成于19世纪，大多数充当着初等义务课程的自发和有限的复制品。这类学校的效能被广泛地质疑。凯兴斯泰纳呼吁，应当废除这种复制品的功能，并要求对职业和公民课程内容予以同等强调；通过进一步扩大其职能，他成功地为这类学校找到了新的理由。

作为这种重新定义的结果，继续教育学校被改造成为真正的职业学校：它根据学生各自的职业，向企业中具有学徒身份的青少年传授其他的技术知识。这种观念成了职业培训的双轨制的主要支柱之一，引起了国际上的广泛注意，特别是在瑞士和奥地利，它们具有主要基于商业和手工业的相似的培训课程。

此外，凯兴斯泰纳非常强调把青少年的兴趣融入到现存的社会和经济结构。通过为他们提供职业方向，青少年的个人兴趣和热情将得到激发。

除了这种类型的教育提供给他们的专业发展的潜能外，学生对作为一个整体的社会“有机体”的认识也将得到发展，并对个体的道德产生积极的影响。

然而，凯兴斯泰纳并没有过于强调职业资质，而是注重公民道德培养；这通过学校、公民课程、班级组织的手工活动而得以加强。任何自觉地工作并在工作中找到乐趣的人，在他们处理与国家的关系时，将会为了公共的利益，而最终放弃私利和政党政治的利益。这种理想的论证打动了埃尔福学会保守评判员的心弦。这样，在强迫学校教育和军事教育之间，充满了爱国主义教育的内容，二者的差距也将通过学校提供的职业和公民训练得到弥合。在《德国青年的国民教育》第一版中已明确表达的东西，此时却显露出对德国的社会民主的恐惧，被公众权威公民责任感的提升所包围。

根据这样的推理，凯兴斯泰纳推动了慕尼黑继续教育学校的扩展。这就意味着，除了政府的支持之外，雇主和工人的怀疑态度也应当消除。不久，他设法每年都扩大这种机构，并把这种模式推广到德国之外。

作品的成功使他一举成名，加上建议措施的立即实施，所造成的一方面影响是，强化了凯兴斯泰纳反对巴伐利亚教育界的重要势力的立场，后者偏爱赖因—戚勒（Rein – Ziller）学派的思想，并公开攻击他。凯兴斯泰纳首先站出来反对“道德教学”的教条和这个学派所提倡的、来自赫尔巴特学派的文化阶段理论。在《课程理论评论》中（首次出版于1898年），他批判了这个学派对儿童心理学认识的不足，以及国民学校的课程中的人文和科学之间缺乏整合（Kerschensteiner 1901）。

3. “劳作学校”

凯兴斯泰纳不仅直接改造了继续教育学校，而且也在国民学校的课程改革中扮演了重要角色。艺术教育（那时主要定位在工业设计上）被重新定义。在广泛调查的基础上，凯兴斯泰纳认为，同样需要培养徒手绘画和儿童自我表达的能力。

尤其是随着义务教育延伸到国民学校的第八年级（这原来是自愿的），通过要求实验室、车间、学校厨房、用于手工活动（这也服务于职业的训练）的花园，使他能扩展学校的基础设施。在国民学校的这种扩展和重组的框架内，凯兴斯泰纳也发展了劳作学校的概念。这将作为国民学校的目的：

唤醒“劳动的乐趣”，他把这看作与“有效劳动”密切相关。对凯兴斯泰纳来说，工匠的理想形象是以知识为导向的学校（它造成了儿童的消极态度）的对立面。学校（它通常阻碍儿童的活动）与教室外的生活之间的尖锐对立，将通过手工劳动而消除。正如凯兴斯泰纳1908年在苏黎世圣彼得教堂为纪念裴斯泰洛齐诞辰162周年发表的讲演中所说的那样，学校将变成“中心车间”，儿童在其中既学习又劳动。凯兴斯泰纳不仅谈到“可视性”和“自我活动”，正像裴斯泰洛齐所要求的那样，而且也谈到约翰·杜威，他与杜威同样对传统的学校形式充满疑惑。现存的这种“读书学校”“把事实知识塞给学生”，它只适合于消极地听讲。他没有完全否定这种教学模式的益处，但仍希望在学校的车间里赋予手工劳动以更重要的意义。

凯兴斯泰纳的方法更适合儿童，它与儿童的发展和校外的环境更为密切地结合。“作为未来学校的劳作学校”（这是凯兴斯泰纳讲演的标题）的理念，把儿童设想为“太阳”，教育制度围绕着这个中心旋转；凯兴斯泰纳参考了杜威的表述，认为这是“哥白尼式的革命”所包含的一切。他的关于教育改革的观点主要被当作对学校的批判，但是，它们的目标不是彻底地质疑学校机构。学校必须按照手工活动的原则和适合儿童的家庭劳动环境的原则加以改造。

凯兴斯泰纳确实不认为劳作学校与公民教育的目标相矛盾。劳作学校和日益增加的继续教育机构（已被改造成为职业学校）形成了职业和公民能力，这些能力是道德自由人格养成的前提条件。这种公民（他们对社会整体是有价值的）将通过他们的洞察力、意志力和实践劳动，共同促进整个社会的道德发展。因而，作为塑造个性的工具，劳作学校的任务是用最少的教材，最大限度地灌输技能、能力和履行公民责任中的劳动的乐趣。

4. 劳动和职业中的教育

凯兴斯泰纳批判了传统学校，认为它过高估计了书籍和文化媒介的重要性，而忽视了劳动文化。根据他的观点，造就理想人的途径是培养他的有用性，只要学校以实践活动为基础，它就能对文明和法治的国家的建设发挥重要作用。因此，他断言，获得全面人格的途径是职业训练。

这种观点和传统的资产阶级的教育观念相反，它试图（正如黑格尔以前所做的那样）摆脱那种把劳动和教育看作是不可调和的、对立的传统观点，而是把它们当作相互制约的元素。凯兴斯泰纳确信，对职业教育的新的重视，将公平对待儿童的社会心理需要；它将缓解这种紧张，并带来作为人类文化两个基本要素的共存。但是，凯兴斯泰纳极力声称他并非只强调手工劳动，他的支持者和反对者通常都这样认为。尤其到20世纪20年代，也许为了回应萨德尔（Seidel）、高迪希（Gaudig）和布隆斯基（Blonskij）对他的批评，也因为需要一种对劳动的正确认识，从而使学校从纯粹的教学机构转变成为教育机构和学术机构，他发展了劳动的概念，这个概念特别强调教育的方面而降低了对手工一实践方面的重视。“有效的”劳动不是根据它的经济价值而确定，而是按照它的教育价值（它表现在完全客观的态度上）而判定。作为手工和脑力劳动结果的产品，如果能得到恰当的承认和反应，那么将促进品格形成的自我评价。

凯兴斯泰纳认为，这个过程所产生的“客观性”是要努力争取的明确的教育结果，因为客观性与道德是同等重要的。教育最终不是指向外部世界的改造，而是独特个性的不断形成，“使灵魂转向社会接受的价值观，这些价值观只向那些客观定位的灵魂展现自身”。一所好的劳作学校的主要特征，既不是手工劳动的产品，也不是知识和能力的获得，而是学生基于智力活动的自我考察的经验，这由他们自己决定，并且根植于客观的态度。根据凯兴斯泰纳的观点，手工劳动是有价值的，因为它产生精神的努力，因而是有教育效果的。这个由手工劳动和脑力劳动所构成的过程，事实上是与直接的职业培训相对的。因而，凯兴斯泰纳的劳动概念并不是以实际的工业世界或技术为中心，而是以与手工艺密切相关的创造性活动为中心。这个概念也存在于歌德的《威廉·迈斯特的旅行》中。德国的古典主义尤其显示了自身的无与伦比——至少凯兴斯泰纳是这样来看待它的，因为他不仅反复地引述裴斯泰洛奇的话，还多次提到歌德如何如何，把他们奉为权威。在《旅行》中,歌德就宣称:“全部生活、全部劳动、全部艺术”的前提是手艺,而手艺只有具有了一种必要的限制才可能获得。这一观点为一种堪称“事半功倍”的高等教育奠定了思想基础。

5. 凯兴斯泰纳的教育理论

在歌德的“教育小说”(即描述主人公逐渐成熟和完善的小说——译者注)中描述的“教育学领域”的理念,成为凯兴斯泰纳和其他劳作学校运动代表人物反对已有学校现实的理想模型。教育改革的途径是手工劳动和合作,而不是知识科目的沉重负担,这是有教育价值的。智能被认为是来自手工艺的练习。这种唯美的理想手工艺观不仅与学校作对,而且也用来批判工业主义,例如德国的艺术和手工艺运动所反复讨论的东西,凯兴斯泰纳是这个运动的创始成员。然而,通过尽力使其以价值论基础,凯兴斯泰纳主要为了文化批判的目的而使用他的教育概念。

这种定位的结果是,凯兴斯泰纳的教育概念日益呈现出形而上学的维度,以及相应的,职业和国民教育的实用基础失去了它最初的清晰轮廓。

凯兴斯泰纳的教育理论,关注“价值经验”,并与思维相统一。通过客观的方式,即通过抛弃自我中心和特殊的或政党的利益,个体将塑造自己的理想人格,社会整体将也能将自身塑造成理想的国家群体,两者都以永恒的价值观为基础。

和社会学家相对照,如涂尔干(Emile Durkheim),想以社会学的事实为出发点,或者齐美尔(Georg Simmel),他对现代主义的诊断实质上以差异为基础。与他们相比,凯兴斯泰纳则希望通过教育及其理想的建构,克服排他主义,他认为排他主义是消极的,并希望把它们整合进那些能够为人们所共同经历的价值当中。

从其思想的这个阶段开始,凯兴斯泰纳几乎专注教育理论,他认为教育理论能够缓解处在文化框架内的个人和政府间的紧张关系。在伦理学—心理学的基础上,他的教育理论大量吸取了他的朋友、哲学教授斯普朗格所倡导的人本心理学的内容。这让他确信,世界上存在着不同类型的人,他们只能按照适合于他们的结构去发展和成长。相应的,比如审美类型的人,最能够通过审美的途径获得真理、诚实和自尊,而理论家是通过理论途径,大多数人则是通过实践的途径来得到这些东西。斯普朗格“生活的类型”和凯兴斯泰纳的教育理论,都认为个体及其灵魂要面对着一个规范的精神。教育及其组织形式所面临的问题是,怎样采用文化的方式,使个体获得永恒价值论法则。在这一点上,凯兴斯泰纳关于通过“劳动”获得价值观经验的理想观念,是受到了哲学家李凯尔特(Heinrich Rickert)的新康德主义方法的启发。

因此,不管教育的任务还是学校的任务,都是以一种恰当的形式,传授给每一种主观类型的人以客观的价值水平,允许人们有“价值体验”。因此,教育机构之所以存在,就是为了使学生能够体验“完美的价值观”。

在其《教育原理》一书中,他把受教育定义为“一种个体对价值的有组织的认识,不同的个体认识的广度和深度不同,由文化资源所激发”(Kerschensteiner 1926)。

然而,如果每个人都找到了其特定的劳动领域,内心感觉到“注定”要在其中耕耘,那么这种价值结构就仅仅能够被他们所经历。个体通过该职业而成为整个的价值群体中的一部分。

在他同样有名的作品《教育家的灵魂》一书的导言中,凯兴斯泰纳带着明确无疑的感伤语调说道:教师尤其需要一种与他们的职业相适应的精神价值体系,因为他们通过教学,创造和塑造了个性(Kerschensteiner 1949)。

6. 凯兴斯泰纳在教育争论中的地位

凯兴斯泰纳的当代反响表明,人们对他试图为教育理论提供一个形而上学的基础抱有很大的怀疑。而且,后来在文化—教育领域中进行的教育改革尝试,通常都反对凯兴斯泰教育学说的基本假设。但与此同时,凯兴斯泰纳这个人和他在教育改革中的作用几乎被神化了。凯兴斯泰纳去世后很久,斯普朗格仍然把他当作一个非同寻常的人物。撇开他个人的地位不说(这并不是无可争议的,例如,应当指出的是,凯兴斯泰纳在第一次世界大战期间采取了顺从的态度,因为他明确地赞同德国的战争目标,这不是他的声誉所在),他的劳作学校思想不能完全归结于他个人,而应当置于19世纪所形成的对学校体制进行批判的普遍传统之中。他无疑普及了劳作学校的概念。然而,他从劳作学校得出的教育和理论的推论,却遭遇了正当的怀疑和普遍的误解。在教学的方法论领域,仍能找到劳作学校的倡导者们所争论的话题线索,例如,"行动导向"或"车间教学"。公正地说,凯兴斯泰纳的职业学校概念一直延续到20世纪90年代,尽管处于不同的理论背景中。

凯兴斯泰纳的工作应被看作是处于两极之间,一方面是在学校的扩张中所表现出来的对现代化的社会需要,另一方面则是有教养的中产阶级对这种现代化影响的愤恨;换言之,就是一种田园生活和宗教形而上学的价值论法则,对政治、文化和社会更新的一种反应。毫无疑问,这种流传甚广的道德态度得到了赞同,而且它把19世纪对学校的批判当作一根芒刺,长久地影响着教育和社会系统的日益理性化和专门化。

P. 戈农(P. Gonon) 著
孙 益 刘冬青 译

附录

Kerschensteiner G 1901 *Betrachtungen zur Theorie des Lehrplans*, 2nd edn. Gerber, Munich

Kerschensteiner G 1926 *Theorie der Bildung von Georg Kerschensteiner*. Teubner, Leipzig

Kerschensteiner G 1949 *Die Seele des Erziehers und das Problem der Lehrerbildung*, 4th edn. Oldenbourg, Munich

Kerschensteiner G 1961 *Begriff der Arbeitsschule*, 14th edn. Oldenbourg & Teubner, Munich

其他参考文献

Gonon P 1992 *Arbeitsschule und Qualifikation*. Lang, Bern

Kerschensteiner G 1905 *Die Entwicklung der zeichnerischen Begabung*. Gerber, Munich

Kerschensteiner G 1959 *Das Grundaxiom des Bildungsprozesses und seine Folgerungen für die Schulorganisation*, 9th edn. Oldenbourg and Teubner, Munich

Kerschensteiner G 1963 *Wesen und Wert des naturwissenschaftlichen Unterrichtes*. Oldenbourg and Teubner, Munich

Kerschensteiner M 1939 *Georg Kerschensteiner Der Lebensweg eines Schulreformers*. Oldenbourg, Munich

von Olberg H J 1990 Der Pädagoge Georg Kerschensteiner. In: Bracht U (ed.) 1900 *Intelligenz und Allgemeinbildung 1848—1918*. Waxmann, Münster

Wehle G 1956 *Praxis und Theorie im Lebenswerk Georg Kerschensteiners*. Beltz, Weinheim

Wehle G (ed.) 1966 *Georg Kerschensteiner—Berufsbildung und Berufsschule*. Schöningh, Paderborn

Wehle G (ed.) 1979 *Kerschensteiner*. Wissenschaftliche Buchhandlung, Darmstadt

Wehle G(ed.) 1982 *Georg Kerschensteiner. Texte zum pädagogischen Begriff der Arbeit und zur Arbeitsschule*, 2nd edn. Schöningh, Paderborn

Wilhelm T 1957 *Die Pädagogik Kerschensteiners: Vermächtnig und verhängis*. Metzlersche Verlagsbuchhandlung, Stuttgart

洛克与教育(Locke and Education)

作为经验主义者和自由主义者,英国哲学家约翰·洛克(John Locke, 1632 ~ 1704)对形而上学的思考和18世纪的政治运动,都产生了很大的影响。他也是教育领域的先驱。他的《教育漫话》(《教育漫话》中的引文参见傅任敢译本,人民教育出版社1985年版——译者注)(Locke 1910)1693年首次在伦敦出版,在他在世时就被重印和修订了几次,并被翻译成多国语言。正像洛克哲学中其他方面一样,它把保守性和革命性结合在一起。保守的成分吸引了传统主义者的兴趣,并服务于改造西方世界的传统教育。革命的元素以后被让-雅克·卢梭、裴斯泰洛齐、玛丽亚·蒙台梭利、约翰·杜威以及其他挑战传统教育的学者所发展。其结果是,洛克同时被当作现代学术左派和右派观念的先驱。

1. 儿童的养育

洛克关于教育的著作来源于一系列信件，这些信件是17世纪80年代他流亡荷兰时写给一位英国乡绅的，这位乡绅征求洛克对其儿子教育的建议。这位朋友知道洛克曾是牛津大学的学院导师，那时，大学学生的平均年龄在13～17岁之间，所以，洛克的朋友从他那里获得的更接近于一位教师的经验而不是高贵的欧洲大陆的大学教授的经验。像那些最初的信件一样，《教育漫话》出版的版本只面向特定的和有限的读者：他们是那些不打算把他们的儿子培养成为学者、而仅仅是成为普通的聪明而正直的英国有钱人。因而，在广义上，它是关于养育的论文；在狭义上，它是关于教育的论文，它的目的是向读者展示如何形成学生的性格及陶冶他们的心灵。

洛克提议教育从婴儿期开始。他所讲的第一个主题是健康。洛克认为，儿童应当穿较少和较薄的衣服，只要能遮体即可。他建议他们用冷水洗澡，即使在冬天也是如此；他建议在儿童很小时就应在河里和海里学习游泳。他甚至建议，儿童穿的鞋要薄，以致"到了有水的地方，水要透得进去"。女孩应该穿松散的衣服，"胸部狭窄，呼吸短促，肺弱和佝偻，是紧身和狭小衣服必然的、而且几乎是常见的结果"。饮食应清淡、简单，应该只喝少量啤酒；儿童应该少服药或者不服药。他补充了一个奇特的建议，儿童进食应是不定时的，那样，儿童就不会在特定的时间要求食物；他也禁止水果，认为对儿童来说，水果是"总体上对身体有害的东西"。

总而言之，洛克偏爱斯巴达养育儿童的方法。他认为，放纵青年人是错误的：

> 因为，儿童想吃葡萄或者想吃糖球，宁可让那可怜的孩子哭泣或者感到不高兴，也不要给他那些东西。这是因为当他长大成人后，若想喝酒玩女人，也往往是不被满足的。(Locke 1910)

然而，洛克坚决反对体罚。他也建议，奖励不应是身体的愉快，并劝告父母运用更好、更有力的"尊重和耻辱"的动机。他认为，惧怕和敬畏应是父母对儿童的最初的控制手段，以后，爱和友谊将促使儿童服从。

他接受了英国哲学家霍布斯(Thomas Hobbes，1588～1679)关于儿童天生热爱自由和支配他人的学说；但他建议父母学会区分"自然的需要"和"爱好的需要"。自然需要无论如何需要适应，而爱好的需要则决不应满足。例如，儿童必须穿衣服，"但如果他们要求这个材料和那个颜色"，那么他们应被拒绝。由于意识到这可能被认为是一个过于严酷的规定，洛克强调它是惩罚的替代物，被用来教会儿童"克制他们欲望的艺术"。

2. 道德教育和训练

洛克认为儿童的道德教育应在早期开始。他说，应给予儿童以特别的照顾，以防止他们撒谎——这在成人生活中是如此普遍，以至于很容易学会。他建议，应该教儿童热爱和尊重神；但与其他教育理论家不同，他没有详细阐述宗教的重要性。

他建议年轻的绅士应循序渐进地获得关于世界及其缺陷的完全知识；他坚持认为，"只要孩子的年龄、判断和良好的行为允许，父亲就应成为他们儿子的朋友"。

他认为对孩子应当严厉一些。作为一个典型的单身汉，洛克认为，父母不应容忍他们孩子的哭喊，因为这只会有助于"鼓励娇气"。他坚持认为，任性的哭喊应当认真对待，在这方面，甚至允许采用一些接近体罚的方法，因为他继续说，"如果正面的命令不起作用，鞭打就必须随之而来"。应以同样的方式发展勇敢和坚韧的品质。为达到这个结果，他提出两种方法：首先，使儿童年幼时远离惊恐；第二，通过不时地遭遇游戏和生活当中的曲折和艰难，使儿童习惯经受痛苦。

另一方面，他认为应注意防止儿童变得残忍，像他们经常对小鸟和蝴蝶之类的生物一样。他怀疑这是由于坏的榜样：

> 历史上谈的差不多也只是战争和杀戮。战胜者(他们多半只是一些杀戮人类的大屠夫而已)的

荣誉与名声更足以使得成长中的青年人犯错误，以为屠杀就是人类的可贵的职分，是一切德行中的最英雄的德行。(Locke 1910)

3. 教学方法和课程

在狭义的教育方面，洛克坚决反对他所说的“普通教育方法”，即用规则和原则充塞“儿童的记忆”。相反，他认为应通过实践培养儿童无意识的习惯。通过榜样比通过戒律能更好地学习礼仪，智力训练应当是有趣的和引人入胜的。他认为，应当像学习法语那样学习拉丁语——不是通过学习语法，而是通过练习。

洛克自己曾在一所寄宿学校——威斯敏斯特学校——学习。在那里，如果学得好，就会获准进入牛津大学。但在学校道德堕落的背景下，他劝告父亲们把他们的儿子放在家里接受教育。洛克承认男孩可能在学校里得到更好的古典教育，但即使如此，他仍然认为，除非父亲“认为为了学习拉丁语和希腊语值得拿儿子的纯洁和德行冒险”，否则就不应该把孩子送进学校。洛克认为，由家庭教师进行的教育更可能给男孩“有教养的举止，男子汉的气概和人情世故”。因为家庭教师的责任不只是教他的学生学习拉丁语和数学，他还要使男孩获得良好的行为。洛克写道：“这是一种不能被传授或从书本上学习的艺术。”

关于学习的主要科目，洛克建议，应该在儿童能够跳舞的时候就教他跳舞，因为跳舞给他们以姿态和自信。他相信，儿童能被诱导学会字母，并从阅读开始，接着是写作，然后是绘画。他也提出了在这个阶段相当奇怪的速记。接下来，他建议学生学习法语，然后学习拉丁语。洛克反对传统上对语法的强调，他同样反对学生背诵拉丁作家的“伟大著作”，并反对男孩学做拉丁语诗歌，“因为假如他没有写诗的天才，却要他吃苦，使他把时间浪费在根本不能够成功的事情上面，那是一件世界上最无道理的事情”。在拉丁语后，洛克建议按照地理、年代学、算术、几何和历史这个顺序学习。他不认为修辞学和逻辑是适合儿童的科目。虽然他偏爱舞蹈，但他反对音乐和绘画。他赞成学习骑马，并认为摔跤比击剑(这是引起年轻人决斗的技能)更好。在娱乐方面，他建议园艺和耕作，或其他的手工技艺，甚至簿记——所有这些都是有用的娱乐，因此比纸牌游戏或赌博更可取。

洛克没有推荐希腊语。他承认，没有希腊语，他自己什么也不能做，但他解释说，“我在这里所想到的不是一个专门学者的教育，我所想到的只是一个绅士的教育”。希腊语不像拉丁语那样对绅士是必不可少的。洛克批判了上流社会把16~21岁的年轻人送到欧洲大陆旅行的做法。洛克认为，这个年龄段的年轻人太渴望获得和享受他们从旅行中得到的自由。他更愿意让16岁以下的男孩在家庭教师的陪同下去旅行。洛克强调，“学问是良好教养中最不重要的一部分”，虽然他承认这在书呆子看来非常奇怪。

4. 教育的广泛目的

1703年，在他生命的最后时刻，洛克为成年的绅士写了一篇关于“阅读和学习”的论文，这篇论文被收入他死后出版的《论文集》中(Locke 1901)。在这篇文章中，洛克指出，一个绅士“在世界上最大的事务和效用，是通过他与别人交谈或写给别人的文字而实现的”，所以，他需要阅读，这不仅为了增加自己的知识，而且也是为了他把知识传递给他人。洛克继续说，既然如此，绅士就不需要拥有普遍的知识，而应该关注“道德的和政治的知识”，关注“那些涉及美德与恶行、公民社会和统治艺术的知识，也要理解法律和历史”。

洛克强调，学习并不是简单的知识积累，还是一件懂得如何去判断和区分好坏的事情。

> 当一个人获得对他所阅读的东西的内在逻辑和连贯性，以及对这种内在逻辑和连贯性是如何推导出它打算教的东西的评述和判断能力的时候，他就得到——也只有这样才能得到——提高其理解水平以及通过阅读扩大知识面的正确方法。(Locke 1901)

在正确的阅读之后就是正确的讲话，洛克认为关键是表达清晰和推理准确：

表达清晰,就是运用恰当的措辞来表述观点或思想,使之从他的内心传递到别人的心中。(Locke 1901)

关于伦理学,洛克说,他建议绅士除了《新约》之外不用读任何书,也许西塞罗的《论责任》是个例外。关于政治学理论,他推荐了普芬多夫(Samuel Pufendorf)的《自然民法》、胡克(Richard Hooker)的第一部著作《教会法》、西德尼(Algernon Sydney)的《关于政府的演讲》、帕克斯顿(Peter Paxton)的《公民政体》、普芬多夫的《论人的公民责任》,最后是刊行于1690年的《政府论》——这是洛克政治哲学的代表作,但他拒绝承认这是他自己的作品。接下来,他列举了各种关于地理学、旅行和历史的名著,并且说:

为了使一个绅士举止适当,不管从个人来讲,还是就他对所在国家的政府有所兴趣而言,知识都是最为必要的东西;尽管知识主要来自经验,其次来自对历史的审慎解读,但还是有不少旨在论述人类本质的书籍,它们有助于对知识的洞察。关于这种激情四溢的表述,以及这些表述又是如何获得激情的,在亚里士多德的第二部《修辞学》著作中已作了肯定的论述;在一个小范围内……拉·布鲁伊里(La Bruyère)的《人物》也是一幅可圈可点的画作……讽刺作品,比如朱韦纳尔(Juvenal)和佩尔什斯(Persius)以及最重要的霍勒斯(Horace)的作品也是这样。虽然他们画的是人的丑恶,但由此他们还是教会了我们如何去了解这些丑恶的东西。(Locke 1901)

洛克没有忘记阅读的另一种用途,即"为了消遣和愉悦":

诗一般的作品尤其是戏剧,如果它们没有宣扬暴力、淫荡和那些败坏好品质的东西,对这样的作品就不应该加以管制。

在我所知的所有小说中,就其作用、诙谐和一以贯之的体面而言,没有哪一部堪与塞万提斯的《堂·吉诃德》相媲美。

那些不具有内在本质且又不吸取其模仿对象长处的著述,的确是不会令人赏心悦目的。(Locke 1901)

在这最后的箴言中,洛克概括出了一个支配着18世纪美学的原理。18世纪正是从他那里得到了这个原理。

5. 结论

洛克作为自由教育家的重要性,远远超出他对其他教育思想家的影响,比如卢梭和裴斯泰洛齐。他当作养育和教育目标的理想绅士,成为了英国公学以及后来世界其他地方许多相应教育体系的模式。

M. 克兰斯通(M. Cranston) 著

张斌贤 刘冬青 译

附录

Locke J 1901 In:Locke J(ed. Fowler T) 1901 *Posthumous Works of John Locke*:*Several Pieces*. A and J Churchill, London

Locke J(ed. Quick R H) 1910 *Some Thoughts Concerning Education*, 3rd edn. A and J Churchill, London

其他参考文献

Cranston M 1985 *John Locke*:*A Biography*, rev. edn. Clarendon Press, Oxford

Locke J 1912 (ed. Adamson J W) *The Educational Writings of John Locke*. Arnold, London

Locke J(ed. Axtell J) 1971 *Educational Writings*:*A Critical Edition with Introduction and Notes*. Cambridge University Press, Cambridge

Woolhouse R S 1971 *Locke's Philosophy of Science and Knowledge*:*A Consideration of Some Aspects of Human Understanding*. Blackwell, Oxford

路德与教育(Luther and Education)

欧洲中世纪罗马天主教会的宗教改革最早是

由马丁·路德(1483～1546)发起的,宗教改革所到之处,给当地的传统教育体制带来了灾难。大学失去了数量众多的学生。修女院和修道院学校由于修道院的解散而停办。天主教学校在教会削减了其教学人员后,招生人数也不得不减少。甚至城镇里的书写学校也受到了影响。宗教改革对教会和整个社会的影响是深远的;在许多方面,新教育体制不能简单地建立在旧体制上,而是必须依靠大量新的学术机构和平民学校。这一过程,可以通过考察路德本人的工作和教育中的一些发展线索得到最好的说明。

1. 儿童期和学校教育

1483年11月10日,马丁·路德出身于萨克森(Saxony)埃斯勒本(Eisleben)的一个农民家庭。他的父母在其出生后不久就迁到了曼斯费尔德(Mansfeld),他父亲在那里的一个采矿行业找到了工作,那时的采矿业日益重要。年轻的路德首先进入了家乡的一所拉丁文学校学习,依据惯例,那时无论是学校和还是家庭都纪律严明。后来,路德表达了对旧学校实践的强烈不满,把人文主义理想作为教学模式;儿童应"好似在玩中"学,不应受到不人道的惩罚。14岁时,路德离家去马德堡(Magdeburg)天主教学校学习了一年,后在埃森纳赫(Eisenach)的拉丁学校学习了三年。1501年5月,他进入了埃尔福特(Erfurt)大学,1502年9月在那儿获得了学士学位,1505年获得了硕士学位,两个学位都是在文学系获得的。因此,他学习的是传统的古典课程,即七艺(由"三艺"和"四艺"组成)、亚里士多德哲学和经院哲学。这种训练为他在高一级的法律、神学或医学系学习奠定了基础。职业的迫切选择对路德来说是个极重要的十字路口,导致了严重的个人危机。在他就学期间,当时的人文主义精神唤起了《圣经》的学习的新热情,路德因此受到了深远而持久的影响。

2. 修道院时期

路德没有遵从他父亲的要求进入具有光明前景的法律专业,他选择了修道院的生活。据说在1502年7月2日,当他在游历后返回父母身边时,经过一场雷雨的洗礼,他发誓做出了这一选择。仅两周后,在7月17日,这位年轻的文科硕士请求准许进入埃尔福特著名的奥古斯丁隐修团。在这个教团里,僧侣生活是严格而严酷的,以学习《圣经》为主。新信徒在第一年完全致力于《圣经》的学习、祷告和照料田园。在每周的祷告时间里要通读一遍《赞美诗》,这是修道宣誓之前的实习和准备时间,路德在获得他父亲的同意后,于1506年宣了誓。甚至在他还是一个新信徒时,路德就因为在《圣经》学习和祷告中极其热心和虔诚而出名,所以早期阶段已经显示了他以后作为学生、教师、翻译家、创作者和传教士所具有的最显著的特征。

修道宣誓后不久,1507年4月路德被任命为牧师,同年5月2日,在父亲在场的情况下,庆祝了他第一次领圣餐礼,此时他父亲仍不愿意接受儿子选择的道路。路德在威丁堡(Wittenberg)从事神学研究,1509年获得《圣经》学士学位。不久,奥古斯丁教会的代理主教施德比兹(Johann von Staupitz)帮助路德获得了威丁堡大学和埃尔福特的助教职位。在一次因教团公务去罗马旅行后,他定居在了威丁堡的奥古斯丁修道院。在那儿不久他就成为了传教士、修道院副院长、《圣经》学习的领导者,后来也主管这个地区的若干修道院。

3. 教育家和传教士

1512年10月19日获得神学博士学位后,路德接替施德比兹担任威丁堡大学的《圣经》教授,至此开始了他作为大学教授和传教士的终身工作。在大学的头几年,他讲授《赞美诗》(1513～1515)、圣保罗致罗马人的《使徒书》(1515～1516)和《加拉太书》(1516～1517)。在此期间,学生群涌向这所大学,神学课程有了新的变化。

作为一个教育家,路德为自己的宗教和神学思想带来了新见解。首先,他一直在"上帝之义"这个概念上苦思冥想。在经院哲学里,义是人类所固有一个主要特征。路德提出了不同的观点,其中不少是基于《罗马书1:17》(Romans 1:17),陈述如下:"因为神的义正在这福音上显明出来;这义是本于信,以至于信。如经上所记:义人必因信得生。"晚年时期,路德谈到他渴望完全理解保罗的话：

> 我日夜沉思，直到我看到上帝之义和“因信称义”的陈述之间的联系。然而我领会到，上帝之义是这样一种义，贯穿着恩赐和纯粹的同情，上帝因为信仰而赦免我们。因此我感觉到自己重生，并穿过敞开的门进入天堂。整个《圣经》呈现了新的意义。然后我在大脑中通读《圣经》，以发现在其他地方的相似之处：比如上帝的工作，也就是说上帝是怎么在我们当中工作的；上帝的力量，通过他的力量使我们强壮；上帝的智慧，借此他使我们明智，等等。

在修道院的高塔里他得出的这种精神启示，即所谓的“高塔经验”，成了他解读《圣经》的出发点，后来成为了整个宗教改革运动的焦点，伴随着许多危机和争论、支持和反对它的小册子和论文、它的布道、新形式的宗教服务、赞美诗等等。毋庸置疑，在大众教育的核心，形成了灌输“所有信徒皆僧侣”的新教精神，这一点极其重要。

4. 95 条论纲及其影响

路德的职业不久遇到了危机。把忏悔与报酬相连的现实和赦免交易，与通过“唯独信仰”而“唯独恩典”的新主张是不一致的。1517 年 10 月 31 日，95 条论纲贴在了威丁堡宫廷大教堂的门上，邀请人们对赦免和朝圣的误用进行学术探讨，甚至包括即将到来的万圣节期间宫廷大教堂里的圣物。路德在威丁堡的大胆行动产生了广泛的反响。这些论纲以许多版本被翻译、印刷和传播。不久反馈就来了。教会的长期批判者和支持者都欢迎这些论纲带来的活力。路德不久就成为激烈辩论的中心，与约翰·艾克（Jonann Eck）、红衣主教卡亚努斯（Cajanus）、博学的人文主义者伊拉斯谟及其他人辩论。1520 年 6 月，他首次指出教皇赎罪券的害处。1520 年底，路德出版了他主要的宗教改革文章《论好的著作》、《致德国贵族》、《教会的巴比伦之囚》以及《基督徒的自由》予以答复。一个挑衅的证明是，这一年底路德在威丁堡公开烧毁许多罗马天主教书籍，包括教皇训令。1521 年 1 月，开除教籍的教皇训令发布了，4 月，在沃尔姆斯会议上，路德为自己辩护。5 月，皇帝诏令使他成了被剥夺权利的公民。在宗教骚乱中，路德现在是孤家寡人，成了强大对手攻击的靶子。

5. 路德在瓦特堡

朋友把路德掩藏在瓦特堡直到 1522 年 3 月，他可以不受打扰地工作，怀着巨大的热诚，将《新约》翻译成德语。这本身就是一个未曾预料的重大教育成就。在将“唯独圣经”作为新宗教生活工具的斗争中，他认为首要的是普通民众应有接近上帝话语的途径。以同样的方式，1521 年 9 月，梅兰克顿（Philipp Melanchthon）以新教形式庆祝圣餐礼，这是平民宗教改革运动获得力量的信号。男修道院和女修道院失去了众多成员，禁欲被许多教士所放弃，以前的僧侣和修女开始结婚。1525 年夏天，路德本人娶了前修女布拉（Katarina von Bora）。这宣告了新教运动的开始，此种文化在新教历史上扮演了重要的角色。

然而，这些发展也有另外一面。随着新的祈祷仪式和教会组织的建立，许多牧师成为了多余的人。不仅修道院而且学校也关闭了，教士职位被废止了。新教大学学生的入学人数急剧下降。这场新运动缺乏财政手段和必要的处理各种问题的组织。由于旧教会的支持减弱，路德呼吁国王与市镇权威帮助改造教会的基础结构。

6. 路德对学校教育的呼吁

1524 年，路德发表了他的《代表天主教学校致市长和市政官们的信》。他指出好学校对满足教会和世俗的需要极其重要，更不用说商业管理。“城市最大的福利、安全和力量，乃在于有才能、有学问、聪明、正直和有文化的公民，他们能维护、保全并利用各种财富与优势。”他的说法反应了提倡用《圣经》语言、希伯来语和希腊语教学的人文主义理想，也表达了对女童教育的肯定态度。学校教育应该不仅使人们为公民生活和教堂生活作准备，而且为履行孩子和仆人教育的家庭日常职责作准备。

路德呼吁的主要目的是增加资金以补救当前

的财政状况,因为教会举办的教育机构体系正面临崩溃。路德也请求君主们给予支持,同时在其他著作例如《论送儿童入学的责任》(1530)中,呼吁家庭的作用。

农民引发的社会动荡是对君主们的挑战。路德在著作中对1525年夏天的农民叛乱表达了强烈的不满,君主与罗马的宗教冲突利用了宗教改革的拥护者,这是政治无能的证据。从一开始,新教运动就依赖世俗权威。前面已多次提到,为了迎合教会、国家和城市的教育需求,学校要得到世俗的支持。确实,新教教育机构正是为此目的而建立的。路德的朋友和助手梅兰克顿(1497~1560),被称为"德国的导师",接受了人文主义精神的教育,他在1528年为萨克森设计了一套学校体制,从而提供了这种制度的原型。基本模式大部分是中世纪的,使用拉丁语作为教学媒介,但也重新强调《圣经》阅读、歌唱和音乐。这些学校的目的是大规模地培养教会和社会的高级官员。然而,涉及普通民众的改革仍需实行,当宗教改革的领导者参观教区的时候,这是显而易见的事实。

7. 1526~1530年的参观和给民众的教义问答

1526~1530年,宗教改革的领导者终于得到允许参观教区,调查实际状况。结果十分令人沮丧。路德在其《小教义问答》的序言里证明了这一点:

> 作为一个参观者,最近见到的不幸状况迫使我准备了这篇简短的教义问答或者说是基督教的教学声明。上帝啊,我看到的是多么悲惨的事啊!普通民众,尤其生活在农村的那些人,没有基督教教学的任何知识,不幸的是,许多牧师很不胜任且不适合教学。虽然人们被当作基督教徒,接受洗礼,获得圣餐,但他们不知道主祷文、信经或者"十诫",他们像猪和没有理性的走兽一样生活,既然上帝为世人赎了罪,福音书已被归还,他们却掌握了滥用自由的技巧。

根据参观记录,这是1529年的形势。结果是,路德开始比以前更加热心地投身于普通民众的教育。主祷文、信经和其他祷文的口头祈祷传统已经得以恰当使用。这些文本也被用于阅读板上的阅读练习,以及各种字母教学活页里,这是印刷术首次大规模应用的例子。而且,路德使主祷文、信经、"十诫"及洗礼圣事和圣餐以壁画的形式印刷,也包含了他自己给儿童和年轻人的简短解释,这些东西都分发给了基督教家庭。第二年春天,这些图表被印刷、剪切、装订成小册子,构成了我们所熟知的《小教义问答》。它也包含家庭祈祷文和职责表,由针对社会各种职位的《圣经》篇章组成。自1531年版往后,在圣洗圣事第四部分补充了忏悔和赦免的内容。忏悔和赦免旨在为即将获得第一个圣餐礼的儿童提供进入天国的钥匙,这在17世纪的瑞典仍然存在,当儿童仅八九岁的时候进行。对成人的教学和详细的《圣经》知识由路德在他著名的教义问答讲道中提供,这被收集在1529年的《大教义问答》中。

8. 图书出版和阅读传统的开始

《圣经》、《赞美诗书》、《字母表手册》、《教义问答》、《布道集》及其他出版物,通过新的印刷技术得以广泛传播。路德在其一生当中,可能负责了所有印刷图书的一半印务。除了印刷文本,还有神圣仪式、唱赞美诗、布道,以及在教堂和家庭里教授《教义问答》和《圣经》。依据字母表和教义问答手册编写的家庭祈祷文,与平民的赞美诗演唱一起,构成了具有路德教特征的阅读传统。在教会仪式期间,整个教区居民能在一起交流其在家里阅读学习到的东西。

简而言之,路德对各个级别的教育都产生了影响,从大学里的学术讲座,到农民村舍里的阅读练习和赞美诗演唱。路德的影响被紧随其后的新教运动扩展到中西欧之外,由瑞士的茨温利(Ulrich Zwingli,1484~1531)、法国的加尔文(Jean Calvin,1509~1564)和苏格兰的诺克斯(John Knox,1505~1572)这样的人物领导。在斯堪的纳维亚诸国,宗教改革由一批年轻的学者引入,他们曾在威丁堡和其他德国大学学习,学成归国变革教会和社会。重要的是,通过培养牧师和公务人员的学校,以及得到更新的平民教育体制,宗教改革在其第一个动荡的世纪里得以稳定发展。

最显著的成果是读写能力在新教国家中的普及。在瑞典，由教会教授读写能力的传统，使得民众普通学校提早了几个世纪出现。一年一度的教区教义问答集会上，教区的男人、女人和孩子聚集在一起祈祷、阅读、检测他们的基督教知识，构成了早期在教堂和家庭里阅读的环境基础。

由此可见，在包括特殊教育和成人教育的国民义务教育体系建立之前，路德教就已提供了一种真正的“民众教育”。马丁·路德在扩展读写能力和普通教育中发挥的作用，不仅使特权阶级而且使整个社会都受益匪浅。

E. 约翰松（E. Johansson） 著
孙 益 刘冬青 译

附录

Asbeim I 1961 *Glaube und Erziehung bei Luther. Ein Beitrag zur Geschichte des Verhältnisses von Theologie und Pädagogik.* Quelle and Meyer, Heidelberg

Bainton R H 1950 *Here I stand: A Life of Martin Luther.* Abingdon Press, New York

Johansson E 1987 Literacy campaigns in Sweden. In: Arnove R J, Graff H (eds.) 1987 *National Literacy Campaigns. Historical and Comparative Perspectives.* Plenum Press, New York

Lohse B 1981 *Martin Luther. Eine Einfuhrung in sein Leben und sein Werk.* C H Beck, Munich

Luther M 1883 *Dr Martin Luthers Werke. Kritische Gesamtausgabe.* Die Weimar Ausgabe, Weimar

蒙台梭利与教育（Montessori and Education）

能在教育史上占有一席之地的女性很少，而玛丽亚·蒙台梭利（Maria Montessori，1870～1952）就是其中一位。她在20世纪初发展的教学原理，在世纪末被传播到世界各地。她基于宽广的理论知识，并辅之以实践教育学，从而提出了蒙台梭利教育方法。本词条将在介绍蒙台梭利方法的科学基础、特征及其发展的基础上论述这位女性。

1. 玛丽亚·蒙台梭利——一位进步主义女性

玛丽亚·蒙台梭利1870年出生于意大利。童年时进入一所国立学校，并表现出领导才能。12岁时，举家迁到罗马，她也在那里获得了更好的教育机会。当她表现出对数学的兴趣时，她的父母想要她成为一名教师。然而对于自己的教育，她有着非常不同且不合常规的想法，志向是成为一名工程师。于是她进入了一所男子技术学校，一度成为这个学校唯一的一名女学生。后来，她的兴趣逐渐地转向了生物学，因此她放弃了技术学习开始学习医学，在医学方面她取得了成功，获得了一系列奖学金。1896年她成为意大利第一位拥有医学博士学位的女性。她的第一份工作是在精神病治疗所，后来成了智力障碍儿童学校的管理者。蒙台梭利发现这些严重残疾的儿童能学习大量东西，她问自己，为什么智力正常的儿童不能表现得更好一些。在大约三年的时间里，蒙台梭利致力于医院的工作，学习哲学和心理学，以及把研究文献翻译成意大利文。1904年，她成了一位人类学教授；有几年时间她还在罗马大学讲授多门课程，工作努力，富有才华。

当1906年蒙台梭利在罗马贫民区建立一所全日制幼儿园时，她获得了回答自己有关正常儿童表现问题的机会。在这个“儿童之家”中，她把自己大量的理论知识和实践工作结合在一起，“儿童之家”不久就名扬全世界了。在40岁时，蒙台梭利辞去了她的学术职业。逐渐的，她收到越来越多的邀请，请她做有关儿童发展和学习能力的研究成果以及她所有方法的基本原理的讲座和课程培训。于是，她决定把余生贡献给蒙台梭利学校、蒙台梭利协会以及用她的方法培训教师。在接下来的40年里，她游历了欧洲内外的许多国家，参加会议、讲座，并组织教师培训课程。比如在20世纪20年代和30年代，她每隔一年在伦敦开设一门课程。20世纪40年代她在印度呆了很长一段时间。但她也从事科学发展工作，相关成果散布在她写的书和文章中。然而她最有影响的书是在1920年之前出版的。后来她的署名作品经常是转录的演讲稿或者讲座笔记的翻译。蒙台梭利最后定居于荷兰,并于1952年去世。

2. 蒙台梭利方法的科学基础

蒙台梭利是以教育者和教学方法的创立者而闻名的。然而她的工作比教育者所做的更深更广。其教育学的每个独立的部分都和整体相关,其中蕴涵的信息包括整个人类,主要是全体儿童。

儿童及其学习能力是蒙台梭利关注的焦点。她的工作以跨学科(生物学、生理学、心理学和人类学)的理论知识和教育实践经历之间的相互关系为特征。理论上,她受到两位致力于智障儿童教育的法国科学家依塔德(Jean Itard)及其学生塞吉恩(Edouard Séguin)的启发。它们针对异常儿童进行实验,发现训练可以刺激儿童的感觉。它们改变了蒙台梭利思考的方向,"我感觉到智力缺陷主要是一个教育学问题,而不是医学问题"(Montessori 1964 P. 31)。

蒙台梭利的实践工作还运用了人类学方法。作为智障儿童学校的校长,她把整个时间都花费在与孩子一起记笔记上,这是一种参与观察的方式。基于已有的知识,她能分析和比较笔记中的信息。这些分析和比较帮助她发现和理解儿童的内心生活,以及他们是怎么以自发的活动来表达其内心生活的。

例如,蒙台梭利发现,儿童在重复练习中找到乐趣。她发现他们学习特定事物的时机似乎和他们的年龄有关。她还发现,即使是非常小的儿童,集中注意力的时间都比我们以前认为的长。但最具决定意义的发现是:持续成长状态的儿童在学习的不同阶段对不同的刺激敏感。按照蒙台梭利的观点,这种发展被规范为她所谓的"敏感阶段"法则,"感觉的发展确实先于高级智力活动,3~7岁间的儿童处于一种形成阶段"(Montessori 1964 P. 215)。这个发现导致蒙台梭利为训练感觉而开发出几套学习教学材料。她承认和强调她的训练是儿童普遍发展的前提。这成了她工作的一个中心环节,对蒙台梭利的方法有巨大的影响。她谈到这一点时说:

> 结果是令人惊讶的,因为儿童已显示出对工作的热爱,没有人会怀疑这一点,他们动作中的镇定和条理性,已超过正确的界限,进入了"优雅"的境界,自发的纪律和整个班级的服从,是我们的方法带来的最显著结果。(Montessori 1965a P. 183)

简而言之,蒙台梭利坚实的理论研究与她的实践经验相结合,形成了对儿童心理发展和学习能力的独特认识,她以下面的方式表达了这种成果,"让生命在好的界限内自由地发展吧,我们所有的任务就是观察这种内心生活的发展"(Montessori 1965a P. 183)。有关学习过程的系统知识是教学原理的前提条件,即蒙台梭利方法。

3. 蒙台梭利方法的应用

蒙台梭利方法在20世纪前10年间得到了发展。然而基本原理是普遍性的,并不因时代而变迁。这是蒙古梭利方法的基本部分为什么在20世纪末和20世纪初相同的原因。蒙台梭利强调自由是方法中最重要的原则,"科学教育学的基本原则,必须是,也确实是学生的自由。此种自由为个体发展提供了可能性,是儿童本性的自发显现"(Montessori 1964 P. 28)。因此该方法的一个基本原则是,儿童应该自由地选择与他们心理发展相关的练习。适当的材料使他们渴望一次又一次地尝试练习。因而这种或多或少复杂的练习为内在的发展开辟了道路,"在我们对儿童的努力中,外部活动是刺激内部发展的方式,并且作为表现形式一再显现,这两个元素不可避免地相互交织在一起"(Montessori 1964 P. 353)。选择活动和材料的自由,加上学习必需的专注于活动的自由,都要求对环境进行专门的组织。

蒙台梭利式的环境要求有意义的活动。这意味着家具,比如桌子、椅子、壁橱、盥洗台要以适合于儿童的尺寸和需要建造。蒙台梭利也承认,儿童在环境中必须有秩序,而且环境应有吸引力。这包括装饰上的考虑,比如花、颜色、海报、门窗帘子等。她也认为,如果儿童没有自发地工作,那不是他们的错,错在主题的呈现方式。蒙台梭利称最佳的组织为"有准备的环境",在此环境里,大部分是启发式的学习材料。

蒙台梭利为三个基本发展领域构建了教学材料:动作教育、感觉教育和语言。材料的每一部分仅存在一个副本,它的目标是帮助儿童独立学习。一个例子是为年幼儿童准备的教学材料,目标是在他们精神生活的第一阶段,在实际生活中训练他们。

材料与感觉的初期训练相符合——在质和量上由自然产生的感觉需要来决定——并允许足够的活动练习,使观察和抽象的高级精神状态成熟。(Montessori 1965b P. 82)

蒙台梭利为更年长一点的儿童在语言、阅读、算术、几何、绘画、音乐和作诗方面构建了供练习使用的教学材料(Montessori 1973)。每一种教学材料背后的思想是,每个学科应依据界定清晰、系统的学习计划,通过外部目标呈现出来。逐渐地,每个儿童都能以与自己的发展阶段相适应的顺序,完成从具体到抽象的转变。

蒙台梭利终生进行科学研究,深知这个过程中好奇心的作用,她想要儿童在自己的学习中也有如此经历。因此,蒙台梭利的教师,加上材料,都被看作是“有准备的环境”的重要部分。蒙台梭利写道:

我的信仰是,我们培养教师应该更注重精神,而不是科学家的机械技能,即准备的方向应朝向精神,而不是机械设施。(Montessori 1964 P.9)

因此,蒙台梭利的教师更像一名督导和学习的促进者,而不是一位讲师。

对于这种教师,我们已用教学材料替代,教学材料内部包含对错误的控制,并且使自我教育对每个儿童来说都成为可能。教师因而成为儿童自发工作的指导者。他不是一个消极力量,一个沉默的存在。(Montessori 1964 P. 370)

然而教师工作必不可少的部分是观察每一个儿童,然后安排情境,通过这种方式使儿童除了教学材料以外,在最少的帮助下学到尽可能多的东西。

因而,实践中的蒙台梭利方法由三个部分组成:儿童敏感阶段的利用、教学材料,以及作为观察者和管理者的教师。当这些成分以最佳的方式相互作用时,儿童能自由地参加自发的活动。

4. 蒙台梭利方法的传播

玛丽亚·蒙台梭利信奉罗马天主教。但蒙台梭利方法存在于各个信奉不同宗教信仰的学校中。所有政治信条也能在蒙台梭利学校找到。公共和私立的蒙台梭利学校遍布世界各地。

大部分时间里,蒙台梭利和儿童(3~7岁)一起工作,并发展关于他们的学习理论和教学指导原则。因此,她自己的培训课程首先针对的是对学前教育感兴趣的教师。在开始的几年里,一些国家建立了特殊的“儿童之家”。整个20世纪,进蒙台梭利学校的年幼儿童要比年长的儿童表现更好。然而在不同阶段,世界各地对蒙台梭利学校和蒙台梭利教学的兴趣在不断变化。尤其在美国,蒙台梭利运动广受批评,很长一段时期内几乎销声匿迹。全世界蒙台梭利幼儿园的数量日益增加,其中大多数是在美国和西欧,蒙台梭利教师培训中心也一样。蒙台梭利方法也应用于初等和中等学校。20世纪90年代早期,这些学校的数量也在上升。蒙台梭利认为她的发现能一直应用到大学水平,不过,当儿童超过12岁时,并没有真正的蒙台梭利教学。但在初中和高中水平上还是有一些由蒙台梭利基本原则启发的教学,尤其在荷兰。

蒙台梭利国际联合会成立于1929年,1935年迁到了阿姆斯特丹。世界各地也有许多国家级的蒙台梭利协会。这种方式保证了蒙台梭利的基本原则仍与蒙台梭利的原初精神相符合。但这不意味着蒙台梭利的教学方法过时守旧。蒙台梭利创造的方法在整个20世纪展示了其现代性,也有迹象表明,它也是一种能面向21世纪需求的方法。

C. 古斯塔夫松(C. Gustafsson) 著

孙 益 刘冬青 译

附录

Montessori M 1964 *The Montessori Method*. Schocken Books, New York

Montessori M 1965a *Dr Montessoris Own Handbook*. Schocken Books, New York

Montessori M 1965b *Spontaneous Activity in Education. The Advanced Montessori Method*. Schocken Books, New York

Montessori M 1973 *Advanced Montessori Method. Vol 2: The Montessori Elementary Material*. Schoken Books, New York

其他参考文献

Kramer R 1976 *Maria Montessori: A Biography*. G P Putnam's Sons, New York

Standing E M 1984 *Maria Montessori: Her Life and Work*. New American Library, New York

裴斯泰洛齐与教育(Pestalozzi and Education)

在教育学史上,裴斯泰洛齐(Johan Heinrich Pestalozzi,1746~1827)被认为是现代教育理论和现代国民学校(初等义务教育)之父。本词条考察了裴斯泰洛齐的思想在何种程度上代表了独立的教育学理论,以及伴随现代初等学校的兴起,他的思想被整合进教育理论体系中的程度。

1. 生平和主要著作

1746年1月12日,裴斯泰洛齐出生于苏黎世的一个上层阶级家庭。当他还是一个学生时,他就成了文法家博德默尔(Bodmer)创建的文化政治社团的一员。裴斯泰洛齐放弃神学学习之后,尝试经营农庄,但是失败了。1774年,他利用自己的房产建立了"贫儿之家",1780年破产。1777年,裴斯泰洛齐出版了有关"贫儿之家"的作品,题为《隐士的黄昏》,并于1780年附录了一项以人类学为基础的改革计划。第二年,他出版了世俗小说《林哈德和葛笃德》,在这本书里,他形成了以民众教育为基础的社会改革观念。这本书成功以后,裴斯泰洛齐写了更多的小说、论文和致开明君主的社会改革计划。从他的作品中,包括1793年的《是或否》、1797年出版的《我对人类发展中自然进程的追踪考察》,我们可以清楚地看到,裴斯泰洛齐在法国大革命时期被授予荣誉公民称号后,并没有在根本上改变他的立场。然而他确实为"瑞士共和国"扮演了一次政治宣传者的角色——"瑞士共和国"是继法国占领瑞士以后试图建立一种激进民主体制的革命政府。直到1799年,他一直掌管位于斯坦兹(Stans)的共和国孤儿院,接下来直到1803年,管理布格多夫(Burgdorf)的公立教育机构。在那儿裴斯泰洛齐发展了其在1801年出版的《林哈德是怎样教育其子女的》一书中阐述的教育方法。

1803年,这个机构迁到了伊佛东(Yverdon),不久吸引来了欧洲各地的人士。裴斯泰洛齐与一群同事一起工作,其中有牧师尼德雷尔(Jahannes Niederer),他是主要的方法理论家,而最杰出的是施梅德(Josef Schmid),将理论运用于实践。1809年这个机构得到了普鲁士的承认,达到了它发展的顶峰,裴斯泰洛齐在他的"莱森堡(Lenzburg)演讲"中,向公众展示了教育方法的理论基础。其中,他坚持尼德雷尔的观念论,并让政府对机构实施检查。这次检查的负面结果以及教职员工之间的争吵,在1816年导致了分裂和公开的法律诉讼,这是再次失败的外部讯号。1825年机构关闭,裴斯泰洛齐回到了他的农庄,在那儿他写出了《天鹅之歌》,总结了他的教育学活动。他于1827年2月17日去世,在教育学领域的孤立和忽视下与世长辞。

2. 裴斯泰洛齐的思想发展的背景

裴斯泰洛齐教育思想的发展是和西欧四次文化历史运动及其在瑞士呈现出来的独特形式紧密联系在一起的。

2.1 民众的启蒙

精英取向的启蒙时代及其向民众启蒙的转变,意味着一种具备极大教育特征的社会改革进程。在瑞士,围绕这次运动开展的辩论显露出对一种神秘而理想化的农民世界图景的反对,这也为重农主义土地改革运动提供了参考框架。正是从这些讨论的领域出发,裴斯泰洛齐把自己的方向定位于"民众",通过教育努力来改造民众,并且关注家庭经济。

2.2 虔信派

虔信派是新教的一个分支,它导致了众多信徒围绕一个牧师信奉教义的教会组织形式的瓦解。虔信派站在他们的立场上,主张个人信仰实践的体系化,定位于人们内心力量的增强。在瑞士,这种宗教运动主要关注教会所统治的农村学校的改革。裴斯泰洛齐追随了这场运动,积极关注现象世界以及个体启蒙和理想的内化形式。这次运动的后一种特征表明它自身主要关注人积极的精神力量的发展,反对知识的获得。

2.3 感觉论

在法国和英国的感觉论中,真理受到感官知觉及其过程的限制,这种真理观日益取代了真理的本体论观念。裴斯泰洛齐的教师们博德默尔和布莱廷格尔(Breitinger),把这个概念引入到德语国家,并展开了讨论,尤其在美学和伦理学领域。裴斯泰洛齐吸收了他们的方法,用在了他的直观和自然教育概念中,但坚持把秩序观念作为本体论的真理。

2.4 学校改革

18世纪下半叶是教育剧烈变化的开端,其中既有现存学校的改革,也有新学校的建立。制度和课程变得日益世俗化。这期间在瑞士,学校依然或多或少处于教会的管理之下。然而,虔信派把他们的方向转向了世俗及其通过内省而实现的理想化。裴斯泰洛齐与这种趋势保持一致的同时也加强了这种趋势。他首先改变教育机构,使其走向实践的世俗化(也就是将它们和工农业整合在一起),随后使教师和学生之间的关系内化,并把它与家庭和上帝之爱联系在一起。

3. 教育概念及其发展

裴斯泰洛齐的著作缺乏系统性,他也从未详细阐述过一个理论。他的著作由不同的概念组成,在三个不同阶段,这些概念得以重新编排、重新评价和转换。

3.1 道德教育与自然和社会的统一

第一阶段最重要的概念出现在教育小说《林哈德和葛笃德》(1781～1787)与纲领性的作品《隐士的黄昏》(1779～1780)中。教育被导向人类的本性及社会和道德的堕落。在这一点上,裴斯泰洛齐采用了卢梭《爱弥儿》的基本概念,但在具体的观念上与他相矛盾。人类的本性天生不分善恶,而是自由地选择善恶。然而,卢梭的爱弥儿内心善的本性,不得不通过教育来避免遭遇邪恶的社会,直到它变得足够强大。裴斯泰洛齐认为,教育的任务存在于个体对善的选择和社会整体的变革中,这两个过程在教育行动中互为先决条件。个体和社会的善的教育都要关注人与人之间的关系。根据裴斯泰洛齐定义的教育概念,人类本性的发展和人们之间的道德实现(比如社会改革)不能彼此脱离,而应合成一个整体,在正确的教育过程中,母亲和儿童的关系,就母亲而言,要从本能转变到爱和照顾指引的关系,就儿童而言,要从需要引导的关系转变成由感激和理解引导的关系。然而,这种教育关系不能仅存在于家庭中。为了成功,整个社会必须按照家庭的关系来组织。根据这些观念,裴斯泰洛齐把社会中的家庭、乡村、政府和世界与父权、镇长、君主和上帝各自对应起来,论述他们的相似之处。每个层次都有其具体的道德秩序,对道德秩序的确认成为每个处于相应位置个体的第二天性。因而,教育不仅由社会原则的直接形式决定,而且也由高级形式决定。儿童的教育不仅要适应家庭规则,而且要适应职业规则及将来儿童在其中的位置。从这一点来看,教育总是团体的、国家的、宗教的和世界性的。对于这个概念至关重要的一点是,每个要素不只是具有内在自然秩序的自足整体,而更加是可以通过教育来形成和控制的。裴斯泰洛齐理想农庄的明确特征是消除了公共和私人领域之间的所有对立。正如家庭生活受到政府控制和教育干预一样,国家和公共生活也沿着家庭和教育的经纬来组织。这种教育改革中的交叉趋势将保证打破有着自身规则和规范的机构之间的界限。学校,只要它存在,就既是起居室又是工作间。

3.2 作为纯粹个体、内在状态和机械方法的道德

在裴斯泰洛齐思想发展的第二阶段,社会和个体之间的密切联系被解除了。在考察了法国革命时期的独裁和民主后,他收回了他的道德(社会关

系)概念。在《我对人类发展中自然进程的追踪考察》(1797)一书中,他在自然状态、社会状态之后,增加了第三个层次,即历史和个体的道德发展状态。本能的动物自我和社会自我都潜在地受到道德自我的补充,也就是自我指导和自我教育。自然关系的衰微持续地表现在互相斗争的个体对社会权力的要求上,而这种自然关系使法律规则成为必需。社会不能为个体提供和平和安全;这些只能在与自身的关系中获得。道德自我在这种与自身的关系中得到发展。道德自我不是从其权利的视角,而是从其道德自我教育的视角考虑不稳定的社会条件。社会条件可以最好地调解动物自我和社会自我。这种道德的内化和个体化为裴斯泰洛齐提供了一种新的教育观念。道德与直接的教育相分离,这一过程机械而明确地进行。在此意义上,裴斯泰洛齐转向一种机械的系统论。把教育限定为一个采用确切的并起决定性作用课程的过程。这个阶段是通过裴斯泰洛齐对他在斯坦兹经历的描写(出版于 1979 年),以及记录在《葛笃德怎样教育她的子女》一书中的布格多夫的经历(这是最重要的)表现出来的。在遵循一套模式并且毫无偏差的情况下,机械的(即自然和心理的)方法能将确定的秩序从外部世界转移进儿童的内心。

这种观念被整合进了传统的以母亲为中心的观念里。这种方法以发生在母子之间的过程为条件,将自然发展和社会教育结合在一起。这种方法将儿童置于秩序之下,这种秩序是他或她必然要通过经验和直觉得以复制的。其中,确定性是秩序的要素,决定它的规则。方法源于这些要素,为的是以一种"完全"和"等级"的方式把它们归属到整体的秩序里去。

裴斯泰洛齐宣称已发现的要素是长方形和人的身体。通过接触和经历这些要素,学生必然产生关于语言、数学和几何的正确而真实的秩序。这样的教育过程指向个体内部的力量,这种力量重新产生秩序的各种形式,并且可以通过练习得到训练,从而把秩序的各种形式扩展到所有其他知识和活动中去。

3.3 *初等教育和人的发展*

在这种方法的第一份草稿中,道德发展问题,即人类的发展问题,并没有完全被排除在教育计划之外。一方面,裴斯泰洛齐寻找道德的要素——感觉,其工具一机械性经验被"自我"用于产生与自身有关的道德秩序。在第一阶段,裴斯泰洛齐认为这个要素是母亲的爱。然而在这里,它处于本能的层次上,也即社会关系水平上。第二种方法在与神学个体概念的联系中发展起来,全体要素由组成个体的所有力量决定。在圣保罗的神学理论中,这是神圣的三位一体("灵魂"、"心智"和"身体")。在裴斯泰洛齐的术语里,变成了"心"、"脑"、"体"或"心"、"头"、"手"。由于事实上所有能力是被相应要素的经验同时而和谐地加强了,因此个体体验着整体的自我,这种自我体验使他们自己成为道德的人。对于世界和个体间关系的感官经验——"外部直觉"——是与经验有关的,其目标恰好是这种关系,即经验过程本身的直觉——"内部直觉"。

裴斯泰洛齐观念发展的第三阶段是以通过教育解决道德教学问题的各种尝试为特点的。其中,最重要的尝试可能在很大程度上归于尼德雷尔的影响。尼德雷尔替换了裴斯泰洛齐秩序观念的方法,使它只跟个体联系在一起。在一个所有其他经验,尤其是所有知识被综合进有机体的计划中,它是从最初的自我沉思开始的。尼德雷尔由此试图把裴斯泰洛齐的方法和谢林的本体哲学及一元科学观混合在一起。在第二种尝试中,母亲和教育者与儿童的关系被放置在模仿基督的框架中。为了与此相一致,在人内部的三种力量的等级排列中,把灵魂或者心排在头和手之上。晚至 1826 年,在他最后的重要著作《天鹅之歌》中,裴斯泰洛齐引入两个更进一步的道德教育概念。第一个概念再次回到整体这一世界的决定性特征。"生活教育"意指作为整体的世界也必须在他们的总体,即在他们的道德中产生个体。第二个概念存在于对心、脑、体并存的第四种整体化力量的引入,即"共同力量",这与斯瓦比亚(Swabian)的虔诚派理论类似。

4. 裴斯泰洛齐教育思想的影响

裴斯泰洛齐作为一个教师的声誉是建立在其方法论著作的基础上的。这些著作影响不在于理论,而是在于教育方法,期望用这种方法为初等义务教育的问题提供简单却又引人注目的解决办法。然而，这些希望破灭了，尤其1803年后，更多的公众对初级读物感到失望。

裴斯泰洛齐产生影响的第二阶段与被拿破仑打败后普鲁士的教育改革联系在一起，那是一次导致现代学校管理出现并带来教师教育改革的运动。裴斯泰洛齐“人的教育”和道德内化的观念，与反对启蒙理性并宣传虔信派个人主义的改革派哲学—神学主张相一致。在普鲁士，裴斯泰洛齐日益失去所有真正的观念意义，成为了一种生存斗争的管理标签。从那以后，它成了当时强大的职业群体——初等学校教师职业伦理的基础。19世纪下半期，主要是第斯多惠（Diesterweg）的著作扩大了裴斯泰洛齐主义对其他国家的影响。

在瑞士也是如此，1812年后，裴斯泰洛齐被大大忽视了，而仅仅作为逐渐兴起的自由主义的一个偶像。

作为德国政府和罗马天主教会围绕教育和教职任命而进行的文化斗争的结果，并由于自然科学和制度化的影响导致学校的日益世俗化，裴斯泰洛齐对教育学产生了新的影响，因其强调学校和教师的公共道德。然而在这个时期，没有对裴斯泰洛齐思想进行合理的批评。

改革教育学和解释学的教育学在阐明自身立场时都会提及裴斯泰洛齐。“教育学的关系”，“儿童中心教育学”，“头、心、手”，都来自裴斯泰洛齐，尽管事实上他仅在新教神学领域的教学背景中使用它们。有关裴斯泰洛齐的其他关注点还包括：内在化的国家主义形式、年轻人的狂热崇拜、领导阶层的政治观念以及非理性主义。

在这个阶段教育学话语中，裴斯泰洛齐或多或少地被偶像化了。甚至在20世纪末期，裴斯泰洛齐依然象征着一种不得不面对的、超越了所有机构及科学和规则的道德要求。

5. 对裴斯泰洛齐的研究

对裴斯泰洛齐的历史研究就是对其影响的反思。在裴斯泰洛齐开始偶像化的同时，广泛的历史—生平研究和著作的编撰活动也开展了。

以下著作是关于裴斯泰洛齐的历史—生平研究中较为出色的：莫尔夫（Morf）写的传记，主要是背景材料的简编（Morf 1868 ~ 1889）；舍内鲍姆（Schönebaum 1927 ~ 1942）写的传记，因其详尽而著称；施塔德勒（Stadler）1988年的传记，他是第一个从政治史的角度分析裴斯泰洛齐及其著作的人。同时，裴斯泰洛齐全部著作的标准现代版，比起裴斯泰洛齐本人编辑的版本有了更大的提高。主要的评注版本（Buchenau et al. 1952 ~ 1979）正在完成中，它应该是非常全面的，附有裴斯泰洛齐通信全集（Stettbacher and Dejung 1946 ~ 1948）。

教育学至今都很少利用这些资源进行历史研究，而更喜欢利用裴斯泰洛齐来支持其他的观点或用来证明实践措施的合理性。对其教育学思想进行的整体研究，常试图把他的思想系统化，与裴斯泰洛齐的初始观念没有实质的相同之处：例如纳托尔普（Natorp 1919），把它们转变成了观念论的新康德主义；李特（Litt 1952）和斯普朗格（Spranger 1959）把它们转变成了新人文主义的解释学教育学；巴洛夫（Ballauf 1957）的研究偏向于存在主义；兰格（Raug 1967）发展了一种受到阿多诺（Adorno）的批判理论影响的体系。然而，现在有一种越来越显著的研究趋势，试图通过考察裴斯泰洛齐思想的影响和他作为权威偶像的历史，来接近他的思想。

F. 奥斯特瓦尔德（F. Osterwalder） 著

孙 益 刘冬青 著

附录

Ballauf T 1957 *Vernünftiger Wille und gläubige Liebe.* Anton Hain, Meisenheim

Buchenau A, Spranger E, Stettbacher H(eds.)1952—1979 *Pestalozzis Sämtliche Werke*, 28 Vols. (Vol. 17b still in press). Walter de Gruyter, Berlin

Litt T 1952 *Der lebendige Pestalozzi.* Quelle & Mayer, Heidelberg

Morf H 1868—1989 *Zur Bibliographie Pestalozzis: Ein Beitrag zur Geschichte der Volkserziehung*, 4 vols. Bleuler-Hau-sheer, Winterthur

Natorp P 1919 *Der Idealismus Pestalozzis.* Felix Meiner, Leipzig

Rang A 1967 *Der politische Pestalozzi.* Europäische

Verlagsanstalt, Frankfurt
Schønebaum H 1927—1942 *Pestalozzi*, 4 vols. Stenger/Beltz, Leipzig/Langensalza
Spranger E 1959 *Pestalozzis Denkformen*. Quelle & Mayer, Heidelberg
Stadler P 1988 *Pestalozzi. Geschichtliche Biographie*, Vol. 1. Neue Züricher Zeitung-Verlag, Zurich
Stettbacher H, Dejung E(eds.)1946—1968 *Sämtliche Briefe*, 10 vols. Orell Füssli, Zurich

其他参考文献

Barth H 1954 *Pestalozzis Philosophie der Politik*. Eugen Rentsch, Zurich
Israel A 1903—1904 *Pestalozzi-Bibliographie*, 3 vols. A Hofmann, Berlin
Klafki W 1959 *Pestalozzis Stanser Brief*. Beltz, Weinheim
Klink J, Klink G 1968 *Pestalozzi-Bibliographie*. Beltz, Weinheim
Oelkers J 1992 Diesterweg und Pestalozzi. In: Fichtner B, Menck P(eds.)1992 *Pädagogik der modernen Schule-Friedrich Adolph Wilhelm Diesterweg*. Deutscher Studien Verlag, Weinheim
Osterwalder F 1992 "Kopf, Herz, Hand"—Slogan oder Argument? In: Paschen H, Wigger L(eds.)1992 *Pädagogisches Argumentieren*. Deutscher Studien Verlag, Weinheim

柏拉图与教育(Plato and Education)

在第一版《教育大百科全书》中,继怀特海(Alfred North Whitehead)之后,菲利普斯(Phillips 1985)评论说,教育哲学的历史(大概在西方世界)只不过是对柏拉图(前427～前347)的一系列注解。对柏拉图影响的这种笼统看法有道理吗?如果是这样,理由是什么?本词条将追问这些问题,并由此探索柏拉图提出的教育哲学。如果菲利普斯是正确的,可以断定,柏拉图提出了关于教育的权威且有影响力的观点。

1. 哲学和教育

有关柏拉图的信息来源之一是拉尔修(Diogenes Laertius)的《柏拉图的一生》。这部作品提供了有关柏拉图生活和环境的线索,比如他的意愿,但还有许多它没有告诉我们。在这些事情当中,我们想要听到有关柏拉图学园的情况,但却没有。柏拉图学园公元前387年建于雅典,一般被认为是世界上最早的学校。学园在柏拉图的老师苏格拉底(前470～前399)去世后大约12年建立,旨在鼓励人们探求哲学和数学。学园里的哲学探讨遵循的是苏格拉底的实践模式,苏格拉底被认为是对柏拉图的教育观念和实践产生了最重要影响的人。苏格拉底死的时候——因其哲学交谈腐蚀了雅典的年轻人而被处决——像在他活着时一样,启发柏拉图把哲学看作是教育自己和他人的方式。

2. 柏拉图的教育哲学

教育哲学可以看作是追求以下四个主题的一系列信念:(a)教育目的;(b)知识的性质以及人们如何学习和获得知识;(c)教师在帮助学生学习过程中扮演的角色;(d)学校和社会的关系。连贯的教育哲学将会展现逻辑上彼此一致的信念表达。教育目的包含关于知识和学习本质的信念;这些信念转而又包含着有关教学方法以及学校和社会关系的信念。柏拉图教育哲学主要来自"早期"对话(编著于公元前388年),在对话中,他的老师苏格拉底担任了主要角色。在这里,柏拉图的观点可说是他老师观点的反映,然而在"晚期"(公元前367年至他去世)的对话中,情况并非如此。

2.1 教育目的

因为柏拉图在将近40年的时间里创作了对话,所以他的观点在这些著作中有所变化并不令人惊奇。但令人吃惊的是,在著作里他的立场也似乎摇摆不定,有时甚至模棱两可。比如在《美诺篇》中,柏拉图描绘了苏格拉底努力使一个奴隶男孩认识到他不知道一个几何问题的正确答案(Meno 84a～b),使美诺认识到他不知道德行是什么(Meno 80a～c)。所以教育目的好像是使人们认识到他们自己的无知,因为只有在那时他们才会寻求真理。同时,苏格拉底想使美诺和奴隶男孩超越对自己无知的认识:“现在,奴隶男孩的见解得以重新唤醒,具有梦一般的性质。但如果在许多场合以不同的方式提出同样的问题,你会看到在最后,他将拥有像其他男孩一样准确的有关这个主题的知识。”(Meno 85c11 ~ d)而且,“我准备尽我所能用言语和行动去争取的事情是——假若我们相信探寻我们所不知道的东西是正确的,而不是相信无所可寻,我们将成为更好、更勇敢、更积极的人”(Meno 88b ~ c)。

在这些篇章里,苏格拉底似乎在说一旦人们认识到自己的无知,就应该寻求知识,因此奴隶男孩一旦在某个时候找到了解决几何问题的正确方法,如果他以后继续探索这个事物的话,他将获得“像其他男孩一样准确的有关这个主题的知识”。如此以往,他会变得“更好、更勇敢、更强大”。

柏拉图在他的对话中提供了教育目的的其他例子,但它们常常模糊和不一致。例如在许多早中期的对话中,苏格拉底让其他人参加对话,显然是为了教他们正确的智力习惯——反思和探索的习惯,这对于追求一致理解或者真理本身来说都是必需的。苏格拉底似乎密切关注有才能的讨论者。例如泰阿泰德(Theaetetus),苏格拉底问他:“什么是知识?”(《泰阿泰德篇》)问其他人:“什么是德行?”(《美诺篇》、《普罗泰哥拉》)“什么是友谊?”(《吕西斯篇》)“灵魂是邪恶的吗?”(《斐多篇》)“什么是勇气?”(《拉凯斯篇》)苏格拉底常常煞费苦心地向他的对话者展示怎么去寻求思考的主题。但当看到他质疑别人时,你也许会问:苏格拉底指导别人是为了教他们怎样进行探究吗?是为了向他们表明他们的观点是错误的吗?是为了有个机会提出他自己的立场吗?是为了找到问题的解决方法吗?读者不断地遇到的这些问题,它们使读者对柏拉图的教育目的观产生了困惑。

2.2 知识和学习的本质

柏拉图有关知识的本质以及人们如何学习的信念是什么?许多人认为对柏拉图来说,“知识”是对永恒真理的理解,所以教育目的是去发现那样的真理。确实,在柏拉图《理想国》的某些篇章里就表达了那样的信念,例如:

> 我的观点是,在可知世界中最后看见的,而且是要花很大的努力才能最后看见的东西乃是善的理念。我们一旦看见了它,就必定能得出下述结论:它的确就是一切事物中一切正确和美的原因,就是可见世界中创造光和光源者,是智慧世界中真理和理性的来源;任何人凡能在私人生活或公共生活中行事合乎理性的,必定是看见了善的理念的。(Plato 1961 Republic 517b ~ c)

当苏格拉底谈到善的“理念”的时候,他似乎说存在那么一种“理念”,或有时他称作“形式”(《斐多篇》和《理想国》)的东西,有关它的知识构成了永恒的真理。善的“理念”引起或形成了我们称作“善的”、“对的”或“美的”所有事物。它激起了我们内心中对善的看法。善的“理念”也使我们自己心中的真理和理智的观念成为可能。因此,明智的人是“已看见了”善的“理念”的人。

但是,许多人认为柏拉图并不清楚人类是否能够认识真理。伊莱亚斯(Elias 1968)认为,苏格拉底在对话中的讨论表明柏拉图相信确定的真理是无法获得的。因此,当苏格拉底倡导“寻求真理”的时候,他并没有那样做,因为他(或者柏拉图)认为人类已经拥有了真理。奇泽姆(Chisholm 1979 P. 101)采纳了纳尔逊(Nelson)的解释,认为苏格拉底本人并不试图获得确定性,而是尽力“把确定的原则带入人的意识中,使其脱离原始的黑暗和蒙昧”。佩雷尔曼和奥尔布里奇特斯-提托克(Perelman and Olbrechts-Tyteca 1969 P. 109)坚持认为苏格拉底试图和他的对话者达成一致——完成辩论——而不是获得确定性。

对话中的某些篇章支持了这些作者的论点。例如在《申辩篇》中,苏格拉底对法官说,“真正的智慧是上帝的财富……人类的智慧无足轻重……最具智慧的人是认识到自己一无所知的人”(Apology 23a ~ b)。

柏拉图是否相信存在可知的永恒真理,这些永恒真理是否能被人所知,教育目的是否是寻求这些永恒真理,如果这些都模棱两可的话,那么关于什么是学习、怎样进行学习,也都是不明确的。在一些对话中,苏格拉底赞同学习和研究的方法,但他本人并没有遵循。

同样令人困惑的是,在《普罗泰哥拉》中,柏拉图借苏格拉底之口提出了一个学习的概念,这个概念与《美诺篇》中著名的"学习即回忆"的观点相矛盾。苏格拉底说,"知识不能被打包带走。你为它付了钱,就必须直接接收它进入灵魂中。你已经学习了它并相应地获益或受害了"(Protagoras 318a)。"知识"可能是有益或有害的。更重要的是,它被"接收",并且"直接进入了灵魂中"——也许就像一个人在餐馆点了食物然后吃下去一样。不像是在商店买了水果和蔬菜带回家,在吃之前仔细检查,餐馆的食物不会受到消费者如此详细的检查:一旦被定购和贩送,通常就消费掉了。苏格拉底说,教师给学生的知识也同样被直接地接收了。

《美诺篇》(一般认为晚于《普罗泰哥拉》)中的学习观非常不同:

> 因而,既然灵魂是不朽的,重生过多次,已经在这里和世界各地见过所有事物,那么它已经学会了这些事物。所以,如果灵魂能把关于美德的知识,以及其他曾经拥有过的知识回忆起来,那么我们没有必要对此感到惊讶。一切自然物都是同类的,灵魂已经学了一切事物,所以当一个人回忆起单独的一部分知识时——用日常语言说,学习了部分知识——没有理由说他不能发现其他所有知识,如果他意志坚定并孜孜以求,探索和学习实际上就是回忆。(Meno 81c ~ d)

当苏格拉底说灵魂"学习了一切"时,他暗示知识存在于灵魂之中而不是灵魂之外。知识如何确切地进入灵魂并不清楚。但清楚的是,不像《普罗泰哥拉》中表明的那样是从别人那里"接收"的,而是"回忆"或从其内心提取出来的。这种回忆或提取就是"学习",一旦一个人"学习了"单独的一部分知识,他就能"学习"或回忆"所有其他的知识",即与第一次所学相关的知识。上面提到的奴隶男孩的证据表明,"回忆"或一种理念的获得是如何为其他理念的获得开启可能性的,而这些其他的理念刚开始是无法获得的。

根据柏拉图的观点,"学习"到底是从别人那里获得知识,还是自己内心回忆起来?这实际上是处于许多教育争论中心的一个根本的两难问题。这个两难也意味着,为什么柏拉图提出的教学概念也像学习和知识概念一样模棱两可。

2.3 教学的本质

在《理想国》中,苏格拉底以下述方式描述了教学的艺术,"或许有一种灵魂转向的艺术,即一种使灵魂尽可能容易尽可能有效地转向的艺术。它不是要在灵魂中创造影像,而是肯定灵魂本身有影像,但认为它不能正确地把握方向,或不是在看该看的方向,因而想方设法努力促使它转向"(Republic 518d)。这里的假设似乎是,学习不是要把影像放进灵魂里,而是为着把影像拉出来从而"寻找它应该在哪里"。那么,教师的任务是促使灵魂"转向"或者转到能够把影像拉出来的方向上去。但教师怎样才能完成这个任务呢?

解决问题的一个方法是看苏格拉底本人如何谈教学。关于这个问题引用最多的段落来自《泰阿泰德篇》,通常把它归为柏拉图的"后期"对话。苏格拉底在这里把自己比作一位产婆。因此可能柏拉图的教学观念与产婆术类似。苏格拉底说,产婆术要求知识和经验(Theaetetus 149c)。他可能通过类比指出,他的技术来自某种知识和经验。在柏拉图的对话中,苏格拉底揭示了对话者观点的局限性,通过质疑确定了他们信念的本质,并通过联系原有信念来评判这些信念的真实性。他做这些事情的能力似乎来自长期与人们谈话的经验。柏拉图可能相信这些活动能使学生的灵魂转向,把存在于内心的影像提取出来。

但是其他别的作品表明(Haroutunian-Gordon 1989),很多时候苏格拉底并没有明确地做上面提及的事情。例如,普罗泰哥拉指责苏格拉底忘记了他(普罗泰哥拉)以前说过的话,因而误解了他的观点(Protagoras 350c)。对话中的另一点,苏格拉底吩咐普罗泰哥拉不得详细论述(344d),而自己在此后不久发表了对话中最长的独白(342a ~ 348a)——发掘和评价普罗泰哥拉信念的尝试。苏格拉底建议在他们的对话里忽视诗人的语句时,自己却没有那么做(339b)。

苏格拉底在判断别人主张的时候总是遵守真理标准吗?在《普罗泰哥拉》中也有相反的证据(比较318b和314a,他说知识可能是有害的,也可能不是有害的)。他总是尽力详细检查对话者的信念吗?他总是把理念彼此联系起来以评价他们的真实性吗?仍然有证据表明他没有这么做。

所以,产婆隐喻从一方面反映了柏拉图是如何看待教师角色的?另一方面,我们的分析让我们思考以下问题:如果苏格拉底是柏拉图理想教师的范例,为什么他有时,甚至以柏拉图自己的标准来看,没被描绘成理想的教师呢?

正如上面提到的,答案可能来自柏拉图学习观中的模糊性。因为,如果学习是提取影像或理解学生内在的东西。那么教师的工作,正如上面引用的《理想国》的段落中苏格拉底指出的,是使灵魂转向它应该去的地方。但如果学习是获得自身之外的知识,那么教师的工作就是填满空容器——向学生灌输他们缺乏的东西。既然柏拉图的学习观是模糊的,那他的教学观也同样如此——柏拉图的老师苏格拉底时而努力提取他人头脑中的影像,时而最大限度地传播他自己的观点,并做一些看起来是阻止他人表达的事情,这样的教学观还会令人惊讶吗?

2.4 学校和社会之间的关系

必须考虑的最后一个问题是柏拉图有关学校和社会关系的观点。柏拉图创建了他的学园,把它作为从事哲学和数学研究的机构。在一封给赫米厄斯(Hermias)、伊拉斯塔斯(Erastus)和克瑞斯卡斯(Coriscus)的信中,柏拉图恰如其分地表明了他对学校效果的期望。在信中柏拉图写道:

> 然后,如果我们所有人,你们和我们,能够根据每个人的具体情况,依我们的能力所及实践哲学,那么,我的预言(你们是杰出的友人)将会实现……这封信,你们三个一定要读——如果可能的话,一起读……尽可能地多读。你们一定要把它当作一份合同或一条有约束力的法律,也就是正义的法律。对神发誓的时候,你们要严肃、认真、热忱,神是现在和将来一切事物的统治者,是统治的积极原则的公义之父。如果我们真正实践哲学,那么我们将在凡人力所能及的范围内获得关于神的某些知识,而我们说凡人确实拥有这方面的禀赋。(Letter Vic ~ d)

这封信重复了早期对话,如《斐多篇》、《美诺篇》和《理想国》中的观点。哲学实践是建立学园以促进和保护的对象,是获得美好生活的手段。对柏拉图来说,哲学以他老师苏格拉底的例子为模型,因此哲学实践需要人与人之间的对话——这些人是具有优良品质的人,能获得信任去开展进一步的研究,帮助彼此获得对"万物统治者上帝"的理解,直到"它存在于人类被赋予的力量之中"。那么,哲学就不是枯燥的、抽象的智力训练。柏拉图的早期对话描述了苏格拉底致力于在最不寻常的环境中拓展对话,有时是和最不可能的谈话伙伴对话。这是一种实践,这种实践是在热情中将智力统一起来,反之亦然。这是那些寻求真正幸福(Republic 583a)和统治权力(Republic 591c ~ 592b)的人唯一适合的生活方式。

苏格拉底因这样的生活而被判决,这一事实让人产生了疑问——在雅典,许多人可能并没有分享柏拉图的哲学激情。可能当时的公民像柏拉图对话的现代读者一样,发现他们自己在问:苏格拉底的目的是让人们认识到或者超越自己的无知——也许给人们带来他自己的某些观点?会导致人们改善品格还是恶化品格?会给人们带来一些理想的智力习惯吗?他真的对谈话的结果无动于衷,还是主要关注解决自己的某些问题?也许学园的目的也存在同样的疑惑。

3. 结论

正如菲利普斯(1985)所宣称的,西方教育哲学思想的历史被看作是对柏拉图的一系列注解,这是事实吗?如果这是对,那么,这个事实如何根据柏拉图教育哲学中的随处可见的模糊性来解释呢?

菲利普斯可能考虑到了亚里士多德(《尼各马科伦理学》)、奥古斯丁(《忏悔录》)、培根(《知识的进步》)、洛克(《教育漫话》)、穆勒(《论自由》)、卢梭(《爱弥儿》)和杜威(《民主主义与教育》)——这些人引用柏拉图,从柏拉图那里得到灵感来反思教育。这个名单还可以加入下列一些理论家,如尼尔(Neill)、弗莱雷(Paulo Freire)、皮亚杰(Jean Piaget)、维果茨基(Lev Vygotsky)和乔姆斯基(Noam Chomsky)。虽然他们没有提及柏拉图,却仍然受到了柏拉图的影响。在教育的哲学反思方面,没有人会怀疑柏拉图遗产的深奥所在。

这些思想家受到了哪些启发?本词条的分析表明,答案并不必然在于柏拉图教育信念的力量中,因为其教育信念并不清晰,甚至也不在于他为了支撑信念而提出的论据中。实际上,以上提到的这些作者尽管明显地受到了柏拉图思想的影响,但也质疑柏拉图。那么,为什么这些古代对话会如此频繁地被引用呢?如何解释对它们的持久关注?为了回答这些问题,我们将考虑两个具有高度启发性的观点,首先是穆勒提出的观点。

> 向人类提醒这样一件事总难嫌其太频繁,从前有过一个名叫苏格拉底的人,在他和他那个时代的法律权威以及公众意见之间曾发生了令人难忘的冲突。这个人生在一个富有个人伟大性的时代和国度里,凡最知道他和那个时代的人都把他当作那个时代中最有道德的人传留给我们;而我们又知道他是以后所有道德教师的领袖和原型,柏拉图崇高的灵示和亚里士多德明敏的功利主义……这位众所公认有史以来一切杰出思想家的宗师——他的声誉到两千多年后还在继长增高,直压倒全部其余为其祖国增光生辉的名字。(Mill 1975 P. 24~25)

穆勒对苏格拉底的评论增加了以下可能性:也许是苏格拉底的品质和实践而不是柏拉图的教育基本理念激起了对后者有关教育主题的一系列注解。也许我们一定要把苏格拉底作为教师来看待。实际上,这似乎是克尔恺郭尔(Soren Kierkegaard)提到苏格拉底时候的观点:

> 啊,高贵、朴素的古代圣哲,我所崇敬的唯一思想者:关于你的事迹流传下来的太少,你是知识真正和唯一的殉道者,你的为人和思想同样伟大。但这很少的事迹,却有着无限的意义:我多么渴望……跟你进行短短一个小时的对话。(Kierkegaard 1946 P. 305)

苏格拉底,“我所崇敬地承认为教师的唯一人”(Kierkegaard 1946 P. 466)似乎鼓舞了克尔恺郭尔。他渴望“短短一个小时的对话”,无疑也是许多人渴望分享的。这也许是因为,像我们前面所看到的那样,柏拉图把苏格拉底刻画为一个完整的人类形象,有时具有强烈的道德和智慧,有时却迷茫、健忘和矛盾。也许是他容易犯错误、他的困惑、他所遭受的挫折,以及他显著的力量,为我们所钟爱,吸引着我们与他对话。如果这是事实,也许考察柏拉图对教育思想的影响,需要通过反思他作为戏剧创作者的技巧和他有关教育的基本假设来进行。

柏拉图把他的老师苏格拉底定位为人。作为读者,在看到他应付简单、年轻、自负、天真以及好争斗的人时,我们发现自己在为苏格拉底喝彩,或者讥笑他。作为一个真正的人,他并不完美,正如我们所看到的那样,这使我们分不清柏拉图的教育观。但他不完美这一事实使我们倾向于质疑苏格拉底:他似乎是一位真理的追求者,但他是吗?我们不知道,所以我们进一步研究他的性格,希望能洞察他。这样,我们致力于探究他,反思他的话语,他的行动,以及他可能的动机,所以他好像在我们面前得以重生,担当着我们的老师。可能他并没有为我们提供答案或者卓越的教学模式,但是他启发我们质疑教育,引导着我们思考教育的问题。柏拉图用对话来刻画苏格拉底,这也许是他对教育思想领域不朽贡献的真正根源。

S. 哈劳图连-戈登(S. Haroutunian-Gordon) 著
孙 益 刘冬青 译

附录

Chisholm R M 1979 Socratic method and the theory of knowledge. *Ratio* 21:97—108

Elias J A 1968 Socratic versus Platonic dialectic. *Journal of the History of Philosophy* 6:205—216

Haroutunian-Gordon S 1989 Socrates as teacher: What does he know? In: Jackson P H, Haroutunian-Gordon S(eds.) 1989 *From Socrates to Software: The Teacher as Text; The Text as Teacher.* Eighty-ninth Yearbook.

National Society for the Study of Education, University of Chicago Press, Chicago, Illinois

Kierkegaard S 1946 The attack upon Christendom 1854—1855 In: Kierkegaard S (es.) (trans. Lowrie W) 1947 A *Kierkegaard Anthology*. Princeton University Press, Princeton, New Jersey

Mill J S 1975 *On Liberty*. Norton, New York

Nelson L 1949 *Socratic Method and Critical Philosophy: Selected Essays*. (transl. Brown T) Yale University Press, New Haven, Connecticut

Perelman C, Olbrechts-Tyteca L 1969 *The New Rhetoric: A Treatise on Argumentation* (trans. Wilkinson J, Weaver P). University of Notre Dame Press, Notre Dame, Indiana

Phillips D C 1985 Philosophy of education. In: Husén T, Postlethwaite T N (eds.) 1985 *International Encyclopedia of Education*, 1st edn. Pergamon Press, Oxford

Plato 1961 *The Collected Dialogues of Plato*. Bollingen Series 71. Princeton University Press, Princeton, New Jersey

其他参考文献

Crombie I M 1962 *An Examination of Plato's Doctrines I: Plato on Man and Society*. Routledge and Kegan Paul, London

Haroutunian-Gordon S 1988 Teaching in all ill-structured situation: The case of Socrates. *Educ. Theory* 38 (2): 225—237

Haroutunian-Gordon S 1990 Statements of method and teaching: The case of Socrates. *Studies in Philosophy and Education* 10(2): 139—156

Moors K F 1982 *Platonic Myth: An Introductory Study*. University Press of America, Washington, DC

昆体良与教育(Quintilian and Education)

在古希腊和罗马帝国,修辞学是公共教育不可缺少的一部分。昆体良(35～100)是此学科一部重要罗马论著《论演说家的培养》的作者。从古代到19世纪,它对西方世界的文学理念和教育方法都产生了巨大的影响。第二次世界大战后修辞学研究的复兴引发了对昆体良思想的新兴趣。

1. 生平和著作

昆体良(拉丁语全名 Marcus Fabius Quintilianus)公元 35 年出生于西班牙的卡拉格雷斯(Calagurris)。那时西班牙是罗马帝国的一部分,十分繁荣,产生了城市公务员阶级和热衷于吸收罗马文化的知识分子。昆体良可能就读于卡拉格雷斯的文法学校。公元50年左右,他被其父送到罗马,去帝国的政治文化中心完成他的教育。他的老师有著名的文法学家帕莱蒙(Remmius Palaemon)和著名的演说家阿弗(Domitius Afer)。

几年后,昆体良为实习法学和教授修辞学,回到了西班牙。昆体良所在省(Tarraconensis)的总督加帕(Galba)注意到了他的才能。公元68年,当加帕离开西班牙去做皇帝时,昆体良跟随他去了罗马。不久,昆体良成了一名成功的辩护律师,并经营一所学校,教授演讲技巧。他的声名鹊起,引起了其他雄辩家的忌妒。诗人尤维纳利斯(Juvenal)和史学家塔西佗(Tacitus)都是昆体良的学生,似乎小普林尼(Pliny the Younger)也是。公元74年,韦斯帕西恩(Vespasian)皇帝命令政府支付10万塞斯特斯(古罗马的一种货币)给昆体良的学校,作为年度补助金。因为这个原因,昆体良还被称作欧洲第一位公共讲席教授。图密善(Domitianus)皇帝后来任命昆体良为其两个亲戚和继承人的教师,并给予他执政官的荣誉头衔。

大约公元88年,昆体良不再从事教学工作。他出版了几本著作,其中一篇名为《罗马演讲术衰微的原因》的论文已经佚失。退休后,他开始了另一部著作的写作,总结他在修辞学和教育领域的学识和经验,即《论演说家的培养》。根据昆体良的说法,它是在两年里完成的,可能是公元90～92年,并在几年后出版。

2. 昆体良之前的修辞学

为了正确评价昆体良的重要性,有必要考察一下修辞学的早期历史。演讲的艺术首先是由希腊人在公元前5世纪发展起来的。它从一开始就是一种使人能有效地在法庭辩护的方法。诉讼人必须知道法律与合法辩论的规则。如果他知道逻辑或辩证的一般原理,且能通过优美而动情的雄辩来取悦和打动他的听众,就能获得巨大的益处。同样的原理也能应用于政治辩论或隆重场合的公众演说中。因而,为了分析和评价演讲,并为了指导人们怎么获得强有力的雄辩能力,一套规则和概念得以发展起来。甚至这种雄辩本身就是一种技巧或艺术,被称作"修辞学"。起先,修辞学被狠狠地评判为肤浅的,不道德的,并在政治上是危险的;比如柏拉图就这样批判过。然而柏拉图的继承者亚里士多德,在他的学校里教修辞学,并创作了修辞学的教材。在这本教材里,他创造了修辞学的古典形式和范围。亚里士多德系统地陈述了关于社会中语言的一般功能的理论,结合法律的、逻辑的、语言学的、心理学的以及道德的元素。从那以后,修辞学就渗透进了希腊和希腊文明中。为了在法庭辩护,为了从事政治职业,或为了获得那个时期的人所必需的语言和风格,都需要在演说学校里接受好几年的教育。

当罗马人最终遭遇到希腊文化时,他们在抵制的同时也着迷于这种对雄辩的崇拜。在起初的厌恶或着迷之后,罗马的贵族和知识分子开始研究希腊的修辞学教材,并在自己的演说中模仿希腊的演说家。他们也为他们的儿子们雇请希腊教师,或送他们去学校,罗马的许多城市都建有这种学校。我们可以拿出有力证据证明修辞学在罗马的最后胜利:那就是西塞罗(前106~前43)的职业生涯。西塞罗年轻时研究修辞学,在一些引人注目的审判中表现出一个杰出演说者的才能,并且担任各种公共职务,包括执政官这一最高职务。他还出版了关于修辞学、哲学及其演说的著作,得到了广泛的传播。

罗马的修辞学家撰写了一些手册,内容包括修辞学的规则,例如西塞罗在他年轻时写过一本题为《论创造力》的手册。同时期还有一本匿名的《修辞学》。中世纪直到19世纪修辞学衰落期间,这两本书都是学生的读本,并被用作其他教科书的模板。但掌握规则还不足以成为一个好的演说家。口头和书面的练习更重要。修辞学家创造了这种练习的详尽体系《初级读本》。它们都建立在模仿原则的基础之上。学生将学习复述一篇伊索寓言,或模仿西塞罗的措辞写一封信。随着技能的提高,学生在他们自己的作品中模仿伟大演说家和诗人的风格。但修辞学规则后来好像被引入到所有的教学过程中,并首先被用来表达通过其他练习已获得的见识。修辞学教学的目的是教给学生一种整体的说、写和举止"优雅"的能力,这种能力可以适应社会生活的各种要求和变化。

3. 昆体良的修辞学和教育思想

昆体良(1980)的《论演说家的培养》遵循了这种学习模式。他根据修辞学的五个"部分"提出了修辞学规则。卷三、四、五和六解释了发现的技巧;即"发现"或"发明"不同事实里的论据。卷七是关于布局,即整理不同部分以制造一个和谐有效的统一体。下面三卷论述的是措辞,即丰富的语言和恰当的风格,卷十一考虑的是记忆和行动,即记忆一篇演讲并使用所有声音和姿势把它表达出来的艺术。但像每一位好教师一样,昆体良警告我们别尽信规则,"大多数规则会因时空和事物特性的变化,以及自身的强烈需求而改变。因此,对一个演说家来说,最重要的才能是明智的适应能力,因为他会被要求处理最变化莫测的紧急情况"(Ⅱ:13.2)。因而,昆体良陈述了由希腊人发明的,并在他那个时代的罗马学校里广泛应用的教学方法。但他也发现了许多缺点,这促使他以更普遍的方式来探讨教育问题。

罗马的男孩通常首先被带到一位文法教师那儿,学习读写和文学。然后交由一位演说家(即修辞学家)指导。昆体良接受了这种体制,但指责许多修辞学家轻视教育的第一阶段,认为这个阶段与自己的学识和才能是不相称的。他说这是个错误,因为所有的教育开始于儿童早期,并持续终生。他甚至描写了适合于老年的学习。这种学习是终身过程的观点是《论演说家的培养》令人着迷的原因之一。

因此,父母和教师应极大关注儿童最早的几

年。昆体良紧接着列举了马其顿王国菲利普(Philip)的例子,他"希望他的儿子亚历山大能在那个时候最伟大的哲学家亚里士多德那里接受初级教育"。"让我们假设亚历山大已被托付给我们照管,在我们的怀抱中受到最高的关爱"(Ⅰ:1.24)。事实上,昆体良对儿童的看法很乐观。学习对儿童来说,就像飞翔对于鸟儿、奔跑对于马、凶猛对于掠食的野兽一样自然(Ⅰ:1.1)。他们学习起来比成人更轻松且不易疲劳(Ⅰ:12.8~11)。他们学习阅读可以和说话一样早,等到7岁才学将是浪费时间。

这种观点赋予了父母和教师巨大的责任。他们必须保护儿童免受坏的印象和榜样的影响,他们很容易模仿那些坏印象和榜样,并能在他们的头脑中保留一生。因为这个原因,昆体良发现,讨论许多"琐碎"的事情、甚至保姆的选择都是必要的。保姆必须正确地说话,并有一个好的品质。"保姆是儿童第一个听到的人,她的话是他第一个试图去模仿的。"(Ⅰ:1.5)那么,男孩应在家还是在学校接受教育?古老的罗马观点认为,男孩应在家接受教育。昆体良承认父母照看的价值,但他也用许多理由捍卫学校,并且信念坚定。罗马的私人教师通常一次只收一个学生,比学校里的教师给予儿童更多的关注。因此私人教师好像是更有效的。但昆体良认为,公共教师能同时为许多学生解释一些事情(但是,当一个学生正在用心写、想或学的时候,教师不应一直监督他)。

也有人说,学校腐蚀了男孩的道德。昆体良答复说,男孩可能暴露在家庭的恶习和坏榜样之下,例如那些奴仆,甚至他的父母。因此,儿童将渐渐习惯不体面的说话和行为举止,"他们听到我们那样的话,他们看到我们的情妇和宠臣;每一次晚餐聚会都很吵闹并有污秽的歌曲,呈现在他们眼前的事物是我们应该感到惭愧的。他们从此生发了习惯,习惯又适时地变成第二本性"(Ⅰ:2.8)。因而,优秀的父母应该选择最好的学校,在那儿,教师作为学习和好品质的鲜活例子而尽职责。像昆体良所写的,"最重要的事是,我们未来的演说家,将过着极其公开的生活,受到广泛的关注,因此,他应该毫不畏惧地在儿童期就参与社会活动,并习惯远离黯淡、孤独和寂寞的生活"(Ⅰ:2.18)。而且,在学校里,男孩会"每天听到许多赞扬优点和纠正缺点的话",这种赞扬将激励他去竞争(Ⅰ:2.22)。因此,学校是给予男孩良好公民习惯和德行、使他们习惯公共生活要求的最有效途径。

昆体良接着讨论好教师的德行。他对他的学生来说应该像一位父亲,严厉但不苛刻,亲切但不放肆,乐于解答问题并毫无讽刺和辱骂地纠正缺点(Ⅱ:2.5~7)。他应该留意每个男孩的自然天赋和成熟。他也应该考虑这些想法能实现多少,"如果一次倒得太多,窄口的管子将无法接收液体,但如果液体以小水流或一滴一滴地注入,就容易装满"(Ⅰ:2.28)。他应记得世界上没有东西能承受持续的紧张。那是为什么学习一直不得不变化的原因,"学习的变化就像食物的变化;胃因为食物的多样性而得以恢复活力,并从食物的多样性中获取更大的营养"(Ⅰ:12.5)。假日和不同种类的游戏也很重要,它们不时地提供放松的机会。

教师应努力引出善的意志和对学生的爱,没什么能通过强迫获得。同理,昆体良也谴责鞭打和其他惩罚措施(Ⅰ:3.8~16)。纠正缺点应该温和地进行,这样不至于使学生失去勇气并憎恶学习,"一定要赞扬某些活动、容忍某些活动、改变某些活动,但无论如何要给出改变的理由"(Ⅱ:4.12)。

自早期开始,修辞学家就对修辞学艺术所包括的范围存在分歧。一些人把它限定为劝说的技巧。其他人认为,一个好的演说家不仅应该知道怎么说,而且必须知道说什么,因此他应该学习大多数人文学科和自然科学。昆体良支持后面这种百科全书式的理想,并建议未来的演说家学习音乐、几何、体操以及法律,理解真正的雄辩是怎样作用于人的思维的。但他说,最重要的是"哲学",或更精确地说是"德行"。演说家必须理解它们,以至在它们的帮助下能打动并说服他人。他自身也必须拥有这些道德倾向或习惯。因为没人能成为完美的演说家,"除非他是一个善良的人"(Ⅻ:1.3)。这是从第一页直到最后一页贯穿于《论演说家的培养》一书,讨论得非常多的观点。

4. 昆体良的影响

从柏拉图、亚里士多德到罗马帝国,昆体良对古典修辞学进行了一次前无古人的考察。他的《论演说家的培养》一书到中世纪已残缺不全,因而对它的阅读很少能完整地进行,大多是断章取义,但其主要观点仍是众所周知的。1416 年,意大利人文主义者波基奥(Bracciolini Poggio)在圣吉尔(现在瑞士)的修道院里发现了一套完整的手稿。这部著作在 1470 年首次印刷。从那以后,西塞罗和昆体良几乎成了每个人文主义者——从伊拉斯谟和路德到卡斯蒂戈隆(Castiglione)和拉伯雷(Rabelais)——的楷模,成了道德智慧和修辞技巧的杰出典范。他们的文章和练习也成了从文艺复兴到 19 世纪初每一所欧洲文法学校的必修课。后来,作为一种科学和教学体系的修辞学开始衰落下去。然而第二次世界大战后,修辞学获得了一次显著复兴,尤其在美国。昆体良作为最"现代"的古代修辞学家之一,再次得以广泛阅读、讨论和翻译。《论演说家的培养》一书也被称作唯一科学的教学研究古典著作,其中蕴涵了我们的时代必须重新发掘的思想(Bianca 1963)。

K. 约翰松(K. Johannesson) 著
孙 益 刘冬青 译

附录

Bianca G G 1963 *La pedagogia di Quintiliano*. Pubblicazioni dell'Instituto universitario di magistero di Catania, Serie Pedagogica, monografie, 1, Padua

Quintilian 1980 *The Institutio Oratoria of Quintilian with an English translation by H. E. Butler*. Heinemann, London

其他参考文献

Cousin J 1975 *Recherches sur Quintilien: manuscrits et éditions*. Société d'édition "Les belles lettres," Paris

Fafner J 1982 *Tanke og tale. Den retoriske tradition i Vesteuropa*. C A Reitzels Forlag, Copenhagen

Murphy J J (ed.) 1990 *A Short History of Writing Instruction: From Ancient Greece to Twentieth-century America*. Hermagoras Press, Davis, California

卢梭与教育(Rousseau and Education)

在欧洲启蒙运动的框架中,法国哲学家让-雅克·卢梭(Jean-Jacques Rousseau, 1712 ~ 1778)系统阐述了三种互相矛盾的观点:政治意志的理论、文学主观性的理论以及自然教育理论。这三种理论互不相关,但都具有深远的影响。卢梭对教育思想的影响随着时间的流逝不断增加,并且在国际教育改革运动中得到进一步发展。但是,其推理的自相矛盾几乎没有被注意到。然而,正因为他的自相矛盾,卢梭会被看作是一位现代作家,尽管他的主要概念是古典的,而且只是泛泛地反映了启蒙运动。

1. 生平和主要著作

卢梭本人已叙述了他的一生。他的自传《忏悔录》(1959a)写于 1766 年至 1770 年,是为了回应伏尔泰出版的讽刺文章。卢梭用一部独特的自传证明他自己,自传把文学的主观性重新定义为一种类型。必须把他的生活和工作从这里区分出来。

让-雅克·卢梭 1712 年 6 月 28 日出生于日内瓦,他是一个钟表匠的儿子。同年,他母亲去世,10 年后,他的父亲离开日内瓦。卢梭在不同的地方接受教育,当过不同行业的学徒,直到 1728 年他在安讷西(Annecy)遇到华伦夫人(Madame de Warens),她影响了卢梭的一生。他的不系统的教育或多或少具有自学的性质,整体倾向一开始是强烈的音乐色彩。在几个地方担任家庭教师并形成了多种教育方案之后,1742 年,卢梭永久地迁居巴黎。在他的《现代音乐论》中,他认为符号将被数字代替,并解释了这种替代将怎样进行;这部著作被法兰西学院拒绝,仅以书的形式于 1743 年出版。其结果是,卢梭建立了与巴黎知识界的联系,并进入了贵族圈子。他的歌剧《华丽的缪斯》完成于 1745 年;1749 年,卢梭为狄德罗(Diderot)的《百科全书》写了关于音乐的词条。

他的《论科学和艺术》(1964b)一文被狄昂学会(the Academy of Dijon)接受,改变了他的生活。在文章中,卢梭认为现代科学和艺术没有对道德进步做出贡献,这使他成了伏尔泰的敌手。卢梭与伏尔泰的对抗,最清楚地表现在1756年他对伏尔泰的《里斯本的灾难》进行的批判。此前一年,卢梭的《论人类不平等的起源》(1964a)出版,在其中,他论述了不平等的基础,并发展了虚构的自然人的故事,这是他以后全部异化理论的基础。

1742年后,卢梭的地位开始变化,他有了几位女性资助人,经常地变换居所,但从未获得较高的社会地位。由于不稳定的职业,使他认识到,文人哲学家的社会角色使他永远也不会找到幸福,即使在私人生活中也是如此,尽管他与勒瓦瑟(Thérèse Levasseur)结了婚。卢梭晚年孤独的反思表现了一个不安定且不幸福的人生故事。

卢梭最伟大的文学成功是他出版于1761年的书信体小说《新爱洛绮丝》(1964e),它为作者能享誉欧洲奠定了基础。一年后,名誉变成了耻辱。1762年的4月和5月,卢梭先后出版了《社会契约论》(1964d)和《爱弥儿》(1969a),这两部著作反映了他的政治意志和自然教育理论。因为《爱弥儿》反对天主教的原罪观念,它立即在巴黎被禁止。在他的家乡日内瓦没收了这两部著作的抄本之后,卢梭离开巴黎,前往普鲁士的诺沙特尔。1766年,卢梭前往伦敦,与苏格兰哲学家休谟(David Hume)住在一起,但不久他疏远了他的主人。以后,他在法国隐姓埋名到处漫游。

1770年,卢梭回到巴黎。在他生活的最后几年,他完成了他的《忏悔录》(1959)以及几部其他自传体作品。年迈的卢梭非常抑郁,他陷入了经济困境,并以忧郁的《孤独散步者的遐思》(1959b)总结了他的文学生涯。1778年6月2日,卢梭在埃尔默农维尔(Ermenonville)去世,这是他的最后一个赞助人的乡间房产。

2. 卢梭思想的来源

卢梭关于音乐理论的著作仍未受到足够的关注,虽然它们在他早期的文学生涯中具有决定意义,并且是贯穿他一生的重要问题。这种情况也出现在他对植物学的思考和教科书中,这些对他理解自然确实有巨大的影响。与此相反,他的教育和政治理论的三个主要线索已得到充分研究,它们的起源因而可以很明确地确定。

2.1 自然

卢梭的自然概念,与伏尔泰不同,它不是由18世纪早期新的物理科学决定的。相反,他对自然的理解是受古典思想学派的指导,尤其是斯多葛学派;没有它的影响,"自然教育"的概念是难以被理解的。他对古典作家们作品的阅读是不系统和主观的,但显然,他拒绝机械的自然概念。这同样适用于内在自然和外在自然。卢梭接受了感觉论的某些观点,其中最重要的是孔狄亚克(Etienne Bonnot de Condillac)的儿童绝对感性的观念。但在他的人类学中,最重要的是受布丰(Georges Buffon)的人类自然发展理论的影响。虽然这种理论对卢梭自己的理论有决定性的影响,但是只有当它与关于人类力量和人类本分的古典描述相联系时,才能够看到。

2.2 政府

在公共法律领域中,卢梭的对立面是英格兰哲学家霍布斯(Thomas Hobbes, 1588 ~ 1679)。卢梭反对霍布斯,是基于两个原因。第一,霍布斯的《利维坦》以一种消极的人类学为出发点,这种人类学只能通过原罪的神话得到解释,而完全忽略了社会的堕落(Rousseau 1969c)。第二,霍布斯的政治学理论缺乏合法性,因为他把法律与权力相联系,并且只涉及政府的专制权力。在《社会契约论》(1964d)中,卢梭用普遍意志的建构为政府的合法性填补了缺口,立法权力必须源于普遍意志。这个观点是崭新的;然而,它不能以自然法为基础。卢梭忽视了欧洲自然法的背景,但对证明法国大革命期间(1792 ~ 1793)雅各宾派恐怖政策的正当化,普遍意志是必不可少的,它为无法用经验描述的理论提供了一种解释或方向。这个概念影响了德国的唯心主义和政治浪漫主义,同样的,它阻碍了对民主的宪政政府主要问题的洞察,民主的宪政政府不能是由最高权威宣布为合法的自足统一体。

2.3 教育

卢梭的"自然教育"概念预先假定了一个18世纪上半叶儿童发展的景象。它吸收了洛克的感觉论、与宗教道德的逐步分离和资产阶级的教育选择权,这种选择并非出之于家长的(家庭的)权力,而是把公共空间和国家看作教育的目标。1748年,法国哲学家孟德斯鸠(Montesquieu)系统提出了这种自由选择的基本设想。在他的讨论中,卢梭提出了自相矛盾的观点:他的儿童"本性"的概念不像洛克的白板,相反,他把儿童本性的发展看作是由其先决条件决定的,并抛弃了教育的社会目标。为了反对启蒙运动的新的现实,卢梭发展了教育小说,以证明比同时代的教育术语更为有效和更有影响。卢梭的教育理论与同时代的教育术语背道而驰,它所追求的不是功利主义的结果,而完全根据它自己虚构的故事,即,纯正的教育应当遵循儿童的善良本性。这个虚构的故事是卢梭自己的创造,没有任何时代的背景。

3. 卢梭的教育理论

在卢梭的著作中,他对"教育"的态度变化很大。《爱弥儿》中的前提条件和指导原则甚至在《新爱洛绮丝》中也没有坚持。在《新爱洛绮丝》中,卢梭极力提倡母亲和家庭的教育。在他关于国家政策的著作例如1756年的《论政治经济学》中,他为国民教育和政治教育辩护(Rousseau 1964a),这与他在《论人类不平等的起源》(1964c)中关于野蛮人教育的说法是相反的。这又不同于文学主观性的教育(这种主观性在他的《忏悔录》中非常清楚地表现出来),这种教育滋生了偶然性,而这正是卢梭在《爱弥儿》中竭力排斥的。

因而,不同的"教育"都可归于卢梭,当然,在《爱弥儿》中提出的教育理论是最有影响力的,并将在这里加以分析。《爱弥儿》包含了三个关键的主要概念:善良的人类本性、自然发展和消极教育。在这三个概念中,再次出现了一种自相矛盾的教育理论。

3.1　善良的人类本性

在《爱弥儿》的第一卷中,卢梭展开了小说的场景,即一个男学生在乡村接受教育。教育由一个不知名的家庭教师安排,并展示了一种智力实验。教育的地点是对当时的优美田园风光的缅怀;它是城市堕落的对立面,但它也同样排除了乡村的教育结构。卢梭提供了一个纯正教育的案例,这种教育是由善良本性的反面和腐败的社会决定的。全部的构想取决于这种双重性,因为教育小说描写的是仅由自然决定的经历,其文学模型最可能是英国作家笛福(Daniel Defoe)的《鲁滨逊漂流记》(出版于1719年)。卢梭把教育的场所描写成一个隔绝的岛,在岛上教育可以仅关注其自身,不被任何堕落所干扰,善的本性能得到发展;然而,没有家庭教师的教学控制,那样的发展就不会发生。卢梭"善良的本性"的概念不是一个道德概念,而是一个目的论概念。在儿童天生的"善"与"恶"之间,没有先天的对立,但人类的本性会向着自己特定的方向发展。只要道德干预不加以阻挠,儿童的力量就可以自然地发展,这意味着他们可以通过自己的能力获得力量和完善。这需要一个唯我论的视角:儿童只有独自接受教育,他的善良本性才能得到发展,这即是说,与别人进行比较是不可能的。任何比较都将打破心理人类学的平衡,打破自爱与自私的平衡。只有当儿童成长到自己能独立地保持这种平衡时,他才可以面对道德的区别。

3.2　自然发展

在卢梭的观念中,儿童的发展是"自然的",并与一生中不同的"自然"阶段相一致。卢梭从布丰那里接受了这个观念,并像布丰一样认为人生是由不可逆的阶段构成的,这些阶段是由自然本身所确定的。因而,"自然教育"的原则之一是,儿童不能超越他的发展阶段来理解,即在儿童能理解较高程度的问题之前,他必须经历一定的发展阶段。正是卢梭的这种推论,导致了教育界的反感,因为这种发展的心理学的观点再不会为儿童的教义问答或教会道德提供基础。

但"自然教育"远不止于这些:学习环境的教学安排必须遵循发展的阶段,与此同时,必须提供另外的自然条件。卢梭关于早期锻炼、自然的严峻体验以及"必要的束缚"的苦行策略,来源于古典时代——他们不断地把斯巴达当作自然教育的示范场所不是偶然的。因此,卢梭一定不能被错误地当作教育改革运动的代表人物;他的"自然教育"概念不是儿童中心的,相反的,它预先假定了一个原始的自然,这在当时的旅行书籍中是非常著名的。笛福的《鲁滨逊漂流记》是爱弥儿早期教育期间(即他的儿童期)阅读的唯一的一本书,这并不是偶然的。

学生的隔离是所有力量完美的条件。在儿童期结束时,卢梭事实上描述了一个“完美的儿童”,他与社会并不协调,而只与他自己相协调。卢梭在《爱弥儿》的第五卷中,清楚地划分了男性教育和女性教育。当介绍到苏菲时,“男性”的本性突然进入到背景中,性别的差异变得明显起来,并且用当时关于性别关系的陈词滥调很笨拙地加以伪装,这种陈词滥调是不适宜于人类学方法的。在书信体小说《爱弥儿与苏菲》(出版于1780年)中(Rousseau 1969b),卢梭最后展示了“自然教育”的结果以及由于性别关系的现实而造成的失败。

3.3 消极教育

在《爱弥儿》的第二卷中,卢梭对关键的第一阶段教育的概念进行了界定:它完全是消极的,因而并不存在于道德和真理之间的调节中,“而在于防止他的心灵沾染罪恶,防止他的思想产生谬见”(Rousseau 1969a P.323)(《爱弥儿》的引文参见李平沤译本,人民教育出版社,2001年版——译者注)。这不仅要求社会的缺席,而且要求对学习环境的完全控制。《爱弥儿》中所描述的完整的教学安排遵循了这样的先决条件;家庭教师的看得见的手不断地控制学习的过程,这不仅不应该,而且一定不要被偶然性所支配。男学生逐渐地认识了宁静的田园风光,一个易于把握的风景,这不是为了让他发现,而是对他敞开的。教育的原则不是儿童自己的自由经验,而是“有节制的自由”(Rousseau 1969a P.321)。第一个发展阶段成功结束后,这种规范仍然有效,即在第二个阶段,开始进行道德教育。

消极教育以卢梭的自然宗教为基础,后者在《爱弥儿》的中间部分,在“萨瓦教区牧师的信仰自白”中得到了系统的说明。在这里,卢梭攻击同时代的感觉论和唯物主义,并用有神论的本体论予以答复。教育基本上被当作统一到宇宙体系的途径(Rousseau 1969a P.603)。教育直接求助于儿童的本性,因为儿童必须被当作是创造的一部分。如果社会的道德和真理不限制他,那么,这将有利于本性不受干扰的发展。

4.《爱弥儿》的影响

卢梭的教育小说被其同时代人广泛地讨论,当然,采用了他那种严厉的批判方式来谴责他。它几乎没有任何直接的影响,例如,在法国,它对1763年高等学校关闭后发生的学校改革没有任何影响,它对北美殖民地革命后自由教育的发展也没有影响。德国的泛爱主义者确实把《爱弥儿》收录在他们的“修正的著作”中(第12~15部分,1788页以下),但主要是作为激励性的文献,而不是作为他们自己学校的建设计划。

卢梭观点的影响直到1789年的法国大革命才被注意到,但在那个阶段,有影响的是社会契约中的公民宗教,因为它提供了革命教育的教学法创造的源泉。《爱弥儿》的观念在大革命时期的教育蓝图中扮演了一定的角色,但它或多或少是作为关键词而发挥作用的。这将决定它的全部影响史。

作为批判的陪衬物,《爱弥儿》提出的教育概念迄今为止是成功的。然而,源于该书的所有积极实践的努力或者失败,或仅存在于一些关键词的表述上。这种现象尤其表现在国际教育改革运动对卢梭的解读上,这些运动经常与卢梭相关,但从未察觉到《爱弥儿》自相矛盾的结构,这种结构导致了片面的方法。这种情况也出现在对卢梭的性别歧视的解读上,希望改革的读者从不曾考虑这样的事实,即,卢梭所谓的人的教育其实是男性的教育,在其著作的结尾,卢梭对这一点说得很清楚。

对卢梭的完整阅读是不足的;就教育概念和改革的教育学而言,时代的背景没有被考虑到。因此,结果通常是,所谓的不变的教育阻碍了对卢梭原著的阅读,并使《爱弥儿》孤立于它的起源。当然,这样一种被限定的历史化在改革的教育学中尚未被接受,因为它的合法性来自卢梭及其“自然教育”的概念。然而,这种高度简化的方法中的断裂,将有利于对卢梭著作的分析。

5.对卢梭的研究

从1905年以来,有关卢梭的讨论主要在《让-雅克·卢梭学会年鉴》中进行。在这种讨论中,提出了许多个别的问题,其中有三个问题对教育理论有特别的重要性:卢梭的人类学及其古典根源;关于"自然教育"概念起源的讨论;对卢梭阅读的历史。梅尔策(Melzer)的著作《人的自然的善》(1990)涉及卢梭的人类学,并补充了利杜克-菲伊提(Leduc-Fayette)关于卢梭与古典关系的研究(1974)。默西埃(Mercier 1961)讨论了卢梭的先驱者,但是,在启蒙运动中,最为清晰的是卢梭与伏尔泰的关系(Gouhier 1983)。卢梭的影响史几乎尚未被研究(Mounier 1980),他的整个理论中固有的性别偏见也是如此(Hirsch 1992)。

在对卢梭教育概念的研究中,有三个问题有待着重考虑:卢梭在《爱弥儿》之外所提出的教育主张之间的联系;卢梭在同时代欧洲教育理论中的地位;卢梭影响的国家史,对教育改革运动的不同影响并非是不重要的。

J. 奥尔克斯(J. Oelkers) 著
张斌贤 刘冬青 译

附录

Gouhier R 1983 *Rousseau et Voltaire: Portraits dans deux miroirs.* Vrin, Paris

Hirsch G 1992 *Sophie*—Experimentum crucis der "éducation naturelle". *Zeitschrift für Pädagogik*38(1):27—46

Leduc-Fayette D 1974 *Jean-Jacques Rousseau et le mythe de l'antiquité.* Vrin, Paris

Melzer A M 1990 *The Natural Goodness of Man: On the System of Rousseau's Thought.* University of Chicago Press, Chicago, Illinois

Mercier R 1961 L'Enfant dans la société du XVIIIe siècle(avant l'*Emile*). D Litt thesis, University of Paris

Mounier J 1980 *La Fortune des écrits de Jean-Jacques Rousseau dans les pays de langue allemande de 1782 No.1813.* Presses Universitaires de France, Paris

Rousseau J-J 1959a *Confessions.* In: Rousseau J-J (Gagnebin B, Raymond M eds.) 1959 *Oeuvres Complètes*, Vol. 1. Bibliothèque de la Pléiade, Paris

Rousseau J-J 1959b *Rêveries du promeneur solitaire.* In: Rousseau J-J (Gagnebin B, Raymond M eds.) 1959 *Oeuvres Complètes*, Vol. 1. Bibliothèque de la Pléiade, Paris

Rousseau J-J 1964a *Discours sur l'économie politique.* In: Rousseau J-J (Gagnebin B, Raymond M eds.) 1964 *Oeuvres Complètes*, Vol. 3. Bibliothèque de la Pléiade, Paris

Rousseau J-J 1964b *Discours sur les sciences et les arts.* In: Rousseau J-J (Gagnebin B, Raymond M eds.) 1964 *Oeuvres Complètes*, Vol. 3. Bibliothèque de la Pléiade, Paris

Rousseau J-J 1964c *Discours sur l'origine de lïnégalité parmi les hommes.* In: Rousseau J-J (Gagnebin B, Raymond M eds.) 1964 *Oeuvres Complètes*, Vol. 3. Bibliothèque de la Pléiade, Paris

Rousseau J-J 1964d *Du contrat social.* In: Rousseau J-J (Gagnebin B, Raymond M eds.) 1964 *Oeuvres Complètes*, Vol. 3. Bibliothèque de la Pléiade, Paris

Rousseau J-J 1964e *La Nouvelle Héloïse.* In: Rousseau J-J (Gagnebin B, Raymond M eds.) 1964 *Oeuvres Complètes*, Vol. 2. Bibliothèque de la Pléiade, Paris

Rousseau J-J 1969a *Emile.* In: Rousseau J-J (Gagnebin B, Raymond M eds.) 1969 *Oeuvres Complètes*, Vol. 4. Bibliothèque de la Pléiade, Paris

Rousseau J-J 1969b *Emile et Sophie ou le solitaires.* In: Rousseau J-J (Gagnebin B, Raymond M eds.) 1969 *Oeuvres Complètes*, Vol. 4. Bibliothèque de la Pléiade, Paris

Rousseau J-J 1969c *Lettre No. Christophe de Beaumont.* In: Rousseau J-J (Gagnebin B, Raymond M eds.) 1969 *Oeuvres Complètes*, Vol. 4. Bibliothèque de la Pléiade, Paris

其他参考文献

Crocker L G 1968 *Jean-Jacques Rousseau*, 2 vols. Macmillan, New York

Guehenno J 1962 *Jean-Jacques: Histoire d'une conscience*, rev. edn. Gallimard, Paris [1966 Routledge and Kegan Paul, London]

Starobinski J 1971 *Jean-Jacques Rousseau: La transparence et l'obstacle.* Gallimard, Paris

Trousson R 1988 *Jean-Jacques Rousseau*, Vol. 1. Tallandier, Paris

圣·奥古斯丁与教育(Saint Augustine and Education)

圣·奥古斯丁(Saint Augustine,354～430),早期基督教最重要的哲学家和神学家,致力于创造基督教知识文化与古典遗产的融合。他为教育设立了新目标,不遗余力地批判罗马的演说家理想,并用希腊风格的哲学家理想(昆体良)取而代之,尽管这是一种被改造过的基督教化的形式。因此,他虽然把《圣经》的学习置于教育的中心位置,但仍然坚持认为古典自由艺术的学习是获得智慧的根本。他提出的教育方法建立在以下两种观点的基础之上,"我们在自由求知的精神下比在恐惧和强迫下学得更好"(Augustine 1961 P. 35),话语是外部信号,目标在于唤起学生内在的反思能力。

1. 教育目标

北非海岸的罗马定居者对其文学和雄辩术遗产感到无比自豪,在这种传统下,奥古斯丁接受了标准的初等教育和中等教育。在父母资助下,他在迦太基完成了高等教育,成为一名训练有素的演说家,开始教授修辞学。385年,他被任命为米兰城的官方演说家,这在当时是最有声望的职位。386年11月他改宗基督教,后来因为这个原因,他辞去了演说家职务。从391年起,他成了北非希波(Hippo)的主教。

从理智的观点看,奥古斯丁的改宗暗示着文化和教育理想的转变。一方面,他不遗余力地批判演说家的理想,并用哲学家的理想取而代之,表明了在古希腊和罗马理智传统之间他对前者的偏爱。另一方面,他的新信念是,只有基督教能为哲学提供一条安全的道路,暗示着哲学家理想本身的内在变化。同时,基督教信仰对古典理性文化保持开放的前提假设与《圣经》学者背道而驰。

西塞罗,最著名的罗马演说家,在修辞学教育中居于首要地位。在一些作品中,他向拉丁语世界的公众呈现了希腊哲学的主要学派和问题。奥古斯丁是在迦太基的课程中第一次遇到西塞罗的,导致了他哲学上的觉醒,但这只是他所受教育的副产品,因为他的老师一致地忽视哲学问题。在晚期希腊文明中,哲学有一个实践目标,就是教人怎么获得个人的智慧、美德和幸福,并经常或多或少地显示其宗教特征。因此,奥古斯丁寻求哲学和基督教信仰结合的方法就不足为奇了;但在北非他得不到丝毫帮助。因为北非的基督教牧师敌视哲学,异教徒对此也不感兴趣。他在米兰发现了完全不同的文化氛围。在米兰,基督教信仰和新柏拉图哲学已经相遇,并形成为一种综合体。这种综合——也包含道德禁欲主义——是他在米兰获得的新信仰。

与柏拉图传统相一致的是,奥古斯丁认为肉体和感官现象是实体的低级形式,感官的理解,与精神实体不同,只能通过理智来把握。前一种实体是一种意象,引导着理智去追求高级的精神实体。因此他认为人的教育有两重目标,(感觉)符号的学习和真正(精神)客体的学习。词是最重要的一种符号,因此,有关怎么说、读、写和记数的初等教学,是一切教育所必不可少和最有益的开始。虽然奥古斯丁批判自己童年时老师所使用的方法,但他仍然对这种教学表示赞赏和感激。

奥古斯丁对中等层次的文学和雄辩术教育批评更多。尽管他相信词应该用来提高学生的概念和计算水平,由此激发和维持他们的理智和道德,但是拉丁文学校却发展了一种肤浅而无价值的词文化。训练儿童使用词,仅是为了迷惑、引诱、说服甚至论证不道德的行为,教育目标实际上是为获得虚荣的社会声望和杰出演说家的荣誉。忽视了概念和辩证法的逻辑训练,对待真正的教育之王——哲学,也是如此。这种模式在演说家学校的高等教育中得到了进一步强化。当奥古斯丁意识到这种教育理想徒劳无功时,除了放弃了自己的演说职业他别无选择。

奥古斯丁相信教育目标应该帮助和激励学生追求智慧。这里的智慧包括理论上的和实践上的。对希腊哲学家来说,智慧意味着美德。对奥古斯丁来说,真正的美德就是爱上帝和爱邻居的统一。在理论上,智慧意味着真理的沉思。此处的真理有着宗教的特征,因为理智世界包含在上帝自身的理智,也就是他的逻各斯里,而人类的所有知识都来自这个理智世界。由此知识与基督教信仰之间的结合得以建立起来。信仰的中心目标是耶稣基督,即被实体化的逻各斯,这种实体化使理智世界更容易理解。因此人类对智慧的追求应该始于信仰,《圣经》在教育中具有中心地位。

2. 课程

奥古斯丁最重要的贡献之一是把基督教的教育文化与古典人文学科结合在了一起。这是值得称颂的一点,因为在他所处的时代和社会环境中它们或多或少被忽视了。它们由以下部分组成:(a)"三艺":文法(包括文学)、辩证法和修辞学;(b)四艺:算术、音乐、几何、天文;(c)哲学:哲学是所有学科之王。奥古斯丁甚至计划为每一个学科撰写手册,这项事业因教会对他的征召而中断了。但那时,他已经完成了一本文法手册(不幸佚失),并已开始撰写分成两部分的音乐手册《论音乐》(Augustine 1947 Vol. 7),第一部分论述韵律和节拍,第二部分论述和声。虽然只完成了第一部分,但他清楚地阐明了不同的学科应该怎样唤醒学生的哲学反思。

一方面,每个学科都有一个实践目的,这是初等教育最显著的目的。学习语法,就是要学会说、读和写;学习音乐,就是要学会唱和背诵。另一方面,每个学科都有其理论,旨在阐明系统和次序。音乐中韵律规则的发现,使用度量规则所获得的快乐,使思维转向纯粹的理智实体,并最终转向神圣的理智本身。理智实体中的一切都是有秩序和规则的,而理智本身则是秩序和规则的创造者。

所以,引导思维从学科理论走向哲学沉思中纯粹的精神实体,是一条抽象思维的艰难之途。这条道路并不适合接受初等和中等训练的年轻人,实际上也不适合许多成年人。大多数人既缺乏哲学反思的天赋也负担不起高等教育。然而,信仰是每个人都能获得的。信仰为思维通向哲学沉思的精神实体打开了大门,甚至在不能被理解的时候,也能被热爱。虽然奥古斯丁高度评价始于人文学科的哲学道路,但他也警告说,不要高估这条道路,不要忘记许多圣人虽然对哲学一无所知,但依然能够成圣。

在《启蒙问答》(Augustine 1949 Vol. 11)一书中,奥古斯丁建议为未受过教育甚至是不识字的人开设一门皈依基督的课程。这种基督教信仰入门训练包括两个主题:(a)叙述上帝创世和救赎行动的过程,从上帝创世讲到教会目前的状况;(b)有关德行的箴言。第一个主题主要来自《圣经》,但也使用了后期基督教文学。他建议教学者不要太关注细节,而要呈现最重大的事件,并给予初学者仔细探究问题、反思和情感反馈的机会。在前一个主题中,德行箴言具有其动机,两个部分被融合在上帝爱人的主旨中,通过上帝的语言和行为,唤起人类对他的爱和感激。

尽管奥古斯丁接受那些有着信仰立场但未能发展理智的人,但他称他们为"肉体的人"和"儿童",而那些能从信仰上升到知识的人是"精神的人"和"成年人"。所以,他真正的文化理想在一项教育计划中得以表达,即信仰是起点,而完整的知识和真理的沉思是目标。实现目标的方法由理智和道德训练构成,并充分利用古典文化遗产。他花了很长时间去完成这个计划,在《论基督教义》(Augustine 1949 Vol. 11)一书中他阐述了这个计划。在这种语境下,把 doctrina 翻译成"doctrine"(教义)是非常令人误解的。

在他的教育计划中,《圣经》占据着中心位置。但联系到奥古斯丁有关符号与实体之间基本区别的理论时,就出现了《圣经》的学习是符号的学习,因此本质上不是终点的状况。符号除了唤醒思维去追求实体之外,别无其他目标。在这种追求中,人类理智成就的支持是必需的,但应该避免时常混杂于其中的错误、邪恶或者迷信,也应避免扰乱思维集中的琐碎事实。

在《圣经》学习中遇到的符号种类各异。一方面,《圣经》中的词语是符号。因此,多方面的语言学训练是必需的,包括原始的《圣经》语言、把《圣经》翻译成其他各种语言的方法、不同词语的含义、词语的隐喻、语法规则、文体和修辞上的精巧等等。另一方面,创世图画和《圣经》中对上帝创世和救赎行为的描述,唤起了读者对几个新图景的关注。上帝创造的整个世界是证明他为创世主的一个象征。对上帝行为的叙述证实了他的爱和诚实，并号召人们在精神上去追寻他。在这种关系中，为了把《圣经》中所叙述的历史置于一个更广阔的背景之下，奥古斯丁强调了历史学习的重要性。

所以，在这部作品里，奥古斯丁更为复杂地描述了古典文化遗产，比强调人文学科的早期作品更甚。在这里，奥古斯丁也强调了人文学科，但除此之外，他特别提及了许多更为专业化的，包括像地理学、植物学、地质学以及各种技术性学科这样的自然科学，但最重要的还是历史。

在这一教育计划中学习的目标是获得智慧；这是以基督教形式表现出来的古典哲学家的理想。为未受过教育的皈依者而设立的课程与这个计划之间的联系，存在于上帝创世和救赎行为的叙述中，存在上帝的道德箴言中。这显然与奥古斯丁童年在中等学校中所学的文学作品相一致，这些作品主要来自维吉尔（Virgil）和荷马（Homer）。奥古斯丁在他的《忏悔录》(397)中，用辛辣的讽刺语调批判了这种学习：

> 传统教育教导我说，朱庇特用雷电惩罚邪恶的人，而他本人却犯了通奸罪……结果是，那些跟从他犯通奸罪的人找寻借口躲避雷电而大胆为之……但当听（西塞罗）说“荷马发明了这些故事并把人类的原罪归于上帝，他在为人类提供神圣而善良的榜样方面本应该做得更好”时，任何一位身着长袍的教师还会泰然自若吗？(1961 P.36)

3. 教育方法

“一段痛苦和耻辱的时期”（Augustine 1961 P.29），那是奥古斯丁对自己早期学校生活的概括（Confessions 1,9），特别谴责了他的老师持续不断的强制和压迫。他提到，儿童对鞭子的恐怖程度与成人对拷问台和各种类似刑具的恐怖程度一样，没有一个好的法官会赞同仅因为孩子喜欢玩游戏就责打他，而事实上教师们喜欢对无辜的孩子玩各种成人游戏。“我们在自由求知的精神中比在恐惧和强迫下学得更好。”(P.35)

在教义传授者的教导方面，奥古斯丁强调在对未受教育的人叙述圣经的好消息时乐观语气的重要性，并且为叙述具有感染力提出了各种建议；最重要的是，初学者应该有机会确切地熟知重大事件，接受、谈论并且惊叹这些事件。

奥古斯丁在他的早期著作《论教师》（Augustine 1948 Vol.5）中详细阐述了自己指导年轻人追求真理的方法。很明显这种方法受到了苏格拉底产婆术的启发。他断言，没人能通过听和复述学会任何东西。话语仅仅是符号，给思维以刺激去探究所提到的客体。如果客体是物质的，思维用感官去探索它们，但如果客体是精神的，思维仅能转向自身“请教孕育于其中的真理”。如果教师想指导学生转向理智的实体，就要使用外部话语来描述肉眼看不见的物体，呈现给内心的眼睛去观察。如果学生通过语言，以同样的方式转向自身，用内心的眼睛来认识这些物体，那么他们的知识是通过自己的沉思，而不是通过教师的话语获得的。如果学生不设法认识教师话语所指明的物体，那么，话语对他们来说是无用的；另一方面，如果他们能认识这些物体，那么，这些学生的内心就是真理本身（与唯一真正的教师、神圣的逻各斯相一致），学生的外在形体在此时就相当于鉴别真伪的法官。

R. 霍尔特（R. Holte） 著

孙 益 刘冬青 译

附录

Augustine St 1947—1962 *Oeuvres de Saint Augustin*, Vols. 5,7,11,13. Bibliothèque augustinienne. Desclée de Brouwer, Bruges

Augustine St 1961 (transl. Pine-Coffn R S) *Confessions.* (397) Penguin, Harmundsworth

其他参考文献

Brown P 1967 *Augustine of Hippo. A Biography*, Faber and Faber, London

Chadwick H 1986 *Augustine.* Past masters' Series. Oxford University Press, Oxford

Holte R 1962 *Béatitude et sagesse. Saint Augustin et le problème de la fin de l'homme dans la philosophie ancienne.* Etudes augustiniennes, Paris

Marrou H-I 1949 *Saint Augustin et la fin de la culture*

antique. De Boquard, Paris

圣·依纳爵·罗耀拉与教育(Saint Ignatius Loyola and Education)

圣·依纳爵·罗耀拉(1491～1556)是耶稣会的创始人。17世纪,这个宗教团体建立了第一个真正的教育体系,逐渐被人称作"欧洲的教师"。耶稣会的教育原则持续不断地为全世界的耶稣会学校提供系统的元素,这些原则总体上对教育产生了深远的影响。在对罗耀拉进行一个简要的生平介绍之后,本词条将讨论耶稣会著名的《教育章程》。其中一些原则被罗耀拉及其同事带入到教育中:这些原则或者特征在20世纪末的耶稣会教育中依然盛行。

1. 生平

1491年左右,罗耀拉(他后来把自己的名字改为Ignatius)出生于西班牙巴斯克地区阿佩帝亚附近的罗耀拉家族城堡里。他是一个小贵族,从小在宫廷里当侍童,后来成了一名为西班牙君主服务的骑士。

1521年在反抗法国保卫边陲小城潘普洛纳(Pamplona)时,他被一枚炮弹击中,失去了一条腿,另一条腿也严重受伤。在回到城堡修养期间,他对骑士名誉的渴望转变成了对上帝的虔诚,于是决定把余生献给耶路撒冷。他的旅行从曼雷沙(Manresa)朝圣开始,这是位于西班牙东北部的一个小村庄,他在那里滞留了将近一年的时间。通过祈祷和沉思,他逐渐变得对内心活动和外界影响更加敏感,开始形成自己对世界和人类的独特见解。罗耀拉记录了他的经历,后来以《灵性操练》为名出版,用来指导男人和女人获得同样的内心自由并发展类似的洞察力。

当罗耀拉最后到达耶路撒冷时,地方当局不允许他停留。他返回西班牙,认为进一步接受教育将使他的服务生活更有效率。30岁时,他为了学拉丁文法,和巴塞罗纳的男孩子们坐在了一起;两年后,他进入阿拉卡拉(Alcalá)大学。他坚持与他人分享他的精神经历,这使他受到了阿拉卡拉西班牙宗教裁判所的注意,后来萨拉曼卡(Salamanca)的宗教裁判所也开始注意他。为了避免更多的困扰,他于1528年迁到法国,在巴黎大学继续他的学习。

1535年,罗耀拉获得神学硕士学位(相当于现在的博士学位),并把他的名字拉丁语化为Ignatius。他大学时的学习计划既包括学习课程材料,也包括学习基本的教学原则,这显然与阿拉卡拉和萨拉曼卡大学随意的学习方法有极大的差异。自曼雷沙开始,罗耀拉就经常向别人谈及他的灵性世界观;在巴黎,这使他拥有一群分享他观点的亲密同道,1534年8月,这7个人在巴黎附近的蒙马特区(Montmartre)立下了贫穷和贞洁的宗教誓言。政治动乱阻碍了他们第三次誓言的实现,即去耶路撒冷结束他们的学习活动;后来他们去了罗马为教皇服务,目的是通过建立宗教团体实现更永久的结合。1540年9月,教皇保罗三世(Paul III)正式批准耶稣会成立,次年4月,罗耀拉被选为首任总会长。直到1556年去世,罗耀拉一直呆在罗马管理他的新团体并建立章程。

虽然罗耀拉的首批同僚都是大学毕业生,但他们把耶稣会当作一个致力于布道和其他精神事业的团体;他们的目的不包括教育。但不久以后他们为培训新成员建立的教育机构获得了极大的声誉,即使父母们不想让孩子加入耶稣会,也希望他们就读于这些学校。1546年,西班牙的冈迪亚(Gandia)学院接受了这些请求,1548年第一个耶稣会学院(中等学校)在墨西拿(Messina)建立,仅对男孩开放。1554年建立了罗马学院(现在被称作格列高利大学),罗耀拉希望它成为所有其他耶稣会教育机构的典范。

2.《教育章程》

耶稣会学校的数目迅速增加:在罗耀拉去世时是40所,1600年是245所,1773年超过800所。当耶稣会传教士旅行到达丁美洲和亚洲时,他们也在这些新发现的大陆上建立了第一批学校。早期耶稣会的人员较少,为了充分利用现有的人员,几任耶稣会会长都鼓励大家相互交流经验,这样才能发展所有耶稣会学校适用的基础课程和教学方法。

思想的交流开始于1554年,直接导致了学院"规章"草案的产生;早期的版本,正如罗耀拉所期望的那样,是以"罗马学院规章"为基础的。1584年总会长阿克夸威瓦(Claudio Acquaviva)任命了一个由6个耶稣会士组成的国际委员会,汇总学校对草案实施后的建议。1586年及1591年,委员会出版更全面的规章,这个规章广泛分发,以征求进一步的修正意见。经过一系列会议和编辑工作,1559年1月终于出版了最后的《教育章程》。

《教育章程》或者称为"研修计划",是帮助教师和管理者进行学校日常管理的手册;它包含了对一系列实践事务的指导,如学校管理、教师队伍的建设和分配、课程以及教学方法;甚至规定了测验的次数以及年度写作比赛中授予的奖品数量。在第三部分中我们将论述章程的基本教育原则,而一些具体而出名的教学技巧先述如下:

(a) 预讲:教师在把下一次课的材料分发给学生进行预习之前,会对其进行评论;解释难点,强调重点,把一天所学的课程放入一个更整体的背景中。

(b) 反复:通过各种不同方法来学习相同的材料——讲课和讨论、测验,然后是学生们自己开发的具有创造性的辩论和戏剧。

(c) "常常做一些事,但不必多。"最重要的是一个完整的基础结构——不要求课程材料的数量,而要牢固掌握所学的内容。

(d) 强调雄辩术——通过戏剧、音乐、演讲以及公开辩论来清楚且有说服力地表达自己的能力。

根据《教育章程》,17世纪正规耶稣会学院接收9~10岁、已具备读写能力的男孩。这些学院热衷于人文主义课程,并把拉丁语能力的增长放在首位。仅有几个学院设有大学水平的哲学和神学课程,但所有学院都提供文法课程,大多数学院设有修辞学课程。课程在上午7点学生早祷和早餐后开始。一上午的时间全部都是讲课,中间间以学生的讨论和复述;下午是个人或小组学习;晚上是预习第二天学生要学习的材料(预讲);然后是个人学习时间,直到9或10点休息。星期四和星期六下午自由活动;星期天没课,但宗教服务占满了这一天,几乎没有娱乐休息的时间。

教育是免费的,学校由富有的赞助人、皇家圣俸或城市财政支持。学生根据性格、能力和未来的领导才能进行选拔。虽然也会不断有录取贵族学生的压力,但更通常优先照顾无法在别处接受教育的有资质的男孩。学校注册人数平均约为500人,但有些学校学生人数超过了1 000人。

《教育章程》一直执行到1773年8月,此时欧洲的政治大变动迫使教皇克雷芒十四世(Clement XIV)镇压耶稣会。1814年耶稣会得以重建,并力图更新《教育章程》(例如增设本国语和科学课程),一个新的试行章程在1832年出版。但修订的工作一直没有停止。19世纪的革命,与许多国家对耶稣会的周期性驱逐结合在一起,妨碍了耶稣会教育的真正革新;到20世纪,国家教育体制之间的差异使一套共同的国际标准变得不再可能。

3. 耶稣会教育的原则

耶稣会教育的基本原则源自罗耀拉的世界观,他的首批同僚认同了这些原则,并将其在耶稣会中具体化了。《教育章程》把这些原则发展为详细的教学方法。虽然《章程》逐渐被新课程和现代教学方法替代,但它的几个要素,特别是其构成的基本原则,在20世纪末的耶稣会教育中仍然保持着。

为了使罗耀拉的观点和耶稣会教育原则之间的联系更清晰,我们在此列举了一些原则,分列在7个大标题下面,这是罗耀拉世界观的部分概要。

3.1 世间的上帝

所有实体都来自上帝,实体只有把我们引向上帝才有价值。但在所有自然界的和人类的事件中我们都能发现上帝的作用。耶稣会教育因而:

(a) 肯定世界本质为善,并通过学习上帝创世纪来获得对奇迹和神秘的认识。

(b) 探究人类生活的意义,并关注作为个体的每个学生的整体形成。

(c) 特别关注每个学生的想像力、情感以及创造力的发展。尤其强调有效交流技能的发展(雄辩)。

3.2 上帝之爱

上帝了解和热爱每个男人或女人;作为真正的人,这种爱所引起的反应一定是在自由中产生的。

耶稣会教育：

(a) 坚持照顾和关心每个学生；课程以人而不是所学习的材料为中心。强调学生和教师间的个人关系。

(b) 特别强调学生的积极参与，而不是被动地接收材料。这包括个体学习、个体探究的机会，以及反思态度的发展。教育尽力培养学生对学习的热爱，这将促进终生成长。

3.3 原罪

原罪是个实在物，自由只能通过斗争，战胜自由的阻碍。斗争包括世界上各种现实的力量，以及对自身错误观念和僵化态度的认识。耶稣会教育：

(a) 包括价值观、态度和评价能力的形成；包括人的意志的形成。

(b) 强调学校里的纪律，但最期望的是每个学生的自律。

3.4 爱在行为中

"爱在行动中展示"(参见《灵性操练》230)耶稣会教育因而：

(a) 促使每个人积极承担义务，在为他人服务中积极生活。

(b) 为正义而教育：在课程中论述正义问题，鼓励学生为改变整个世界的交往结构而奋斗，学校本身给正义提供具体的证据。

3.5 卓越

罗耀拉坚持"更好"，总是追求更好的途径、更伟大的服务、与上帝更密切的关系。耶稣会教育：

(a) 在学校生活的所有领域运用卓越的标准。在更广大的人类卓越背景下强调学术卓越。

(b) 训练领导者：男人和女人将在社会中承担各自的责任，以此对其他人产生积极影响。

(c) 建议举行传统的竞争(竞赛、辩论等)活动，以刺激学术的发展。

3.6 团体

罗耀拉在跟他的同事交流经验的时候，认识到了在团体组织中分享经验的价值。耶稣会教育：

(a) 强调分担学校团体内部的责任，这发展了分享的观念。

(b) 保证学生、教师和团体中其他成员的权利，同时要求每个人承担他们的个人责任。

3.7 反思

罗耀拉在曼雷沙的经历使他终生保持"洞察力"，或反思自身的经历。他总是愿意回顾过去的决定并做出调整。同样，耶稣会教育：

(a) 鼓励反思和评价，坚持在必须变化的时候变化。学习的课程、教育的过程、教学的风格，都必须照顾到学校所服务的人的特殊需要。

(b) 促进学校内部或学校之间的经验交流，以更好地理解当代世界的需要，找到满足这些需要的最好途径。

4. 结论

虽然17世纪优秀的耶稣会教育消失已久，但在20世纪90年代早期，耶稣会成员仍然监督指导着58个国家的650多所教育机构，另外还有1 500所学校。正如耶稣会继续使罗耀拉的观点具体化一样，所有学校也在不同程度上继续体现着耶稣会教育的原则。虽然《教育章程》不再实施，但其指导原则使全世界的耶稣会学校形成了一个教育体系。

J. W. 索维(J. W. Sauvé) 著

孙 益 刘冬青 译

附录

Loyola, Saint Ignatius 1986 Ratio Studiorum In: Lukacs L (ed.) 1986 *Monumenta Paedagogica Societatis Iesu*, Vol. 5. Jesuit Historical Institute, Rome

Loyola, Saint Ignatius 1991 Autobiography, spiritual exercises, selections from the Constitutions In: Ganss G E (ed.) 1991 *Ignatius of Loyola: Spiritual Exercises and Selected Works*. Paulist Press, Mahwah, New Jersey

其他参考文献

Bangert W V 1972 A History of the Society of Jesus. The Institute of Jesuit Sources, St. Louis, Missouri

Charmot F 1951 *La Pédagogie des Jésuites*. Editions Spes, Paris

Dalmases C de 1985 *Ignatius of Loyola: Founder of the Jesuits*. The Institute of Jesuit Sources. St. Louis, Missouri

Farrell A P 1938 *The Jesuit Code of Liberal Education: Development and Scope of the Ratio Studiorum.* Bruce, Milwaukee, Wisconsin

Ganss G E 1969 *The Jesuit Educational Tradition and Saint Louis University.* The Institute of Jesuit Sources, St. Louis, Missouri

Jesuit Secondary Education Association (JSEA) 1987 *The Characteristics of Jesuit Education.* JSEA, Washington, DC

圣·托马斯·阿奎那与教育(Saint Thomas Aquinas and Education)

圣·托马斯·阿奎那(1226~1274)是有南意大利血统的多明我派修士。他在意大利各大学和巴黎大学教授神学和哲学,1523年被封为圣徒,自1880年以来一直是天主教大学的庇护者。托马斯留下了大量的神学作品,最著名的是他以"问题"形式创作的《神学大全》(1911~1942)。他是中世纪经院哲学最著名的代表人物。本词条中使用的"经院"(Scholastic)一词,不是指任何特定的哲学或神学理论,而是用来描述学术界的人士、方法和成果,这些都属于1200~1500年的中世纪大学(和类似机构)。本词条将阐述经院教育的一些显著特征。

1. 经院教育制度和目标

12世纪,巴黎和其他地方的教师开始组织自己的行会,到1200年行会已成为稳定的组织,即大学。这种机构是罗马天主教国家所特有的,在这些国家里,大学教师和学生享受着神职人员的地位,不直接附属于地方教会。这些大学非常稳固,且多数存在至今。13世纪,它们相继在法国(首先是巴黎)、英格兰(首先是牛津)、意大利和伊比利亚半岛出现。14世纪,德国、波希米亚、波兰都有了大学,15世纪,瑞典、丹麦有了大学。大学式的教学也在其他一些机构出现了,特别是奥古斯丁教团、圣方济修会和多明我修会。

大学里所有教学都使用拉丁语,所以学生在进入大学之前不得不掌握这门国际语言。这些人在大学里将成为文科学生。文科硕士(MA)学位根据时间和地点的不同大约需要3~6年。学生要学习的"人文学科"是七艺——三艺,包括文法、逻辑和修辞学;四艺,包括算术、几何、音乐、天文——但实际的情况有些不同。在大多数地方,对四门精确的科目几乎没给予关注,修辞学也是一个很次要的学科,然而逻辑、理论文法和哲学却备受重视。

学生只有获得文科学位后才能进入"高一级的系",即医学系、法学系或者神学系。医学和法学的学习是职业性的;通过神学的学习能在教会中获得高级职位,但并非专门以此为目的。文科虽然通常被描绘为神学的婢女,但实际上它们有自己的目的,而较少关注其他用途。然而,早期在语法和逻辑分析上的全面训练,极大地决定了学生在以后的人生当中处理理论问题的方式,无论他们是属于进入高级学院的少数人,还是属于获得了文科硕士头衔后离开大学的多数人。

2. 教学程序

教学程序因时空而变化。但在1100~1500年间,阅读权威性课本和辩论,这两个要素在各处都是居于主导地位的。经院教学实践的理论基础或多或少能追溯到古代,教学程序的实际发展却在很大程度上被认为是12世纪的成就,但在13世纪产生了现在所确认的古典形式。

2.1 权威

古希腊学校的教学建立在阅读古典作品的基础之上,荷马史诗尤其能派上很多用场,例如用于阅读、文法、诗歌和道德的教学。在初等拉丁语教育中,维吉尔代替了荷马的角色。对高等教育来说,在古代后期确立了一条经典准则:医学上是希波克拉底和盖伦,天文学上是托勒密,哲学上是柏拉图和亚里士多德。中世纪称呼从事某些学科基础书籍写作的人为创作者。文科系使用古代后期一套权威典籍,其中以亚里士多德的作品为主。14~15世纪日益增多的经院作者自身获得了创作者的地位。

2.2 阅读

经院哲学对创作者的态度是,认为他们的书籍本质上包含了正确的理论。因此要达到对特定领域的最佳理解,首先应熟悉权威书籍。那么,教育的首要任务是帮助学生阅读书籍;这通常包括两个阶段:(a)在年长学生的指导下进行粗略阅读;(b)由教授("教师")开设注释课程。书面评注展示了一节理想的注解课是什么样子的。开始是介绍性的演讲,讨论书籍的重要性,及其在整个神学知识体系中的位置。然后论证作品的结构:它被分成主要的几个部分,概括出要点;然后第一部分也进行相似的划分,不断重复这一过程直到分出的部分教师认为适合在一次课上使用,这称之为一次"阅读"(拉丁语是 lectio,英语"lesson"的词源)。每次课的开始,在进行结构分析之前,教师可能已大声地朗读了这天的课文,再把课文细分到能进行详细评注的程度。评注通常包括释义和对文中特别观点的说明。这里所描写的评注的类型,是一种注释或者"文字(即原文)评注",也常常带一些简短的"问题",其中创作者明显不合理的陈述可以用来研究。

2.3 辩论

评论和开展一次恰当讨论技巧的训练,是在各种综合复杂的练习中进行的,这种练习的核心结构通过文学评注中的简短"问题"得以阐明。

一个问题的基本结构是这样的:(a)要讨论的主题通过"问,是否……"的格式引入;(b)给出答案是"否"(b.1)或"是"(b.2)的理由;(c.1)提供问题的解决办法,并给出解释;(c.2)逐条反驳(b)中不符合解决办法的那些理由。

步骤(b)提出"正反两方面的论点",首先辩论问题的否定回答,然后辩论问题的肯定回答。当问题由权威文本引发时,通常只有一个"是"的论点,即文本中实际上包含了"否定"的内容。在大多数案例中,解决办法(c)是为创作者辩护,但有时要做出大量的解释。除了《圣经》的特例之外,没有权威被看作是绝对正确的,但在教育中,权威的合法性要求它们通常是正确的,所以大多数经院学者明显偏爱温和的解释,常常是有意识地偏爱温和的解释,而不断然驳斥某位创作者。换句话说,在严肃地说某位创作者的观点过时了之后,基本的教科书仍能得以长期使用,原因是它们得到了重新解释,切合了当前的理论。

在文学系,逻辑和文法的完整训练使学生注意到了权威作品集中的矛盾之处,但也给他们提供了解释矛盾的工具,即通过区分作品集中问题句子的几种可能的含义来实现。但后来,频繁地求助于语义区分成为了经院学者话语的主要特征。

作为文本注释附录提出来的简短问题就像是模拟辩论,论点和解决办法都由教授提出。但也有一些专门针对问题的特殊课程,这似乎能进行真正的辩论,学生们提出正反两方面的论点,教授提供解决方法。

"问题"通常但并非总是跟对创作者的阅读相联系,但其他形式的辩论并不如此。一种是诡辩术,在文学系习得,起点是一些自相矛盾的句子,例如"我正在撒谎",假设是由一个没说其他任何东西的人表达的。这个句子是错还是对?这是对常规问题的辩论,解决办法由高年级学生(学士)提出。接下来,原来的问题用来为新问题提供材料,这些新问题是从第一个问题中分离出来的一系列问题,对这些问题进行辩论。学士担任"回答者"的角色,也就是说,他像教授一样为每个问题提出解决方法。但辩论不会随他对不合时宜论点的反驳(c.2)而停止。相反的,其他参与者攻击学士的解决办法;他回击,对手又可以攻击他的辩解,等等。然后停止辩论,过了几天参与者再次聚会,但现在由一个教授接管。他通过考察更古老的理论"确定"每个问题,提出他自己的解决办法,最后反驳在第一次课上提出的和他自己观点不一致的任何论点。

诡辩术作为口头练习,训练学士们成为未来的教授,让他们一开始就表现得像身居教授职位一样,然后让他们从真正教授的解决办法中获得权威性的校正。作为一个文学类型,诡辩术适用于对一个问题作多方面的辩论。它提供了一种框架,众多论点在此框架内得以呈现,读者不会丧失他们的方向。

神学系修习"有关一切的问题"——这是公开的辩论,其主题需由听众而不是由最后提出解决方法的教授决定,表面上看来对要讨论的主题没有任何限制。这为在严肃而枯燥的文本中插入偶尔诙谐的问题提供了机会。

另一个有趣的口头练习形式是强迫辩论(在文学系使用),在此辩论中,正方要提出一些命题驳斥对手的论点。命题总是很奇怪,甚至常常显而易见是不可能的事情。例如,正方可能宣称"我是一头驴子"并为之辩解。反方如果能迫使正方承认一对矛盾("我是驴子"且"我不是驴子"),就赢得了这场辩论。反方提出一些句子,正方必须回答。正方的活动受到了束缚(强迫的"限制"),因为他不得不捍卫一个奇怪的主张,并且他回答反方问题的方式也是受限制的。通常仅允许他回答"我承认"、"我反对"、"我怀疑"或者"必须区分两种意义"。而且,他选择答案也必须遵循一定的规则。例如,任何真实的事情,只要与辩护主题没有直接关系,他就必须承认。他还必须承认从主题中推论出的任何事情。这是一个高难度的游戏,一种防止自相矛盾技巧的艰苦训练。

2.4 三段论

清晰呈现论点的技能通过三段论方法的训练获得。有效论点的理论训练深刻地影响到了实践:经院课文的大部分都由规范的三段论构成(两个前提和一个结论),这使得遵循论点结构和检查其有效性变得更为容易。通常论点在形式上是有效的,且读者能够专注于他们是否同意前提条件。如果要在清晰和文体变化之间作选择的话,经院学者更喜欢前者。

2.5 教学训练

大学类似于行会,教师与学生之间的关系像工匠与学徒的关系。完成学业的学生应该能从事他们教师的工作,因此有了诸如"文科硕士"和"神学博士"的头衔(在英文中,Master 和 Doctor 均有教师的含义——译注)。文学士通常在诡辩术辩论中扮演"正方",并指导更年轻学生的阅读初级课本,通过这样的训练他们才能成为教师。神学士要求教两年《圣经》注释,并再教两年教义学。教义学课程通过辩论(问题)的形式进行,与伦巴都(Peter Lombard)的《四部语录》松散地联系在一起,这部著作在 1150 年左右就已获得了权威地位。这种课程的讲义印刷出来可能总计有成百上千页。

2.6 口述

实际上各个派别的经院文章都源自即兴创作的口头教学。然而,纯粹的口头形式很快就僵化了。问题从一场讨论变成了教授的独白,他不必即兴创作。他常常大声朗读自己的手稿,甚至朗读别人的问题集。许多教授说得足够慢,学生能记下每个单词,几本这样的《讲义》得以保留下来。这种程序经常遭到批判。因此,1355 年巴黎大学禁止教学中低于正常说话速度的口述。作为一种纯粹的文字策略,问题有助于为学术作品提供一个清晰的结构,正如托马斯·阿奎那的《神学大全》所表现的,这本著作由成千上万系统编排的问题组成。

特别是 14 世纪纸张得到普遍使用以前,书非常昂贵,而且图书馆也十分罕见。因此能读到的书要尽可能多地记住。教师的口述很精彩,但不易记忆。为初级知识的记忆开发了记忆术,基础语法韵律诗非常流行,特别是维雷迪厄(Villedieu)的亚历山大在 1200 年左右创作的《规则》。在一或两节里概述了逻辑规则,给三段论冠以"芭芭拉"(Barbara)、"菲拉普顿"(Felapton)等名称,其中的每部分代表一个命题,元音 a、e 、i 或 o 表明它是普通的还是特殊的,肯定的还是否定的。

3. 认识论的乐观主义

经院时代是一个非常虔诚的基督教时代,上帝全能的教义暗示,可能存在人们不能通过理性手段发现的真理,但其中一些可以被上帝所揭示,并被忠诚的人所信仰。正如许多经院人士所看到的,这能用作反对理性科学("哲学")的论据。而且,一些(亚里士多德哲学的)定理似乎与天启不一致;从"哲学"上看来,世界永恒存在;而根据《圣经》,世界是有时限的。在信仰和理性之间关系的多种看法中,大多数经院学者对理智发现真理的能力持乐观态度。通常"事物的自然过程"很少被奇迹打断,却易受没有获得信仰援助的理智的影响。一些人,像波依提乌(Boethius),一位与阿奎那同时代的年轻人,认为只能通过天启而了解的事实(例如世界有一个时间上的起点)是不可能与理性相容的。阿奎那坚持认为,发现的真理和神启的真理之间不存在冲突。对他来说,明显的矛盾说明在产生公认真理的推理过程中犯了某种错误,也就是说,发现的真理能够用来检验理性推理的正确性。

S. 爱伯生(S. Ebbesen) 著
孙 益 刘冬青 译

附录

Aquinas T St 1911—1942 (transl. Fathers of the English Dominican Province) *Summa Theologiae*, 22 vols. Burns, Oates and Washbourne, London

其他参考文献

Kretzmann N, Kenny A, Pinborg J (eds.) 1982 *The Cambridge History of Later Medieval Philosophy: From the Rediscovery of Aristotle to the Disintegration of Scholasticism.* Cambridge University Press, Cambridge

Leff G 1968 *Paris and Oxford Universities in the Thirteenth and Fourteenth Centuries.* Wiley, New York

Piltz A 1981 *The World of Medieval Learning.* Blackwell, Oxford

斯宾塞与教育(Spencer and Education)

赫伯特·斯宾塞(Herbart Spencer, 1820 ~ 1903)出生于英格兰中部的德比郡。他是威廉·乔治·斯宾塞(William George Spencer)唯一幸存的孩子。威廉·乔治·斯宾塞是当地受人尊重的教师,同时担任当地科学协会的秘书长。斯宾塞去世时,虽然颇有争议,但他还是被看作19世纪拥有最多读者的散文作家之一。他的仰慕者曾经包括穆勒(John Stuart Mill)、赫胥黎(Tomos Henry Huxiey)、詹姆斯(William James)、巴甫洛夫(Ivan Pavlov)、艾略特(George Eliot)、霍尔特(Henry Holt)和家财万贯的慈善家卡内基(Andrew Carnegie)。斯宾塞的理论对世界许多国家的教育直接或者间接产生了显著的影响,他为科学在学校课程中占据一席之地做出了许多努力,因此而声名卓著。

1. 斯宾塞的影响

斯宾塞的书和散文被翻译成多种语言:他的《教育论》(1861)在他在世的时候就以15种语言出版了。1902年他获得了诺贝尔文学奖提名,与其说这是对其散文风格的认可,不如说是对他的影响和出版物数量的肯定。与他同时代的美国最高法院法官霍尔姆斯(Oliver Wardell Holmes)认为他的散文风格“枯燥乏味”。在对斯宾塞著作的一段很有意思的评论中,霍尔姆斯写道,“他以一种丑陋的、缺乏吸引力的风格写作,他的理想是英国低层的中产阶级庸俗人士的理想。然而,尽管有这些贬斥,我怀疑除了达尔文之外,是否还有其他英国作家像他那样影响了我们对宇宙的思考方式”(Low-Beer 1969 P. 13)。最近的评价是教育史学家克雷明(Lowrence Cremin)做出的,他在《学校的变革》中写道,19世纪90年代教育思想中的革命,是由威廉·詹姆斯、约翰·杜威、斯坦利·霍尔(Stanley Hall)以及其他人的著作所引发的。他说,“如果这场革命有个开端的话,那无疑始于斯宾塞的著作”(Cremin 1964 P. 91)。然而,在那个重要时代之后的一个世纪,斯宾塞的著作几乎被遗忘了。近来,那些研究斯宾塞著作的少数作者,大都忽略了他的教育著作,或者略微提及或者不予置评(Kennedy 1978, Turner 1985)。

2. 斯宾塞著作概览

传统意义上来看,斯宾塞不是一个原创型思想家。他的力量在于他对众多不同领域观点的综合能力。然而,其著作的核心观点反映了他非国教徒的政治和宗教背景,以及当时他对科学的兴趣(但缺乏专门知识)。在1859年达尔文出版《物种起源》之前,他就已经是一个进化论者了,他是在阅读胚胎学家冯·贝尔(Karl Ernst von Baer)著作的基础上转向这种观点的。斯宾塞创造了“适者生存”这个表达法。他把达尔文著作的出版看作对自己观点的证实。部分是基于“进化论”,部分是因为他的非国教的宗教背景,使他怀疑政府对个体意志自由的干涉,因此,他提倡自由放任的经济和社会政策以及“小政府”(甚至包括社会福利和公共教育领域)。一个多世纪后,在里根执政时期,这些观点得到了复兴(19世纪末和20世纪的美国思想中强烈的“社会达尔文主义”因素是否源于斯宾塞,这一点还有待讨论)。

令人惊奇的是,作为一个综合他人观点的人,斯宾塞很少被理解。他发现,由于心理上的原因,他只能快速浏览那些难读或者与自己有严重分歧的著作。一种神秘的疾病强化了他的上述特征。在他的大半生里,这种状况使他的工作只能以冲刺的形式进行。缺乏正规教育的事实也扩大了这种智力上的缺陷。斯宾塞的父亲不想惠顾正规的学校教育,所以他的儿子在家受教育,后来由斯宾塞的叔叔教他,他从未上过大学。成年后,他的许多知识似乎来自与朋友的谈话,在他的朋友当中,许多是那个时代杰出的知识分子,包括英国皇家学会的几名成员。

尽管存在这种缺陷,斯宾塞还是在 19 世纪 50 年代形成了他的主要观点和态度,并拟订了一个无所不包的计划,以便把他们应用到包括心理学、社会学、生物学和伦理学在内的广泛学科领域。1860 年,他出版了"综合哲学"系列作品概要。由于得到部分赞助,他得以在去世前完成这套庞大的多卷本著作。斯宾塞去世后仅数月,杜威就发表了一篇关于他一生事业的精彩评论,杜威在其中谈到了斯宾塞实现计划的耐心和勇气,但也指出了这一事业所固有的严重局限性:"当我们衡量斯宾塞先生的智力劳动时……对我来说有意义的一点是,他能静下心来完成预定的目标……斯宾塞和他的读者都有先入为主的确定观念,即一种对宇宙的循环而封闭的解释。进一步的发现和交流还需要考虑……"(Dewey 1929 P. 46)简而言之,斯宾塞最后的 40 年是致力于应用(而不是发展或者改变)1860 年就已经被完全具体化的概念。

3. 社会和政治思想

在 22 岁时,斯宾塞为《非国教徒》杂志写了一系列关于"政府的正当领域"的文章。将近 10 年后,这些文章所阐明的思想在他 1851 年出版的《社会静力学》(Spencer 1893)中得以遵循。1896 年,他在《伦理学原理》中重申了同样的观点。他认为,政府的法律应维持在最低限度——其唯一有效的功能是保证竞争公平地进行,以及强者不对弱者施加暴力。但是,他否定政府在减轻竞争结果方面的作用,反对社会福利(甚至卫生)的计划和立法。斯宾塞提倡"平等自由的法则",自由人能得到报偿,但也承受他自己行为的结果。他把"干涉"定义为"相当程度地阻止优等人通过优势回报获益,或者保护劣等人远离其具有的邪恶"(Spencer 1893 P. 138)。与这种总体观点相一致的是他是自由贸易的支持者,也是危及自由劳动力市场的组织(比如贸易联盟)或立法的反对者。那么,他反对强迫的、政府提供的教育就不令人惊奇了,他甚至攻击私人的慈善捐赠(但他却是他朋友捐赠的受益者):

> 在事物的自然秩序下,社会不断地排出其不健康的、愚笨的、迟钝的、优柔寡断的、不忠实的成员……由于看不见这一事实,这些虽然好心好意但未加思考的人们(慈善家),竟然倡导一种不仅会停止它的净化过程,而且甚至要加剧它的品质降低的干预。(Spencer 1893 P. 151)

潜藏在这些密切关联立场之下的是一种社会是有机体的总体观念,只有在自然进步法则自由运行时社会的进步才有可能。正是在这种背景下,在达尔文以前的时代,他就已经创造了"适者生存"的表达法,这确实是对他立场的一个简练概述。

4. 进步

斯宾塞关于进步本质和原因的理论,如果不是全部也是其大部分思想的基础。1857 年,他发表了《进步:规律和原因》一文,这篇论文与他写于 19 世纪 50 年代的四篇关于教育的论文一起,经常得以重印。1862 年,他的进步理论在《第一原理》中发挥了重要作用。在《第一原理》中,他勾画了"综合哲学"的轮廓,正如上面所提到的,他确实实现了这一点。在 1857 年论文的开篇,他就引用了胚胎学家冯·贝尔的著作,说明胚胎在其发展过程中"经历了从结构同质到结构异质的提升"(Spencer 1949 P. 154)。然后,他认为,这种"器官进步的规律是所有进步的规律"。反过来,他又把这看作是所有影响力(即所有原因)产生多个结果这一自然规律的产物。

作为他思想的核心,进步规律在其教育著作中发挥作用就不足为奇了。像一篇评论所写的,虽然也存在其他的因素,但"对科学、人的社会观、社会的唯物主义信念以及对普遍而不可避免的规律的信仰,在斯宾塞的著作里都是显而易见的"(Low-Beer 1969 P.14)。

5. 教育论文

有关教育的四篇论文写于1854~1859年间,分别发表于几种不同的杂志。1861年,斯宾塞把它们汇集成书,最后写的一篇(可能是四篇论文中最为著名的)——《什么知识最有价值?》——成了书的第一章。

在第一篇论文中他写道,从历史的角度看,对人类而言,从穿衣到观念等的各种领域中,装饰高于实用。因此在教育中,令人遗憾的是,人们所关注的不是最有"实际价值的"知识,而是"能带来最多掌声、荣誉、尊重——最有助于社会地位和影响的东西"(Spencer 1949 P.4)。斯宾塞认为,为了判断那些想要在课程中占据一席之地的各学科的争论——为了超越仅有的装饰功能——必须决定它们的相对价值,这种比较需要一种价值衡量的手段。显然,他感到必不可少的标准是学科与人类幸福的相关性,尤其是学科将给"完满生活"带来什么。他写道,关键的问题是,"怎么生活? ——这对我们来说是一个基本问题。不仅在纯粹的物质意义上,而且是在最广泛的意义上"(Spencer 1949 P.6)。

从这个观点出发,他对人类的活动进行了分类,反映人类在"完满生活"过程中面临的各种任务。第一是那些直接保全自我的活动;第二是间接保全自我的保证"生活必需"的活动;第三是与后代的养育和纪律有关的活动;第四是致力于维持社会和政治关系的活动;第五是"度过生活闲暇,致力于满足爱好和感情的各种活动"(Spencer 1949 P.7)。然而,在几页纸的论述中,斯宾塞既宣称这是一个"完满生活"的活动的简单分类,又宣称这个次序反映了活动"重要性的依次减低"(Spencer 1949 P.10)。当然,斯宾塞可以说,在一定意义上,他的排序反映了活动的生物学重要性;毕竟,为了养育后代,一个人首先必须生存,等等。

在他"论述"的下一个步骤里,他试图阐明几个重要的事情:首先,在这些活动的每个分类中,科学知识只有作为知识时是最有价值的;其次,科学作为一门学科(像"精神训练")也是最有价值的;再次,虽然他个人重视第五种活动——那些致力闲暇和爱好培养的活动(比如艺术和文学)——然而,他的分类逻辑要求"因为它们占据了生活的闲暇部分,所以它们应该占据教育的闲暇部分"(Spencer 1949 P.32)。

很可能正是这最后一点让许多评论家(Low-Beer 1969 P.13)把斯宾塞当作门外汉,但论文的其他部分似乎极其重要并且影响甚巨。斯宾塞提出了一个奇怪的、但在那个时代强有力的观点,就是将科学融入学校课程中。事实上,从19世纪60年代开始,古典课程在学校课程中日益失去其重要地位。但实际上,科学与生活直接相关并且是一种很好的智力训练,这两种主张仍是课程讨论中的花言巧语。

在第二篇论文《智育》中,从同质到异质的运动规律出现了。斯宾塞抨击机械的学习,称赞使学生愉快学习的运动。他把"教学的基本原理"看作是"(教育的)材料和方法的安排,必须和天性的发展顺序以及活动模式相一致"(Spencer 1949 P.53)。这里使用的术语"进化",既不同于前达尔文主义时期的"展开"或成长,也不同于达尔文主义在"物种史前史中起源的秩序"的含义,是居于二者之间的一个模棱两可的概念。19世纪后期,斯宾塞和其他许多人都关注发展的两个方面——这种实践后来成为海克尔(Evenst Haeckel)臭名昭著的定律,表达为"个体发育复演种系发育" 。

立足于此,斯宾塞推论出了几个有影响力的原理,包括"教育应该总是从简单到复杂","课应该从具体到抽象,而不是反之",以及"个体知识的发展必须遵循与种族知识同样的发展过程"(Spencer 1949 P.58~60)。

余下的两篇论文是《德育》和《体育》。前一篇很快就过时了,其主要缺点是根本没有论述任何类似道德的东西,实际上它是一篇提倡卢梭自然后果论的文章。最后一篇是讨论儿童身体健康问题的文章,现在也过时了。

6. 结论

埃利奥特(Charles W Eliot)为1910年版斯宾塞论文集所写的“前言”,得到了广泛阅读,在这里作为结论是很合适的:

> 总体上说,斯宾塞在教育哲学家当中是幸运的。他不像夸美纽斯、蒙台梭利和卢梭那样,需要很长的时间来令人们接受他的理论。他的思想漂浮在工业和社会变化的巨大潮流之上,必然会卷入广泛而深远的教育改革。(Eloit, in Spencer 1949 P. xvi ~ xvii)

D. C. 菲利普斯(D. C. Phillips) 著
孙 益 刘冬青 译

附录

Cremin L A 1964 *The Transformation of the School.* Vintage Books, New York

Dewey J 1929 *Characters and Events: Popular Essays in Social and Political Philosophy.* Henry Holt, New York

Kennedy J G 1978 *Herbert Spencer.* Twayne Publishers, Boston, Massachusetts

Low-Beer A (ed.) 1969 *Herbert Spencer.* Collier-Macmillan, London

Turner J H 1985 *Herbert Spencer: A Renewed Appreciation.* Sage, Beverly Hills, California

Wiltshire D 1978 *The Social and Political Thought of Herbert Spencer.* Oxford University Press, Oxford

Spencer H 1893 *Social Statics, Abridged and Revised, Together With The Man Versus The State.* Appleton, New York

Spencer H 1949 *Essays on Education and Kindred Subjects.* Everyman, London

其他参考文献

Hofstadter R 1955 *Social Darwinism in American Thought.* Beacon Press, Boston, Massachusetts

Phillips D C 1966 The idea of evolution in educational thought. In: French E L (ed.) 1966 *Melbourne Studies in Education 1965.* Melbourne University Press, Carlton, Victoria

Spencer H 1937 *First Principles*, 6th edn. Watts, London

Trompf G W 1971 Essays on education and the young Herbert Spencer. In: Selleck R J W (ed.) 1971 *Melbourne Studies in Education 1971.* Melbourne University Press, Melbourne

《教育大百科全书》专题名录及英文版主编

教育管理	主编	美国宾夕法尼亚大学教育学院　W. L. 博伊德(W L Boyd)教授
教育政策与规划	主编	加拿大安大略教育研究院国际教育和发展教育中心主任 J. P. 法雷利(J P Farrell)教授
教育评价	主编	美国伊利诺伊大学　H. J. 沃尔博格(H J Walberg)教授
教育人类学	主编	美国加利福尼亚大学伯克利分校　J. U. 奥布(J U Ogbu)教授
教育哲学	主编	美国斯坦福大学　D. C. 菲利普斯(D C Phillips)教授
教育社会学	主编	澳大利亚国立大学　L. J. 萨哈(L J Saha)教授
女性与教育	主编	澳大利亚墨尔本大学教育研究院 G. 拉可姆斯基(G Lakomski)教授
教育史	主编	瑞典斯德哥尔摩大学国际教育研究所 S. 马克隆德(S Marklund)教授
教育心理学	主编	比利时卢汶大学教育心理学和教育技术中心 E. 德·科尔特(E De Corte)教授
人的发展	主编	德国马克斯·普朗克心理学研究所主任 F. E. 韦纳特(F E Weinert)教授
特殊需要儿童教育	主编	美国坦普尔大学教育研究中心　M. C. 王(M C Wang)教授
学前教育	主编	美国伊利诺伊大学初级教育和儿童早期教育中心主任 L. G. 卡茨(L G Katz)教授
成人教育(上、下)	主编	荷兰图文特大学　A. 图季曼(A Tuijnman)教授
职业技术教育	主编	英国爱丁堡大学　K. 金(K King)教授
各国(地区)教育制度(上、下)	主编	德国汉堡大学　T. N. 波斯尔斯韦特(T N Postlethwaite)教授
比较教育与国际教育	主编	美国匹兹堡大学教育学院　D. 亚当斯(D Adams)教授
课程	主编	以色列特拉维夫大学　A. 莱维(A Lewy)教授
教育技术	主编	荷兰图文特大学　T. 普洛波(T Plomp)教授 美国锡拉丘兹大学教育学院　D. P. 埃利(D P Ely)教授
教学	主编	美国南加州大学　L. W. 安德森(L W Anderson)教授
教师教育	主编	美国南加州大学　L. W. 安德森(L W Anderson)教授
教育研究方法(上、下)	主编	澳大利亚富林德斯大学　J. P. 基夫斯(J P Keeves)教授
教育经济学	主编	美国斯坦福大学　M. 卡诺伊(M Carnoy)教授 美国斯坦福大学　H. M. 莱文(H M Levin)教授

《教育大百科全书》
《教育史》翻译、译审及编辑工作人员

翻译及译审人员

张斌贤　孙　益　刘冬青

编辑人员

卢　旭　任志林　任建成　刘　平　刘江华　刘春卉　吴兆理

宋建勋　宋艳先　张红芳　张金花　张渝佳　李　红　李　玲

李远毅　李智勇　周安平　杨　萍　杨光明　郑持军　秦　路

黄　璜　曾　艳　程　晋　程　鹏　蓝　菊　满福玺　廖　伟

熊远梅